高等院校文化产业基础教材

WENHUA CHANYE

丛书主编 王育济 韩英

文化资源学

牛淑萍 编著

海峡出版发行集团 THE STRAITS PUBLISHING & DISTRIBUTING GROUP | 福建人民出版社 FUJIAN PEOPLE'S PUBLISHING HOUSE

图书在版编目（CIP）数据

文化资源学/牛淑萍编著．—福州：福建人民出版社，2012.9（2021.8重印）

高等院校文化产业基础教材/王育济，韩英主编

ISBN 978-7-211-06584-4

Ⅰ.①文… Ⅱ.①牛… Ⅲ.①文化产业—中国—高等学校—教材 Ⅳ.①G124

中国版本图书馆CIP数据核字（2012）第209454号

文化资源学

WENHUA ZIYUANXUE

作　　者：牛淑萍

责任编辑：黄须友　江叔维

出版发行：福建人民出版社　　**电　　话**：0591-87533169(发行部)

网　　址：http://www.fjpph.com　　**电子邮箱**：fjpph7211@126.com

地　　址：福州市东水路76号　　**邮政编码**：350001

经　　销：福建新华发行（集团）有限责任公司

印　　刷：福州万达印刷有限公司

地　　址：福州市仓山区金山大道618号橘园洲工业园19号楼　**邮政编码**：350002

开　　本：787毫米×1092毫米　1/16

印　　张：15

字　　数：239千字

印　　数：23001—26000

版　　次：2012年9月第1版　　2021年8月第7次印刷

书　　号：ISBN 978-7-211-06584-4

定　　价：30.00元

序

2004年1月，教育部新设“文化产业管理”本科专业，山东大学历史文化学院成为全国首批承担这一专业的四个院系之一，并于当年实现了本科招生。次年春，山东大学文化产业管理学系成立。

任何一门学科的基础与范式，都只能建立在对研究史的总结之上，这是学科建设的第一块基石。山东大学已故史学名师郑鹤声先生有言：历史系每成立一个教研组，其首要工作必是整理学界相关著述之索引。基于这种办学传统，山东大学文化产业管理学系成立伊始，即会同历史系、档案系、考古系等，着手基础资料库的建设，并渐次启动《中国文化产业学术年鉴》1979—2008年各卷的编纂工作。《中国文化产业学术年鉴》按学术编年史的框架，通过“年度学术论著选编”“评价集成与结论”“研究总目索引”等形式，对改革开放30年来中国文化产业研究的学术历程进行了系统的梳理。《中国文化产业学术年鉴》的编纂工作历时7年，出版后获得学术界、文化界的广泛好评，被认为是“涵盖了近30年相关领域中最完整的学术信息和最丰富的理论内容，既包括文化产业的概念、定义、逻辑内涵、行业边际、学科特点等学理方面的研究，又包括中国文化产业的历史、现状、行业模式、区域布局、新兴业态、业内典范等方面的宏观理论、政策和案例研究……近700万字的各类索引，更是为文化产业的学术理论研究和文化产业的发展提供了海量资讯”（《光明日报》2010年3月31日）；产业界、政府管理层，甚至央视《新闻联播》等，也对这套历时7年而成的学术年鉴给予了特别关注。

与《中国文化产业学术年鉴》相类似，现由福建人民出版社出版的这套“高等院校文化产业基础教材”，也是山东大学文化产业管理学系成立伊始即已启动，历时多年才完成的一套大学本科基础教材。该教材所对应的都是山东大学文化产业管理专业的核心课程，从最初的备课教案、自编讲义开始，经历过2004年至2012年间的若干轮授课实践和若干轮修改。

同时，这也是目前国内唯一一套由同一个院系的一线授课教师完成的本科基础教材。因而，除了相对严谨、扎实之外，这套教材也非常适合大学本科教学。

作为一套完全由山东大学一线授课教师所完成的教材，自然还会表现出某些“山大特色”，即山东大学师生有关文化产业的某些共识性的理念。

第一，关于“文化产业”自身的发展历程，我们的共识有两点：

1. 认为“文化产品”的历史可以追溯久远，但“产业”意义上的“文化产业”则是现代“工业革命”后形成的一种产业体系。工业革命提供了强大的能源动力，如留声机、照相机、印刷机、播放器、摄影机等可以把一件文化产品按产业的需求海量复制，火车、轮船、飞机又足以把海量文化产品的营销链条无限延展。正是伴随着工业文明体系的建立，才产生了真正产业意义上的现代文化产业。

2. 认为“农业文明”关联的只是“文化产品”，“工业文明”关联的是“现代文化产业”，而数字技术关联的则是“当代文化产业”。数字技术对文化产业的最大影响，就是使文化产品彻底突破了时间与空间的限制，从而创造出巨大的利润，“文化产业”也因此而成为“朝阳产业”“黄金产业”，或“最后一块暴利蛋糕”。但是，这也同时提醒我们，不能笼统地把“文化产业”认定为“朝阳产业”，只有数字技术所催生的“当代文化产业”才是“朝阳产业”。从这一意义上说，以“三屏产品”（电视屏、网络屏、手机屏）为代表的数字文化产业，应该成为当代文化产业发展的主要方向。

第二，关于文化产业的公众认知和理论导向，我们的共识有四点：

1. 认为“文化、创意、财富”是文化产业三个最为本质的表达元素，也是“文化产业”最通俗、最平实的诠释。

2. 认为“文化”经过“创意”而产生“财富”，这之间并不存在“阿里巴巴”式的神话，存在的永远是《资本论》中所描述的从商品到货币的“惊险的跳跃”。而且，与工业、农业相比，文化产业的市场需求是“弹性”而非“刚性”的，这也就意味着这一产业更大的风险性。因而在宣传文化产业是“黄金产业”“最后一块暴利蛋糕”的同时，更应突出“文化产业的高风险性”这一往往被忽视的观点。

3. 认为文化产业的发展对“文化”始终是一把双刃剑，既有普及、提升文化的功能，又始终包含着强烈的“反文化性”。

4. 高度认同“历史文化资源的丰富是中国文化产业的最大特点和最大

的优势所在”。2002年的中国共产党第十六次全国代表大会，首次在大会报告中提出发展文化产业的战略部署。2003年1月，时任中共中央政治局委员、中国社科院院长的李铁映撰文指出：“中华民族有着五千年悠久的历史和灿烂的文化，其文化累积之丰厚、文化形态之多样和文化哲学之深刻，是世界上其他国家少有的。这是一笔怎么估价也不过分的宝贵的文化资源，是我们得天独厚的优势。对于中国新兴的文化产业来说，启动并整合、包装这些文化资源，就有可能形成具有中国特色的文化产业，并在全球市场的激烈竞争中占有可观的优势。”这些关于中国文化产业优势与特征的科学认识，至今仍然有着强烈的导向意义，当下中国文化产业最现实、最积极的发展策略就是如何将“历史文化资源大国”变为“文化产业强国”。这其中，历史文化资源与数字技术的结合，可能是最值得关注的方向。

第三，关于近30年中国文化产业理论研究的“学理架构”和当下的学科建设，我们的共识有三点：

1. 认为“文化产业”这一概念在近30年的中国出现，并不是对法兰克福学派“文化工业”概念的简单转译，它的生成，可以直接追溯到改革开放之初对知识分子地位的认定：由于当时知识分子已从“臭老九”跃升为工人阶级的一部分，于是各个“知识部门”，如教育、文化部门等，也就与“农业”“工业”一样，成为“一种生产部门，一种产业部门”。正是在这种理论思维的推动下，“第三产业”的概念在1980年前后即为中国学术界所关注。“第三产业”作为一个包含着“知识生产”在内的术语，又直接导致了“文化产业”这一概念的生成。因而早在1981年就出现了“文化的产业化”的说法，出现了“第四产业”与“精神经济学”之间的讨论，至1987年就出现了“文化产业”的概念。尽管当时尚无学者对这一概念进行定义，但是这一概念所具有的“望文生义”的优势十分明显，与中国传统思维的路数亦十分吻合——无需定义和解说，即可粗知内涵。正因如此，“文化产业”这一概念才能超越“第四产业”“精神经济学”，以及后来的“文化工业”“创意产业”“内容产业”“版权产业”等外来概念，被中国学术界和社会普遍接受。“文化产业”这一概念在中国首度出现的时间是1987年，远早于20世纪90年代末才为学界所引介的“文化工业”，因而“文化产业概念的内生性”，是近30年来中国文化产业理论最重要的“学理性起点”。

2. 认为作为国家战略层面上的文化产业发展起始于近十年，但关于文化产业的学术研究则贯彻于近30年。其中重要的节点是：1979年以来经济学界关于“精神产品”和“知识价值”的讨论；20世纪80年代学术界关于“第三产业”“第四产业”“精神经济学”“文化市场”“文化个体户与经纪人”“文化搭台与经济唱戏”“大众消费文化与精英文化”的讨论；20世纪80年代中期“文化产业”概念的首度出现，以及20世纪90年代有关“文化产业”“创意产业”“版权产业”“文化经济学”“文化管理学”的诸多讨论；2000年以来关于“文化事业与文化产业”的讨论，以及党的十六大以后国家战略层面上的文化产业研究；等等。对这些节点进行整合性梳理，可以为当下中国文化产业学科奠定坚实的基石，也是创立有中国气派、中国风格的文化产业理论体系的必由之路。

3. 认为文化产业管理专业作为教育部新设的一个十分年轻的应用型专业，就其人才培养目标而言，可以简单表述为：既要有纵贯古今的文化视野，也要有策划经营的文化理念，以及现代产业意识和经营思路的复合型人才。但就课程的设置和教学的重心而言，文化产业管理专业显然应该与具体的工艺美术设计、图书编辑出版、游戏创意、景区规划，以及演艺产业、广告产业、体育产业、旅游产业等有所区别。所以，在文化产业的教学、科研和学科建设中，应该突出“通识意识”“学问意识”和“经典意识”，要从学术史的梳理中奠定这一应用学科的学理基础；要引导学生关注工业革命以来有关“文化工业”“文化产业”的经典文献，关注近30年来中国学术界在文化与文化产业问题上的深度思考，从而保持大学教育应有的内在思想的活力、反省能力、质疑能力和价值动力。换言之，“文化产业”这一学科所面对的问题可能非常现实、非常政治和非常经济，但大学教育和学科建设仍应该与“现实”“政治”“经济”拉开距离，要努力建立并坚持大学自身的学术话语，并依据大学应有的治学逻辑设计学科建设的路径。

以上理念和观点主要体现在《山东大学关于增设“文化产业管理”本科专业的建议报告》(2003年)、《山东大学关于建立山东省文化产业研究基地的论证报告》(2003年)、《培养文化产业管理专业的合格人才》(2004年)、《文化产业：学术阐释的原则与目的》(2006年)、《加强文化产业的基础理论研究》(2006年)、《文化·创意·财富：三论“文博会”主题词》(2006年)、《论文化、创意、财富三者之间的关系》(2006年)、《关于文化创意产业的几点认识》(2006年)、《也谈文化与文化产业的关系》(2006年)、《1987：中国文化产业的重要节点》(2009年)、《中国文化产业学术年鉴 2003—2008 年卷出版说明》（2009 年）、《中国文化产业学术年鉴 1979—2002 年卷特别说明》（2009 年）、《文化产业学科建设要有四大意识》（北京大学第七届文化产业新年论坛主题发言）（2010 年）、《济南历史文化资源与文化产业》（济南市政策研究室委托课题结项报告；文化部基层文化干部培训班讲义）（2012 年）、《数字技术与当代文化产业》（济南市第三届青年科学家论坛主题发言）（2012 年）等相关文献和著述中。山东大学的各位同仁在教学和研究中对这些方面的问题思考和讨论也较多，所形成的共识也都以这样或那样的方式渗透、沉淀在这套教材的相关章节之中。这也使得这套教材有了一些区别于其他著述的显著特色。

这套“高等院校文化产业基础教材”的出版，得益于福建人民出版社的全力支持和赖炳伟先生的促成，从选题调研、审定编写提纲、编稿到今天的付梓，时间已过去了一年多，这期间，赖炳伟先生以及责任编辑们的工作热忱和辛劳，感动了我们每一位作者。可以说，没有他们的努力，这套教材可能还会以内部讲稿的形式存在若干年。

《中国文化产业学术年鉴》1979—2008 年各卷的编纂和这套教材的出版，大致夯实了山东大学文化产业学科建设的基础，但能否在这一基础上更筑层楼，显然还有待更多的努力。

是为序。

王育济

2012 年 8 月 23 日

目　录

第一章　文化资源概述

全球化时代的重要特征，在于经济与文化的交融互动，而两者交互的基础，往往取决于文化，或者说取决于文化资源。中国具有雄厚的文化资源，为了提高综合国力，应当充分发挥文化资源的优势，促进文化资源向文化资本的转化，把文化资源潜力转化为文化产业实力、文化资源优势转化为文化产业优势，使之成为中国文化产业发展的核心竞争力所在。那么，什么是文化资源？其内涵与外延是什么？其特征是什么？便成为文化资源学首先需要解决的问题。

第一节　文化资源的概念

当前，文化资源的概念界定尚不明晰，文化资源概念更多的是产业界的自觉运用，而非学术界的理性探讨。有效界定文化资源的内涵与外延，并在产业发展层面上对其进行科学的划分，是文化资源保护与开发的前提。

一、文化与资源

人类全部生活的意义及存在价值都离不开文化和资源。对文化资源进行概念界定，必须搞清楚什么是文化、什么是资源。

（一）文化

文化是产生于人类自身的一种社会现象，随着人类的发展、社会的进步和各种问题的出现，以及人们思想认识的不断丰富，人们对文化问题日益关注和重视，不仅社会学、人类学、民族学、考古学、社会心理学把文化作为重要的观念，而且哲学、历史学、政治学、经济学、伦理学、教育学、法学、神学以及文学、艺术学等也都在某种意义上使用文化的概念。同时，不少学者也在自己的研究领域中深入思考有关文化的深层问题，并对文化概念作出了自己的阐释。但不同的学科领域、不同的学者、不同的理论范式，乃至不同的学术立场，对此问题往往有着不尽相同的回答。可以说，有多少个研究文化的学者，往往就有多少个文化的定义。

1. 文化的词源

从词源学而言，在中国语言文字中，文化一词出现颇早。“文”，本义是指各色交错的纹理，后引申为包括语言文字在内的各种象征符号，进而具体化为文物典籍、礼乐制度，再引申为人为修饰、修养及美、善、德行之义；“化”，本义为改易、生成、造化、培育，后渐引申为教行迁善。“文”与“化”二字联用，较早见于战国末年《周易·贲卦·象传》：“（刚柔交错），天文也。文明以止，人文也。观乎天文，以察时变。观乎人文，以化成天下。”这里，“文”与“化”二字虽未直接连结在一起使用，但已具有通过了解人类社会的各种现象，用教育感化的方法治理天下之意，这大概是中国人论述“文化”之始。西汉以后，“文”与“化”渐渐组合成一个固定的词组，如西汉刘向《说苑·指武》载，“凡武之兴，谓不服也。文化不改，然后加诛”；西晋束皙《补亡诗》载，“文化内辑，武功外悠”；南齐王融《三月三日曲水诗序》载“设神理以景俗，敷文化以柔远”，等等。但此时的文化是与国家军事手段相对的一个概念，强调“文治与教化”。唐代孔颖达解释《周易正义》云“观乎人文以化成天下者，言圣人观察人文，则诗书礼乐之谓，当法此而化成天下也”，认为文化主要是指文学、礼仪、风俗等上层建筑，与“武功”相对。对文化的这一规定性一直从汉唐延续到明清，明末清初顾炎武《日知录》载，“自身而至于家国天下，制之为度数，发之为音容，莫非文也”，指出人的行为表现和国家的各种制度，都属于文化的范畴，这在对文化的理解和把握上已达到了中国古代相当高的水平。

在西方，文化的概念也经历了一个发展演变的过程。希腊和罗马是西方文明的源头。古希腊作家使用 tropos（样式或方式）、ethos（气质或精神）、nomos（社会地位的多样性与可变性）、paideia（智力与教育）等词汇表示古希腊人的文化观念。古罗马学者西塞罗在古希腊文化观念基础上提出了“智慧耕耘”（Cultura mentis）的概念，把 tilling of soil（开发土地）演化为 tilling of soul（开发灵魂）。从词源学而言，文化一词来源于拉丁文的 Colere，其本义是开发、开化；文化一词的德文为 Kultur，法文为 Civilision，Culiure 等，英文为 Culture，其词根在演变中都保留了开化、开发的本初意义，并引申为培养、教育、发展等，与天然存在的事物相对。例如，野生的禾苗非为文化，经过人工栽培出来的麦、稻、黍、稷等则为文化；天然的燧石非为文化，而经过原始人打制成的石刀、石斧、石锄等则为文化；天空的雷鸣电闪非为文化，而原始人把它们想为人格化的神灵则为文化，等等。① 因此，在西方语境中，文化的最初本意在于耕耘、培育，以后逐渐引申到精神生活，用于人类自身的心灵、智慧、情操、德行和风尚的培养教育，引申到泛指一切知识乃至全部的社会生活。

2. 文化的定义

英国学者雷蒙德·威廉斯（Raymond Williams）指出，文化是英语中两三个最复杂的词之一。② 长期以来，诸多专家学者在文化的定义与解释上着力不少，但一直未能作出盖棺定论式的阐释。据 1952 年美国人类学家 A·克鲁伯和 C·克拉克洪合写的著作《文化——关于概念和定义的评论》统计，从 1871 年到 1951 年的 80 年里，西方国家有关文化的较为严格的定义就有 161 种。此后，法国社会心理学家 A·莫尔继续该项统计，结果表明，到 20 世纪 70 年代，世界文献中的文化定义已达到 250 多种，而到 20 世纪末叶这一数字已达 4 位数。③ 因此，本书对文化的定义，只能是概括性的和列举式的。

国内关于文化的定义列举如下：

（1）梁漱溟先生认为，“文化是生活的样法”，“文化，就是吾人生活所依靠的一切”，“文化之义，应在经济、政治，乃至一切无所不包”，文化的内涵“总括起来不外三个方面：①精神生活方面，如宗教、哲学、科学、艺术等等，宗教文艺是偏于情感的，哲学科学是偏于理智的。②社会生活方面，我们对周围的人——家族、朋友、社会、国家、世界——之间的生活方法都属于社会生活一方面，如社会组织、伦理习惯、政治制度及经济关系等。③物质生活方面，如饮食、起居种种享用，人类对于自然界求生存的各种。”④

（2）庞朴先生认为，“所谓文化，按照我的理解，最好把它同人的本质联系起来看。因为文化是人创造的，人又是文化创造的，要想了解文化，跟对人的本质的了解是完全密切相关的。所以我想把文化这样来定

---

① 司马云杰：《文化社会学》，7 页，济南，山东人民出版社，1987。

② ［英］雷蒙德·威廉斯：《关键词——文化与社会的词汇》，87 页，北京，生活·读书·新知三联书店，2004。

③ 林耀华：《民族学通论》，379－380 页，北京，中央民族大学出版社，2003。

④ 鲍霁主编：《梁漱溟学术精华录》，7 页，北京，北京师范大学出版社，1988。

义：文化是人的本质的展现和成因。就是说它是人的本质的展开的表现和人的本质的形成的原因。”继而，他将文化划分为：“物质的——制度的——心理的”三个层次，其中“文化的物质层面是最表层的，而审美趣味、价值观念、道德规范等宗教信仰、思维方式等属于深层；介于二者之间的，是种种制度和理论体系”。①

（3）任继愈先生、张岱年先生认为，文化一词有广义、狭义之分。狭义的文化专指文学艺术；最广义的文化是指人类在社会生活中所创造的一切，包括物质生产和精神生产的全部内容；次广义的文化指与经济、政治有别的全部精神生产的成果。② 新中国成立之后，文化的定义基本上一直沿用广义和狭义的两种解释，即从广义来说，文化指人类社会所创造的物质财富和精神财富的总和；从狭义来说，文化是指社会的意识形态，及与之相适应的制度和组织机构。

相对而言，国外对文化的定义丰富得多，目前可以追溯的最早的文化定义，大概是法国学者安托万·菲雷帝埃在1690年编纂的《通用词典》里的界定：文化是“人类为使土地肥沃、种植树木和栽培植物所采取的耕耘和改良措施”，并有注释称“耕耘土地是人类所从事的一切活动中最诚实、最纯洁的活动”③。可见，此时西方人观念中的文化只是被用来隐喻人类的某种才干和能力，是表示人类某种活动形式的词汇。

最先把文化作为专门术语加以使用的是英国文化人类学的创始人爱德华·泰勒（Edward. B. Tylor，1832—1917）。泰勒在1871年出版的《原始文化》一书中，将文化的含义系统地表达为“文化或文明是一个复杂的整体，它包括知识、信仰、艺术、道德、法律、风俗以及作为社会成员的人所具有的其他一切能力和习惯。”④ 他第一次给文化一个整体性的概念，并给后来的社会学家、人类学家研究文化现象界定了一个基本的范畴。⑤ 爱德华·泰勒关于文化的定义一经问世，立即启发并引导了同代及后世学者从各自的专业领域对文化概念及其内涵提出了自己的见解。

---

① 庞朴：《文化概论及其他》，69页，北京，中国和平出版社，1988。

② 张岱年：《文化体用简析》，载《文化与哲学》，81页，北京，教育科学出版社，1988。

③ ［法］维多克·埃尔著，晓文译：《文化概念》，5页，上海，上海人民出版社，1988。

④ ［英］泰勒著，蔡江浓译：《原始文化》，1页，杭州，浙江人民出版社，1988。

⑤ 司马云杰：《文化社会学》，9页，济南，山东人民出版社，1987。

美国人类学家露丝·本尼迪克特将民族的思维方式与行为作为文化的基本构成和文化的重要内容来把握和理解，提出：“文化是通过某个民族的活动而表现出来的一种思维和行为模式，一种使该民族不同于其他民族的模式。”[①] 美国文化学家怀特从人类独有的文化传承与实践的形式特性上来把握和理解文化，指出：“全部文化依赖于符号。正是由于符号能力的产生和运用才使文化得以产生和存在；正是由于符号的使用，才使得文化有可能永存不朽。没有符号，就没有文化，人也就仅仅是动物而不会成其为人类。”[②] 加拿大学者保罗·查尔斯福从文化的总体构成上分析和理解文化，提出：“‘文化’是我们过去和现在所创造的精神上、心灵上和物质上的一切事物……文化是一个整体，不仅包含思想观念、发明创造、人工制品、价值观念、信仰和艺术作品，还包括经济制度、社会结构和风俗习惯、政治体系、宗教信仰、法典法规等等。实际上它包括我们能想象的一切事物。”[③] 而美国人类学家A·克鲁伯（A. L. Kroeber）和C·克拉克洪（C1yde. KlncKhohn）在《文化——关于概念和定义的评论》中对文化的定义则是：“文化由外显的和内隐的行为模式构成；这种行为模式通过象征符号而获致和传递；文化代表了人类群体的显著成就，包括他们在人造器物中的体现；文化的核心部分是传统的（即历史的获得和选择的）观念，尤其是他们所带来的价值；文化体系一方面可以看做活动的产物，另一方面则是进一步活动的决定因素。”[④] 这一综合定义基本为现代东西方的学术界所认可，有着广泛的影响。

英国学者雷蒙德·威廉斯在《文化分析》（*The Analysis of Culture*）一文中，对文化一词进行了卓有成效的分析和界定。文化一般有三种定义，首先是“理想的”（ideal）文化定义，根据这个定义，就某些绝对或普遍价值而言，文化是人类完善的一种状态或过程。如果这个定义能被接受，文化分析在本质上就是对生活或作品中被认为构成一种永恒秩序，或与普遍的人类状况有永久关联的发现和描写。其次是“文献式”（documentary）文化定义，根据这个定义，文化是知性和想象作品的整体，这

① ［美］露丝·本尼迪克特：《文化模式》，45－46页，北京，生活·读书·新知三联书店，1988。

② ［美］怀特：《文化科学——人和文明的研究》，382页，杭州，浙江人民出版社，1988。

③ 《文化书院学报》，第14期，第3版。

④ 刘守华：《文化学通论》，2页，北京，高等教育出版社，1992。

WENHUA CHANYE

些作品以不同的方式详细记录了人类的思想和经验。从这个定义出发，文化分析是批评活动，借助这种批评活动，思想和体验的性质、语言的细节，以及它们活动的形式和惯例，都得到描写和评价。……最后，是文化的“社会”Social定义，根据这个定义，文化是对一种特殊生活方式的描述，这种描述不仅表现艺术和学问中的某些价值和意义，而且也表现制度和日常行为中的某些意义和价值。从这样一种定义出发，文化分析就是阐明一种特殊生活方式、一种特殊文化隐含或外显的意义和价值。①

综上所述可见，文化一词的最初意义东西方有相当大的差别，西方早期所谓的文化是指与人们改造自然、创造物质财富的农业劳动直接联系在一起的，而中国的文化则主要是与“文治”和“教化”联系在一起。到了现代，文化的含义则日益丰富，归纳来说，主要有广义和狭义之分，广义的文化是指人类在社会历史实践过程中所创造的物质财富和精神财富的总和，它包括了无形的语言、习俗、礼仪、信仰、道德、宗教、艺术等精神财富，也包括有形的物质文化资源和物质创造物。狭义的文化是指社会意识形态以及与之相适应的社会制度和组织机构，包括科学、哲学、宗教、文学、艺术、风俗习惯等精神文化，也包括与特定社会历史阶段相适应的政治制度、经济体制、法律体系、家庭结构、社团组织等制度文化。

3. 文化的构成

综合各种文化定义的内在统一点，我们不难看出，文化主要由三个不同的要素或层次构成，即物质、制度、精神。依据文化的不同形态，可以将文化分为物质文化、精神文化、制度文化等。

物质文化（文化的物质要素）是人类为求生存，适应和改造自然界所从事的物质生产创造活动及其劳动产品以及创造这些物品的手段、工艺、方法等，主要包括各种生产工具、生活用具以及其他各种物质产品，是可感知的、具有物态实体的文化事物。例如，我们穿的衣服，吃的食物，住的房屋，乘坐的交通工具，办公用的电脑等。它直接反映人与自然的关系，反映人类对自然的认识、利用和改造的程度与结果，反映社会生产力的发展水平，是人类从事一切文化创造的基础。物质文化具有“历久弥新”的特征，当时过境迁，人类创造的物质文化就变为“不可再生”的文

① Raymond Williams. “*The Analysis of Culture*” *in John Storey*, ed., *Cultural Theory and Popular Culture*: *A Reader*. Athens: The University of Georgia Press, 1998. p48.

化资源。

制度文化（行为文化层或文化的行为要素）是人类在社会实践中组建的各种社会行为规范以及人际交往中约定俗成的以礼俗、民俗、风格等形态表现出来的行为模式。它是人们为反映和确定一定的社会关系并对这些关系进行整合和调控而建立的一整套规范体系，表现在婚姻、家庭、政治、经济、宗教等方面，对人类可能超出的部分进行压抑整合。为维持正常的社会关系和社会生活，就必须约束人们的行为，规范个人与个人、个人与群体、群体与群体之间的关系和权利义务等。法律、规章制度、伦理道德是制度文化的主要内涵。

精神文化（文化的心理要素）也称为观念文化，以心理、观念、理论形态存在，是由人类社会实践和意识活动中经过长期孕育而形成的，包括两个部分，一是存在于人们心中的文化心态、文化心理、文化观念、文化思想、文化信念等。二是已经理论化、对象化的思想理论体系，即客观化了的思想。精神文化是人类自身情感、思想的表达方式，包括思维方式、思想观点、价值观念、审美情趣、道德情操、宗教情感、民族性格等方面。精神文化的内涵十分丰富，举凡科学技术、文学艺术、宗教信仰、民情风俗、思想观念、思维方式、心理特征等等，都是精神文化的重要内容。精神文化决定着社会中的人心所向、活动所趋，指导着人与人、人与社会、人与自然关系中的行为方式，是维护社会稳定和谐、协调人际关系、规范人们行为、调整人们情绪、寄托人们希望的无形的“上帝”,① 所以精神文化是文化的核心部分。

（二）资源

资源是一个动态的概念，随着人们对其认识的加深和利用程度的提高，资源的构成也越来越复杂和多样化，资源的内涵已不再局限于天然的生产资料和生活资料，劳动技能、通讯手段、有意义的符号、社会组织系统等都变成为生产的要素。凡是人类所创造的各种物质性的和精神性的资料、手段、技能和思想体系等，都可以称为资源。

1. 什么是资源

什么是资源？《辞海》将其界定为“资财的来源”；《现代汉语词典》将其界定为“生产资料或生活资料的天然来源”，如地下资源、水力资源，

---

① 尹绍亭：《民族文化生态村云南试点报告》，9－10 页，昆明，云南民族出版社，2000。

是可供开发或可能具有开发潜力的物质性存在，强调的是其天然属性；《简明不列颠百科全书》没有对资源一词进行专门解释，却解释了资源分配，即指生产性资产在不同用途之间的分配，按此推断，资源就是指生产性资产。因为在一般的意义上，资源并非直接消费的，而是需要对资源常常开发利用，经过生产加工后才能够显现其效益和价值，也就是说，效益和价值蕴含于资源之中，是潜在形式的。因此，所谓资源就是生产或生活的资料。一般而言，自然资源是有一定量的，因此，资源的使用和消耗是有限度的。有些资源是可以再生的，有些资源是不能再生的，一旦消耗尽，再也不可能拥有。①

马克思在论述资源时指出，劳动和土地是形成财富的两个原始要素，是一切财富的源泉。恩格斯在分析劳动在从猿到人转变过程中的作用时也明确提出，自然界为劳动提供材料，劳动把材料变为财富，劳动和自然一起才是一切财富的源泉。② 也就是说，人们通常所说的资源，一种是自然生成的，一种是劳动创造的。马克思所说的劳动和土地，恩格斯所说的劳动和自然一起才是一切财富的源泉，就是资源的全部含义。广义的劳动——人为因素，包含了一切社会、经济、技术因素，可统称为社会资源。再加上自然界提供给人类可利用的一切自然资源，这就是完整的科学的资源范畴。

从人类的经济活动，或是从社会经济活动的角度出发，人类生存要有立足之地，要有空气、阳光、水、食物和相对稳定的环境，这些必备要素就是我们所说的资源。从历史的角度出发，人类所创造发明的一切成果，都是人类进一步活动（包括经济活动、政治活动、文化活动、科学技术活动）所不可缺少的资源，这是人类社会发展的基础。正如马克思所言，人们不是凭空地创造历史，而是在前人的基础上创造。自然存在的资源本来就已经存在于自然界之中，社会创造的资源是人类在社会历史发展过程中所创造出来的资源，如生产工具、生产技术、生产方式、生产制度等。从社会经济不断进步和发展的角度而言，人们不但要生存，而且还要生活得好一些、舒服一些，那么需要的要素则更多。因而，在思考资源问题时，我们必须将资源问题纳入到整个自然界、自然环境、人类社会和人类发展

---

① 吴圣刚：《文化：发微与阐释——一种当下语境的研究》，50页，北京，新华出版社，2007。

② 《马克思恩格斯选集》，第四卷，373页，北京，人民出版社，1995。

的整体联系中去进行深入思考。

从现代资源观的角度看，资源的概念包括三层意思：其一，它总是相对于某项行为或事业的需求而言的，指明的是对其具有禀赋意义和应用价值的物质存在和要素集合；其二，这种物质存在和要素集合对我们的使用而言具有既成性，不需要我们再费力去创造；其三，我们尚未对其进行开发和利用，它的价值具有潜在性。[①] 总之，资源作为一种社会化了的资本，已经成为现代社会中最重要的东西，对社会发展具有极其重要的作用。资源和资本都是生产的基础，从资源到资本需要一个转化的过程，资源和资本最大的区别在于，资源蕴含着潜在的可开发性，也就是可能体现的价值；而资本则已经明显地体现出通过生产即将体现出的收益和价值了。从某种程度上说，谁掌握了资源，谁就掌握了当今社会发展的关键。[②]

2. 文化也是一种资源

当代资源的概念已被扩大和泛化，资源一词不再仅仅局限于“天然的来源”，而是延伸到了社会、人文等领域。现在凡是可供人类开发利用而且能够产生效益和财富的所有来源，都被视为资源，于是产生了社会资源、人文资源、人力资源、教育资源、有形资源和无形资源、物化资源和非物化资源等新的名词。所谓社会资源，是人类自身通过劳动提供的资源。[③] 由于社会生产力的高度发展和生产的社会化，除了人力和物质资源外，社会资源还包括了科学、技术、信息和管理等。社会资源和自然资源在社会再生产过程中是互为对象的，是人类社会得以存在和发展的不可缺少的两大物质要素。自然资源指的是存在于自然界的某种物质或环境，并且能够产生经济利用价值的东西。人文资源则是人类自身创造的、能为人类的生存发展服务的社会要素；有形资源即能看得见、摸得着、有形存在的资源，譬如水、阳光、森林。无形资源则是指能为人类利用，但没有固定形态的资源，如空气和人际关系等。物化资源指的是以实物体现的资源。非物化资源则是非实物形态的资源，如知识等。

社会的复杂性在于，它是由众多的因素交织而成的；固然经济因素是其中的一个基本的甚至是主导的因素，但是非经济的因素同样是不容忽视的。随着现代化进程的不断推进，人类对文化的依赖性也越来越大，文化

---

① 李民：《中原文化与民族复兴》，344 页，郑州，河南人民出版社，2010。
② 张胜冰：《文化资源与文化产业》，7 页，长沙，湖南文艺出版社，2008。
③ 程恩富：《文化经济学》，30 页，北京，中国经济出版社，1993。

对于人类的重要性则更加凸显。[①] 文化也是一种资源，它体现为有形的物质载体和无形的精神遗产。我国有五千年文明史，文化积累十分丰富。从形而上的角度看，有哲学思想、文学艺术两大源流，每条源流的支脉又蕴含丰厚的精神内涵，至今影响我们的思想情感、价值观念、审美意识。从形而下的角度看，几千年来我们的衣、食、住、行发展出复杂多样的方式，其间凸现的生活艺术融进了中国人高雅的情趣和匠心独运的巧思。而剪纸、年画、皮影、木偶、面具、玩具、民居、刺绣、风筝、印染等民间文化现已成为人们趋之若鹜、争相开发利用的“市场资源”。[②]

文化被视为资源，是因为在市场经济的条件下它可以开发成为商品供给人们消费的缘故。从市场的角度看，人类的消费行为主要有两大类，一类是物质消费，另一类是精神消费。能够满足精神消费的商品，就是文化商品。当今社会，文化商品无处不在，例如影视、图书、艺术、旅游，等等，它们和吃饭、穿衣一样，已经成为人们不可缺少的消费品，而且社会越是发展，对文化商品的需求也就越多样、越丰富、越高级。目前，我国政府提出要努力发展文化产业，而且将它作为振兴经济的一个重要的发展战略。在这方面，先进国家的成功经验值得借鉴学习，它们的文化产业在其国民生产总值中均占有重要的地位，说明文化产业的发展前景是非常广阔的。在市场规律支配的经济生产方式中，市场本身也作为一种资源形式而存在着，尤其是在经济生产中起着支配作用的市场规律，以一种非物质资源的形式在影响着社会经济的发展。

二、文化资源的内涵与外延

在当代，文化已然成为一种资源，但是对文化资源的认识尚未达成一致意见，界定文化资源的概念，弄清文化资源的丰富内涵与广博的外延、明晰文化资源的属性，有助于对文化资源的保护与开发，以及对之进行进一步解读。

（一）文化资源的概念界定

文化资源是相对于举行文化活动、生产文化产品、开展文化服务而言的前期文化因素，是一个不断发展变化和变动的概念。由于文化资源的复

---

① 吴圣刚：《文化：发微与阐释——一种当下语境的研究》，17页，北京，新华出版社，2007 。

② 尹绍亭：《民族文化生态村——当代中国应用人类学的开拓理论与方法》，66页，昆明，云南大学出版社，2008。

杂性，目前对文化资源这一概念的内涵、外延的理解还有一定的偏差。一般而言，文化资源是指凝结了人类的劳动成果的精华和丰富的思维活动的物质的、精神的产品或者活动。在此意义上，文化资源主要包括历史人物、文物古迹、民俗、建筑、工艺、宗教、语言、文字、戏曲等。广义的文化资源是难以给出具体的界定的，只要是体现人类追求和满足人类精神需求的产品或活动，均应划入文化资源的范畴。如此一来，社会生活的方方面面就大量地体现了文化的痕迹，政治、经济、社会生活以及世界范围内的比较，都蕴含了丰富的文化特征。

给文化资源下定义，就像解释文化一样，众说纷纭，莫衷一是，这与对文化的不同理解有关。申维辰认为，文化资源是指凝结了人类无差别劳动成果的精华和丰富思维活动的物质和精神的产品或者活动。[①] 吕庆华认为，文化资源是人类劳动创造的物质成果及其转化，按历时性标准，文化资源可以分为文化历史资源和文化现实资源。[②] 欧阳友权认为，文化资源是能够突出原生地区的文化特征及其历史进步活动痕迹，具有地域风情和文明传统价值的一类资源，包括历史遗迹、民俗文化、地域文化、乡土风情、文学历史、民族音乐、宗教文化、自然景观等。[③] 吴圣刚认为，文化资源是人类生存发展需要的、以一切文化产品和精神现象为指向的精神要素；和自然资源一样，文化资源也是人类生存发展需要的重要资源……在现代社会，信息技术也是一种重要的文化资源。[④] 李建国认为，文化资源是指人们从事文化生产和文化活动所利用或可资的各种资源；文化资源是发展文化产业的基础和前提。[⑤] 程恩富亦持此种观点。[⑥] 周正刚认为，文化资源是指可供主体利用和开发，并形成文化实力的各种文化客观对象，包括前人所创造积累的文化遗产库，今人所创造的文化信息和文化形式库，以及作为文化活动设施与手段的文化载体库等；文化资源以精神内涵为主要存在形式，其最大的特点是可以多次开发和重复利用。[⑦] 苏世杰认

---

① 申维辰主编：《评价文化——文化资源评估与文化产业评价研究》，7页，太原，山西教育出版社，2004。

② 吕庆华：《文化资源的产业开发》，49页，北京，经济日报出版社，2006。

③ 欧阳友权：《文化产业通论》，138－139页，长沙，湖南人民出版社，2006。

④ 吴圣刚：《文化资源及其利用》，《山西师大学报（社会科学版）》，2005（6），128－129页。

⑤ 李建国：《城市文化产业发展研究》，《中共杭州市委党校学报》，2000（4），5页。

⑥ 程恩富：《文化经济学》，31页，天津，南开大学出版社，2007。

⑦ 周正刚：《论文化资源的可持续开发》，《求索》，2004（11），107页。

为，文化资源是指可作为文化产业生产经营原材料的各种物质要素和精神要素，以及文化产业生产经营所必需的各种环境要素，主要包括自然文化资源和社会文化资源两大类。①

综上所述，文化资源是一种特殊资源，它是指可作为文化产业生产经营原材料的各种物质要素和精神要素，以及文化产业生产经营所必需的各种环境要素。从文化资源的定义中，我们可以得出的结论是：第一，文化资源一定是能够创造出货币财富的特定文化形态。② 这意味着，并不是所有的文化都能称其为资源，资源作为一种“要素形态”和特定经济组织中的“要素投入”，必然以“预期收益”为目标和归宿。所以，文化资源是文化范畴内的一个子集。文化资源与市场经济具有强相关性。第二，文化资源是动态变化的。社会生产方式的变化、科技的进步和消费偏好的变化等因素都会使越来越多的文化形态被整合而形成文化资源，文化资源的内涵和外延处于不断丰富变化之中。

（二）文化资源的构成

文化资源是在人类历史文化发展中不断形成的，贯穿于人类的物质生产和精神生产的漫长过程，并且深刻地影响着人类的物质生活方式和精神生活方式的演变。文化可具体地分为器物——技术层面、制度——组织层面、习俗——行为层面、观念——心理层面、语言——表达层面，文化资源也可依文化的这些构成来进行解析。然而，文化资源的构成与自然资源的构成具有本质的不同，自然资源是一种物理的构成关系，而文化资源则是一种社会的构成关系。一般说来，人类发展进程中所创造的一切含有文化意味的文明成果以及承载着一定文化意义的活动、物件、事件以及一些名人、名城等等，我们都把其认为是某种形式的文化资源。文化资源的构成要素十分宽泛，既包括科技、教育等智力因素，又包括理想、信念、道德、价值观在内的种种精神因素，还包括整个社会文化网络，以及作用于现实生活的传统文化和外来文化的因素。

随着人类活动的多样化发展，资源的构成不仅有经济生产活动方面的资源，还有社会生活的其他方面活动的资源。文化资源包括各种文化成果和形态。一般说来，人类发展进程中所创造的一切含有文化意味的文明成

---

① 苏世杰：《理清区域文化资源　发展黑河文化产业》，《黑河学刊》，2004（1），31页。

② 张耘、王勇：《首都可持续发展战略资源研究》，243页，北京，中国经济出版社，2007。

果以及承载着一定文化意义活动、物件、事件以及一些名人、名城等等，我们都把其认为是某种形式的文化资源。[①] 具体说来，文化资源则可包括以下这些方面：

1. 语言文字

语言文字与文化活动直接相联系，是文化和思想的载体。语言作为一种重要的文化资源体现出深刻的文化内涵，影响着人类的思维和行为方式。[②] 语言文字的创造是人类文明最重要的文化现象，尤其是表意文字，它是一种表达意义的文化符号。人类最早创造语言文字并不只是一种交流的工具，更重要的还在于它作为一种文化的载体具有传达信息、记录文化的功能，其中包含着大量的以符号化形式体现出的文化信息和思想内容。语言文字对推动人类社会的发展和促进人类社会的进步起到了重要作用。

2. 图画文字

早期的图画或图形文字是对某个事件或某个情景的一种形象化的记事，起传达信息的作用。如远古时期人类的狩猎情形，通常就是通过对狩猎场面的“记事”来传达的。随着人类文化的发展，原始记事图画逐渐演变为象形文字体系。这种以形象化的方式表达抽象的观念，体现了文字深刻复杂的文化内涵。例如，纳西族东巴文就是一种至今仍然存活着的古老的象形文字，它是由原始的图画文字过渡为成熟的符号文字，其功能不仅是在传递语言信息，也是在建构文化心理。东巴文反映了纳西族特有的宇宙观、自然观和宗教信仰。

3. 文化观念

文化观念常常影响一个民族的内心世界和精神信仰，集中表现了文化对人的深刻作用。观念资源是在人们的思想观念中所形成的有影响力或支配作用的思维方法、思维倾向和认识，它包括最核心的价值观、人生观、世界观，以及道德观、法律观、审美观等诸多方面。研究一个民族的精神世界不能不研究其思想和观念的构成。例如，风水是中华传统文化中的一种重要观念，尤其是在民间具有广泛的民众基础。风水对中国传统建筑的空间方位产生了深刻影响，中国传统建筑大都讲究坐北朝南，这既符合传统的吉利心理和方位观念，又具有冬暖夏凉的实用功能。除了向阳、高爽、通风等自然因素外，还有更多的信仰成分决定着建筑方位的选择，而

① 李民：《中原文化与民族复兴》，344页，郑州，河南人民出版社，2010。

② 张胜冰：《文化资源与文化产业》，11页，长沙，湖南文艺出版社，2008。

这与建筑中所蕴涵的文化观念有关。中国古代建筑受择中观念的影响，选址时大都认为五方以“中”为贵。北京城就有一条中轴线，它南起正阳门，经大明门，过天安门、端门、午门，然后穿过故宫，出神午门，过景山直到鼓楼，再延伸到外城永定门，一些重要的建筑都分布在这条中轴线上。这种择中观念是中国古代文化观念的反映，[①] 至今仍影响着人们的建筑方位观念以及对居住环境的选择。

4. 遗存资源

遗存资源是文化遗产的有形部分，主要指历史上存留下来的各种人类活动的遗迹、文物，包括一直在地上的、已经出土的和尚未出土的，也包括可移动的（如典籍、艺术品、宗教器物、工具、生活器具等）和不可移动的（如各类遗址、遗迹、建筑、崖画、石刻等），以及在建筑式样、分布均匀或与环境景色结合方面具有突出普遍价值的历史文化名城（街区、村镇）。遗存资源是历史的见证、认同的根基，具有极高的历史价值、审美价值、科学价值等，对于保护民族记忆和精神家园，对于维护人类文化的多样性，对于激发人类的想象力与创造力，具有十分重要的作用。

5. 精神文化

人类的精神文化构成了人类的精神世界，影响着人类社会的发展。[②] 在当代社会中，精神文化资源的构成已经超越了传统文化的范畴，而被赋予了更为广泛而深刻的含义。人类社会进入工业文明社会之后，市场经济的利益驱动机制在充分调动人的生产积极性、促进生产发展的同时，也刺激了人的物欲膨胀。而物欲膨胀会伤害人们的情感世界，阻滞人们的精神交往与沟通，最终导致人们精神上的空虚。20 世纪，整个世界动荡不定，社会因素复杂多变，使得人们难以形成固定不变的价值观，许多人失去了生活的信念，怀疑主义、相对主义、非理性主义随之蔓延。人们从来没有像今天这样强烈地需要相对稳定的价值观念的支撑，需要在变动不定的世界里寻找到一个安定的精神家园。因此，越来越多的人在强烈呼吁建立和整合社会价值体系，以协调整合社会秩序。可以说，精神文化资源的核心是价值观，价值观是支撑人类生活的精神支柱，它决定着人类行为的取向，因而它对于人类的生活具有根本性的引导意义。[③]

---

① 居阅时、瞿明安：《中国象征文化》，495－498 页，上海，上海人民出版社，2001。

② 张胜冰：《文化资源与文化产业》，28 页，长沙，湖南文艺出版社，2008。

③ 吴圣刚：《文化：发微与阐释——一种当下语境的研究》，42－43 页，北京，新华出版社，2007。

6. 知识资源

当代社会，知识与经济的相互渗透、相互结合、相互影响，促使现代社会发生深刻的变革。知识经济是一种新的经济形态，它把知识看作是内在的生产力要素，通过知识形态的转化与生成，把知识资源转化为生产资源，以获取经济效益，并能以较低的成本投入产生较大效益。一个国家拥有知识资源的多少，直接影响着该国社会经济的发展，关系到该国创新能力和国际竞争力水平。在现代社会中，知识创新对当代社会的创新不仅表现在科技发明、技术创新、产业升级、产品开发等技术层面，而且还表现在文化层面和社会层面为当代社会所带来的新思维、新观念、新方法和新思路。① 知识资源已成为推动社会发展和进步的重要的生产力要素，成为当代文化资源中的一种核心资源。正因为如此，各国政府都通过发展教育、制定科学技术发展规划、提高国民文化素质等措施来大力开发知识资源，并把它作为国家发展的重要战略来实施，以此来提升国家核心的竞争力。

7. 科学技术

科学技术是文化资源的重要内容。科技进步不断推动文化资源开发利用的更新和调整，使文化产业获得迅捷、高效的发展手段；同时，在日新月异的科技平台上，以数字技术为代表的高新技术正在对以出版发行、印刷复制、影视制作、演艺娱乐等为代表的传统文化产业全方位的改造，正在形成以数字出版、数字影视、网络游戏、网络传输等为代表的文化产业新业态。尤其是计算机、网络通讯及其组成的信息技术，使人类创造和拥有的信息量剧增。通过计算机网络传播的信息在世界范围内、在不同种族人群中开始引起重要范式的转变，包括人的行为方式、思维方式、道德观念、价值取向等。② 从某种意义上而言，科学技术已经成为文化产业发展的决定力量，文化与科技的交融成为文化产业发展的必然选择。

8. 艺术产品资源

艺术产品资源是文化产业发展的直接要素，主要由以往和现代社会中的各种文化艺术产品构成。文化艺术产品之所以成为资源，是因为这些艺术品同样构成了进一步创作的素材或是激发进一步创作的源泉。产品资源

---

① 张胜冰：《文化资源与文化产业》，29－30页，长沙，湖南文艺出版社，2008。

② 韩小谦：《信息技术·文化·知识——浅谈信息技术文化》，《自然辩证法研究》，1999 (7)，45页。

与遗存资源会有许多重合之处，应该说，除了产自现代社会的文化艺术创造品，很多遗存资源也就是产品资源。例如，传统服饰、遗存典籍、神话传说、民间故事、古歌谣等。对于艺术产品资源的大批量、工业化生产，成为文化产业发展的重要内容。

9. 文化组织资源

是指一个社会中所存在的各种形式的组织，它包括官方组织和非官方（民间）组织，正式组织和非正式组织；从类别来说，它既包括各种生产性组织，也包括各种非生产性组织，如政治组织、社会组织、行会、协会等。从文化资源的角度看，文化组织资源主要是指那些直接从事文化艺术活动的各种社会组织、机构、社团、协会等。文化组织资源是文化产业健康有序发展的组织基础，对于协调文化生产关系、组织文化生产活动、促进文化产品流通等具有重要价值。

10. 习俗资源

凡有一定流行范围，一定流行时间或流行区域的意识行为，无论是官方的还是民间的，均可称为习俗，主要包括风俗习惯、民风民俗，乃至饮食偏好、行为性格特征等。习俗资源大体上分为两个部分：一是历史遗留下来的，其源远流长、时代久远，具有社会性、集团性、民族性等特点，不同地区、不同集体、不同民族都具有不同的传统习俗；二是适应现实社会历史条件而产生的，或倡导的新生活习俗。习俗资源是文化资源的重要组成部分，尤其是具有民族特色、地域特色的民俗资源，往往成为发展文化产业，促进旅游经济发展的重要资源。

11. 人力资源

人力资源是指社会在文化艺术活动方面所积累和储备的人才，它包括专业的和非专业的，它既存在于国家制度化下的正式组织中，也存在于非正式组织中，以及大量民间纯个体的那些具有文化艺术创造能力或相关活动能力（如知识能力、传承能力、鉴别能力等）的人才。人力资源是文化资源中最具价值、最有生命力的部分，很多文化资源是依赖于文化人力资源才得以保存的。[①] 人才资源是文化产业发展的第一资源，加快培育文化创意人才、文化产业研究人才、文化产业管理人才，形成复合型人才、文化行业人才、文化艺术人才等多层次文化产业人才体系，是文化产业发展的重要保障。

---

① 胡惠林：《文化产业概论》，170—172页，昆明，云南大学出版社，2005。

12. 文化市场资源

文化市场是各种文化产品和文化服务的交汇地，是文化提供方同文化消费方的交易场所。例如区域的博物馆、展览馆等博物市场；演艺厅、剧院等表演艺术市场；还有古玩市场、出版市场、高校等文化艺术人才教育市场等。一个地方的专业文化市场是否繁荣，以及其数量的多少以及规模的大小等，往往决定着该区域的文化经济的发展。在文化产业的发展过程中，必须高度关注文化市场的培育，加强文化市场的管理，积极引导文化市场的快速健康发展。

（三）文化资源的性质

性质是指一事物本身所固有的与他事物不同的属性与特征。文化资源的性质可以从文化性、资源性和社会性诸层面进行解读与分析。

1. 文化资源的文化性

文化资源的文化性是人类有意识的创造活动所赋予的，这种创造活动与人类的思想观念联系在一起，因而被赋予了某种精神内涵。[①] 文化资源的文化属性表现在内容和载体两个方面。

从文化资源的内容来看，文化资源隐含一定的文化意义，体现出特定的文化观念、文化精神。英国学者泰勒对文化作的经典释义是：文化或文明是包括知识、信仰、艺术、道德、法律、习惯，以及其他人类作为社会成员而获得的种种能力、习性在内的一种复合体。[②] 著名文化人类学家马林诺夫斯基将文化定义为：人类社会能直接或间接地满足人类需要的一套工具以及一套风俗，它是人体的或心灵的特征。[③] 事实上，文化不但具有全人类所共有的普遍性，也具有民族的区域性与差异性；文化既是历史积淀的产物，又富含时代的气息。文化现象既有良莠之别，也有素质与水平的高低。所以说，文化是一个动态性与静态性相统一的发展过程，它随着实践活动的进行而不断地变化、运动。以一种文化形态作为表征的文化资源，是在人类社会漫长历史发展过程中所积淀凝聚而成的，通过文化的创造、积累和延续所构建，这种人类创造的资源带有文化的规定性和文化意义，而且是根据不同的文化传统创造的，在不同的文化传统中都是不同

① 张胜冰：《文化资源与文化产业》，14 页，长沙，湖南文艺出版社，2008。

② 庄锡昌、顾晓鸣等编译：《多维视野中的文化理论》，98 页，杭州，浙江人民出版社，1987。

③ ［英］马林诺夫斯基著，费孝通等译：《文化论》，14 页，北京，中国民间文艺出版社，1987。

的。人类所创造的具有文化属性的生产资料和生活资料，能够满足人类的需求而被长期保存下来。文化资源的本质是智慧与文明，是人类精神的升华和智慧的凝聚。虽然各种文化资源的形态迥异，有的甚至是无形态、无构体、无物质的，但皆为知识的凝聚、文明的衍生、历史的积淀、智慧的结晶、道德的体悟、精神的提升、传统的延续、时代的脉动，并由此而使文化资源获得了高智能、高品位的秉性。

从文化资源的表现形式来看，文化资源是以文化形态表现出来的。文化形态是通过体现于多个层面上的文化特质来表现的，它既是一种负载文化内容的载体，同时也是一种表达方式，文化资源的内涵正是通过这些载体的形式表达出来的。一般来说，文化资源具体呈现为三种形态：一是符号化的、具体的文化要素。如建筑、绘画、石刻、音乐、工艺、典籍等。这类文化资源可以复制、加工、转换并融入文化产品中。二是精神性的、非物态的文化内涵，表现为影响我们的思想、价值观念、审美意识以及信仰等。这种形态的文化资源虽不能直接转化为文化产品，但它已内化到人们的日常行为之中，并潜移默化地影响人们的社会实践活动。三是经验性的文化技能和创新型的文化能力。它不仅包括由人掌握的一种文化活动的技能，如写作、歌唱、舞蹈、绘画、演奏、设计等技巧，还包括文化创造者突破前人模式的独创性思维和实践能力，体现为创意、主题、构思、决策方案等。这种形态的文化资源又称文化智能资源，它是文化生产中的核心资源。①

2. 文化资源的资源性

资源是人类创造社会财富和精神财富的源泉，当前理论界一般把资源按照属性分为两大类：一类是自然资源，它是指能够进入人类劳动生产过程并被加工成生产资料的那部分自然要素。联合国环境规划署对自然环境的定义是“在一定的时间、地点条件下能够产生经济价值的、以提高人类当前和将来福利的自然环境因素和条件的综合”②。一类是社会资源，主要是指人类通过自身提供的以物质形态而存在的劳动力资源和经济资源以及科技、教育、文化、信息、管理等非物质形态的资源，文化资源总体上说就是一种社会资源。③

---

① 姚钧伟等：《从文化资源到文化产业——历史文化资源的保护与开发》，4页，武汉，华中师范大学出版社，2012。

② 曹凑贵：《生态学概论》，295页，北京，高等教育出版社，2002。

③ 姚钧伟等：《从文化资源到文化产业——历史文化资源的保护与开发》，3页，武汉，华中师范大学出版社，2012。

自然资源是人类生产和生活的物质基础，也是人类社会发展的必要条件。但随着人类生产的发展和社会经济生活的复杂化，符号化的知识、经验性的技能、创新性的能力、通讯手段、社会组织系统等，都逐渐成为生产的要素，并在人类的生产和生活中起着越来越重要的作用。以一种资源形态作为表征的文化资源，是资源的一种具体存在形态，是指为社会经济的发展提供对象、环境和条件的那些文化要素的组合。总之，文化资源蕴藏在历史文化传统之中，存在于社会文化现状之中，弥散在整个物质生产、精神生产的创造过程之中，它既以一种可感知的物质化、符号化形式而存在，又以一种思想化、智力化、想象性的形式而存在，它主要以人为载体。① 与自然资源不同的是，文化资源会随着社会历史的变化而出现变化，从量的角度而言，这种变化意味着文化资源量的增减，如不同历史时期文化类型、文化样式的增多或减少；从质的角度而言，文化资源的质也发生变化，例如历史上某个时期出现的与过去完全不同的文化思潮、文化趋势等。②

3. 文化资源的社会性

文化资源是人类创造的一种资源，它从一开始就具有很明确的目的性和社会功用性。自从人类创造了文化，文化与人类自身的发展就密不可分了，并成为人类社会发展的重要动力资源。雷蒙德·威廉斯曾对文化进行社会性的定义，指出文化是对一种特殊生活方式的描述，这种描述不仅表现艺术和习得中的某些价值和意义，③ 而且文化一旦形成并被传承下来，反过来也会对其社会环境的变化和改造产生很大的影响。而且在现代化进程中，文化这一资源体现出来的能量愈来愈显著，文化成为一种生产力，文化也是一个国家综合国力的重要反映。

人类创造各种不同类型的文化资源，显然是与人类的社会需要紧密结合在一起的，并赋予了这些文化资源以社会属性。人类在文化创造中形成了知识、信仰、文学艺术、道德、思想观念、法律、习俗、生活方式等不同层面的文化内容，这些文化内容广泛地渗透到人类的物质文化和精神文化活动之中，对人们的日常行为产生重要影响。这些带有特定文化内涵的创造活动是构成文化资源的重要依据，这也是不同于其他自然资源的最显

① 贾青松：《论文化资源转变为文化资本的现实途径》，http://www.cass.net.cn/，2011年11月30日。

② 张胜冰：《文化资源与文化产业》，8页，长沙，湖南文艺出版社，2008。

③ Raymond Williams. *The Long Revolution*, Canada, Broadview Press, 2001, p. 57.

著的特点。[1] 当然，在不同的时代、不同的地域、不同的民族，文化资源的社会性也会有不同的表现形式。事实上，正是文化资源的社会性在一定程度上赋予了文化资源的不同特征。

（四）文化资源的外延

文化资源的内涵丰富，外延广博，它不仅是指物质财富资源，同时也是精神财富资源；它所涉及的范围非常广泛，几乎包括人类活动的各个方面，且其形成复杂，表现形式和存在形式多样，因此，采用不同的划分标准就会产生不同的外延分类。

1. 根据文化资源的性质不同划分

根据文化资源的性质不同，文化资源可以划分为自然文化资源和社会文化资源两大类。自然文化资源是指自然界存在的，可作为文化生产的原材料和物质文化生产所必需的环境条件。例如，我们进行文化产品生产时所需要的原材料，印刷用的纸张，雕刻用的寿山石、玉和木头、竹子等等。此外诸如旅游景点的自然景观及自然条件等等，也都是自然文化资源。社会文化资源主要指人类在社会上通过种种劳动所获得的种种能力和习惯等，包括社会、经济、技术诸因素中可用于文化生产和文化生活的种种方面，主要显现在教育、科学、文艺、道德、法律、风俗、信仰等方面。文化是人类独有的，是人类社会实践的产物。文化资源上述的自然和社会的两个方面，是相互依赖、相互依存的。

2. 根据文化资源的内容不同划分

根据文化资源的内容不同，文化资源可以划分为物质文化资源、精神文化资源和人才文化资源。物质文化资源包括自然界中可用于文化生产活动的各种物质、环境、条件，如用于雕刻的木材、石料，用于文化旅游和美术摄影的自然景观、古迹遗址等，也包括通过劳动创造出来的、用作文化产品物质载体和生产手段的纸张、油墨、磁带、胶带、摄影器材、灯光音响器材、印刷机械以及剧场、舞厅、影院、图书馆、博物馆等文化设施和设备。精神文化资源包括文化遗产以及教育、科学、文学艺术、道德、法律、宗教、民俗等精神产品中所蕴含的、可用于文化生产和活动的诸多重要内容和形式。人才文化资源包括从事文化产品创造、生产、经营和提供文化娱乐服务的各级各类专门人员。文化人才是创造、生产、经营文化

---

① 张胜冰：《文化资源与文化产业》，15页，长沙，湖南文艺出版社，2008。

产品和文化娱乐服务的主体，[①] 是文化市场的一种重要的战略资源，未来文化市场竞争的关键在人才。

3. 根据文化资源形成的时间划分

从文化资源形成的历史来看，可以把文化资源划分为历史性文化资源和现实性文化资源两大类。[②] 历史性文化资源主要是指前人创造的物的凝聚，按是否有实物性形态又可分为有形文化历史资源和无形文化历史资源，其典型代表是文化遗产。文化遗产按物质形态也可分为有形文化遗产和无形文化遗产。有形文化遗产是指已经出土的和尚埋藏地下的各种文物，包括可移动的文物，如历史典籍、艺术品及其他各类器物；不可迁移的历史遗迹，包括建筑、壁画、居落、石刻等。无形文化遗产是指以人为载体，依赖人的声音、形体动作、表演等人的行为而表现的文化形式，[③] 如世界口头与非物质文化遗产、岁时节日、信仰等。有些地区由于拥有这些历史性文化资源，已经成为推动当地经济发展的支柱性资源，如西安、洛阳。

现实性文化资源是指人类劳动创造的物质成果的转化。按物质成果转化的智能含量，又可分为文化（现实）智能资源和文化（现实）非智能资源。文化智能资源，是指通过人的智力运作发挥知识的创造力，在产业运行中创造价值，实现价值的增值。文化智能资源通过产业运作，能够创造价值并带来剩余价值，其资本属性由智能资产的结构决定。文化智能资源价值的大小取决于智力和知识的结构及其融合程度，智力和知识结构越合理，融合程度越高，其资源价值就越大。文化智能资源的价值表现形式仍然是货币，包括以下两种存在形式：一是外显文化智能资源，是指一切可以带来价值或效用的智力成果，包括创意、发明、专利、著作、作品、商标、声誉、有价信息等，智力成果的核心要素是知识；二是内隐文化智能资源，是指人力资本的脑力资产，脑力资产的核心要素是智力。总之，脑力资产和智力成果共同构成文化智能资源。文化智能资源的两个核心要素是知识和智力，在现实经济活动中，版权产业、创意产业等对文化智能资源的开发具有重要意义。[④]

4. 根据文化资源的表现形式划分

从文化资源的表现形式来看，文化资源可划分为物质文化资源和精

① 胡惠林、李康化：《文化经济学》，125 页，太原，书海出版社，2006。

② 王子平：《资源论》，395 页，石家庄，河北科技出版社，2001。

③ 吴馨平：《无形文化遗产概念初探》，《中国博物馆》，2004（1），70 页。

④ 吕庆华：《文化资源的产业开发》，51 页，北京，经济日报出版社，2006。

神文化资源两大类。物质文化资源是以物质形态表现出的一种文化类型和文化方式，是一个民族的物质文化的基础，是文化产品的物质载体和文化生产的物质手段。物质文化资源按其在文化生产中的作用不同又可分为两部分：一部分是经过开发利用可直接成为文化产品的物质资源，通常称为文化载体。它包括生产文化产品所需要的各种物质材料，如制作各种工艺品的玉石、陶瓷，印制各种书刊的纸张，制作各种音像产品的材料等等。这部分作为文化产品物质载体的资源，将随着科学技术的发展，其范围和种类会得到不断的拓展；另一部分是指经过人们的生产和建设作为文化生产的物质手段的各种资源，通常称为文化生产手段。它包括文化生产的各种用品和设施，如摄影摄像设备、舞台灯光设备、音响设备、书画用品及影院、剧场、文化宫、博物馆等等。这部分文化生产手段也将随着人们科学技术水平和生产能力的提高日益地丰富起来。

精神文化资源是人类精神活动的产物，反映出人类精神世界的特点。对人类社会来说，精神世界就是人类对生活的永恒追求，从人类诞生那天起，精神生活就成为人类生活不可缺少的内容，对创造价值的肯定，对世界意义的理解，以及相应表现出来的思想、思维、意识、情感、信仰、知识、才能、哲学、文学艺术、伦理、想象力等都属于精神活动。精神活动直接影响着人类对物质世界的追求，具有重要的意义。精神文化资源存在于人类社会生活之中，是在人类社会发展的历史过程中形成和发展的。它通过人们的文化劳动发掘出来，借助于一定的物质文化手段，成为向人们提供的文化产品的主要内容。对这种文化资源的开发和利用的程度，主要取决于人的素质的提高，以及从事文化生产的劳动者的数量和质量。人类社会生活的发展不断地丰富着精神文化资源，人们对精神文化资源的开发和利用，创造出日益丰富的文化产品，又进一步推动着人类社会生活的发展和人的素质的全面提高。从而推动对精神文化资源的开发和利用不断地向深度和广度发展。[①]

5. 根据文化资源的存在形式划分

根据文化资源存在形式的不同，可以把文化资源划分为有形文化资源和无形文化资源。有形文化资源是文化产业的基本载体，大致包括四个方

---

① 乐后圣：《21世纪黄金产业——文化产业经济浪潮》，142页，北京，中国社会出版社，2000。

面的基本内容：一是富有特色的自然生态景观，如植被、湖泊、名山大川、园林、地质公园等；二是富含历史文化内涵的遗址和文物，如名胜古迹、陶瓷、器皿、碑刻、名人故居及祠墓、各类纪念地等；三是具有鲜明民族、地方特色的工艺、饮食文化资源，如苏、湘、粤、蜀四大绣品，鲁、川、粤、苏、闽、浙、徽、湘八大菜系等；四是文化设施与设备资源，如图书馆、博物馆、体育场馆、电影院及其他各种公共娱乐文化设施设备等。①

无形文化资源是在文化产业发展过程中创造性开发和利用的基本素材，主要包括：一是优良的精神传统资源，如历史传说和故事等；二是通过文化艺术体现出的艺术审美资源；三是民俗风情资源，如生活生产习俗、社交礼仪习俗、岁时节令习俗和信仰习俗等；四是品牌资源；五是人类口述和非物质文化遗产资源。非物质文化遗产包括：①口头传说和表述；②表演艺术；③社会风俗、礼仪、节庆；④有关自然界和宇宙的知识和实践；⑤传统的手工艺技能。②

6. 根据文化资源的基本形态划分

根据文化资源的基本形态的不同，可以把文化资源划分为以下四类：第一类是符号化意义的文化资源，如前人创造的图案、语言、绘画、音乐、造型、传说等，以某种符号的形式记录在某种物质载体上。符号化的文化知识是文化产业的母体。第二类是经验型的技能文化资源，是由人所掌握的某种应用于文化活动中或文化生产过程中的技艺技能。经验型的技能文化资源是文化生产过程中不可或缺的，如写作、歌唱、舞蹈、绘画、演奏、编程、设计等。第三类是垄断性的旅游文化资源，指文化遗址、独特的自然景观资源和主题景点。第四类是创新型的智能文化资源，它是指以人为直接载体，在获得知识和操作技能的基础上，突破前人模式的独创性思维和实践能力，体现为创造型的构思、创意、主题、灵感、方案、设计、决策等。③ 创新型的文化能力是文化产业发展的灵魂，是文化资源中最活跃的部分，是文化生产过程中不可或缺的。

7. 根据文化资源的主题划分

按照文化资源的主题不同，可以将文化资源细分为：历史文化资源、

① 丹增：《文化产业发展论》，103页，北京，人民出版社，2005。

② 中国科学技术协会、中国农业科学院编：《农村文化资源的开发与经营》，3页，北京，科学普及出版社，2009。

③ 刘吉发、岳红记、陈怀平：《文化产业学》，85页，北京，经济管理出版社，2005。

民族文化资源、民俗文化资源、宗教文化资源、红色文化资源、自然文化资源、文化设施资源、现代信息资源等。有学者将其分为以下10种：①人文历史资源，如先秦文化、唐宋文化、历代文化名人、红军文化、抗战文化、伟人文化等；②地域文化资源，如草原文化、海洋文化、盆地文化、江河文化、中原文化等；③民俗风情资源，如少数民族文化、婚俗文化、都市文化等；④民间艺术资源，如木偶、地方戏曲、传说故事等；⑤民间工艺资源，如木石竹器、剪纸、糖人、绝活等；⑥竞技游艺资源，如跳房子、滚铁环、摔跤、上刀山等；⑦宗教仪式资源，如祭神、祭祖、求神拜佛、祈雨祈福等；⑧园林艺术资源，如民居风格、园林特色等；⑨娱乐休闲资源，如养生、康体、健身等；⑩文化信息资源，如学习培训、发明创新、信息网络等。

8. 其他划分

从文化资源的效能划分，可以把文化资源划分为“学习型”文化资源、“休闲型”文化资源、“养生型”文化资源等。[①] 从文化资源作用的领域划分，可以把文化资源划分为农业文化资源、工业文化资源、教育文化资源、科技文化资源等。从文化资源的社会组织形式划分，可以把文化资源划分为企业文化资源、地方文化资源、民族文化资源、国家文化资源、国际文化资源等；从文化资源的现状划分，可以把文化资源划分为文保资源、历史人文资源、民风民俗资源、民族工艺资源、社区文化资源、旅游文化资源、广场文化资源以及潜在文化资源等。[②] 从统计评价的角度，可以把文化资源划分为可度量文化资源和不可度量文化资源。可度量的文化资源是指可以建立相应的评价体系来具体估量其价值的文化资源，如历史文物、工艺品等；不可度量的文化资源是指不可用现实价值来估量其价值的文化资源，[③] 如民间故事、民风民俗等。从文化产业发展的角度，可以把文化资源划分为可开发资源和不可开发资源。[④] 从文化资源的地域划分，文化资源可以划分为世界文化资源、民族文化资源、地方文化资源等。

---

① 王子平：《资源论》，396页，石家庄，河北科技出版社，2001。

② 胡红：《发挥职能作用挖掘文化资源——乌当区政协做好文化资源整合工作》，《贵州政协报》2004年12月14日，第A01版。

③ 申维辰主编：《评价文化——文化资源评估与文化产业化评价研究》，8页，太原，山西教育出版社，2004。

④ 丹增：《文化产业发展论》，104页，北京，人民出版社，2005。

此外，为了区域文化资源或地方文化资源评估的需要，也有根据区域或地方文化资源的特点进行具体分类的。例如，向勇等基于科学调查的需要，认为“区域文化资源包括区域文化行政管理体制的政策法规体系的全部内容、区域历史文化资源与自然资源的全部存量、区域文化产品的总量与结构及文化产品与服务生产的完整体系、区域文化市场供求与交易的全部信息”①；郭鉴在其著作《吾地与吾民：地方文化产业研究》一书中，使用了“产业文化”的概念，认为“产业文化是由居民日常生活中衣、食、住、行等方面的产业活动经验积累而成，并存在于居民的记忆里。所以产业文化是以产业为基础，展现与之相关的精神、行为、制度等方面的文化现象，包括生活空间、社会价值、乡土艺术、古迹、历史等文化内容……可将产业文化概分为物质、行为、制度、精神四类内容”②。欧阳友权在其主编的《文化产业通论》中，将文化资源的基本类型分为历史遗迹、特征物象、自然景观、人文活动等4个主类、20个亚类和110个基本类型。③

总之，文化资源的外延十分宽泛，其所包括的内容异常丰富，而不同的划分标准和不同的目的需求，都会产生不同的文化资源类型、层次和内容，这有利于加深我们对于文化资源的理解和研究，也有利于现实中文化资源的保护、开发和利用。

第二节　文化资源的基本特征

文化资源不同于其他资源，有其自身的特性。把握文化资源的基本特征，对于保护和利用文化资源，对于统筹文化资源，增强文化资源效能，提升文化竞争力具有十分重要的意义。对于文化资源的基本特征，可以从资源特性和文化特性两个方面来把握。

一、文化资源的资源特性

与自然资源一样，文化资源本身具有经济属性，是一种经济资源。文化资源可以为文化产业提供必备的物质文化和精神文化产品生产的资料来源和环境要素，是发展文化产业的核心与基础。

① 向勇、喻文益：《区域文化产业研究》，3页，深圳，海天出版社，2007。

② 郭鉴：《吾地与吾民：地方文化产业研究》，53页，杭州，浙江大学出版社，2008。

③ 欧阳友权：《文化产业通论》，139—141页，长沙，湖南人民出版社，2006。

（一）文化资源的生产性

从文化功能的角度来看，文化资源是指一切可以利用来进行价值创造的文化要素，如文化观念、文化样式、文化活动、人文环境等。文化资源在启动、包装并整合的过程中，不断地增加新的文化内涵。当然，这种创新包括两种倾向，一种倾向是原有的文化资源，依托其内在的文化内涵，调整或挖掘创新的方面，使之文化内涵或具有新意，或更为突出，如某些文物古迹的考古新发现、新研究成果等等，充实到原有的资源之中；再如某些景观在自然因素基础上，丰富其人文因素的构成等等。另一种倾向是传统文化资源相对匮乏的地方，凭借自身的经济实力和文化基础，人工创造一些新的文化资源。

一种文化资源，只要人们认为它对人类有用，便可以永久地使用，它不会因为使用它的对象多少，使用的频率高低而耗竭。相反，一种文化资源使用的人越多、频率越高，还会促使这种文化资源数量上的增长，甚至产生新的文化特质。优秀的文化资源，一代人使用之后，后代人仍然可以重复使用，可以世世代代为人类造福。使用的人越多，越能显示其价值和生命力。因为，学习、普及、使用的过程本身就是一个创造的过程。①

（二）文化资源的非消耗性

自然资源的利用一般都是消耗性的，而文化资源则不同，有许多文化资源如自然生态景观、文化传统、民俗风情、品牌资源等，都是非消耗性的，可以反复利用。文化资源所承载的内容会随着时代的变迁和社会的变革以及人类的进步而衍化和发展。这种衍化和发展可以是再生、丰富和发展，也可以是衰微、停滞和灭亡。加强与外界的交流和融合，使文化资源得到恰到好处的使用，可以有效增强文化资源的活力。在人类的发展史中，正是由于对前代文化资源的借鉴和使用，才创造出了今天更加先进和辉煌的文化。可以说，使用文化资源的过程就是创造文化资源的过程。

然而，对文化资源的保护与产业化开发如果不遵循客观规律，以“资源消耗型”和“环境污染型”模式来开发文化资源，盲目地发展消耗型文化产业，忽视文化积累和文化资源的再造，就会导致文化资源的严重破坏与消耗。② 文化产品的不健康会导致文化环境的污染，因此要警惕当今社

---

① 吴圣刚：《文化：发微与阐释——一种当下语境的研究》，13页，北京，新华出版社，2007。

② 姚伟钧等：《从文化资源到文化产业——历史文化资源的保护与开发》，7－8页，武汉，华中师范大学出版社，2012。

会存在的以恶搞、戏说来哗众取宠，对传统文化与红色经典文化随意篡改的不良倾向，否则，将解构塑造民族性格的精神文化资源的合法性，从而造成文化资源的瓦解。所以，我们说文化资源是消耗性与非消耗性的统一。

（三）文化资源的再生性

文化资源不同于传统的一般经济资源，它是软性的，相关文化资源之间的组合，文化资源内部的量变均能促进该文化资源的创新，并使之增值。文化资源的多寡，与我们现实的文化创新能力成正比。典型的例子如影视文化资源的使用，一部成功的影视作品，衍生的增值有影视人物形象版权、电子游戏、纪念品甚至促进电影作品所代表地区的旅游业发展等。因此，文化资源的再生性也可理解为文化资源利用的永续性。

文化资源由于其载体、介质及其形式的多样性，成就了其可再生利用的特性。文化资源往往是越使用价值越高，使用的次数越多就越珍贵，并不存在因使用而有所损耗的问题。即便是那些独一无二的历史文化遗存、遗址，人们也可以借助高科技手段进行复制，使其价值得以不断地发挥。正因为文化资源具备了这一特点，才使文化产业成为21世纪最具活力、最符合人类发展需要、最能够体现可持续发展的新兴产业、朝阳产业。这种可再生性使得文化资源可以作为某种文化要素不断地在不同的文化产业结构中发挥作用。

但是，文化资源的再生性是相对而言的，文化资源还具有不可再生性特征，表现为可再生性与不可再生性的统一。[①] 作为物质文化形态出现的文化资源，如历史文化遗址、文物等都是特定历史和社会环境中活动的产物，具有时空规定性、环境制约性、唯一性和独特性，一旦时过境迁，就不再重复，一经消失就不会再生。

（四）文化资源的稳定性

文化作为客观存在，是一种观念形态的东西，是经过长期的历史积淀而形成的，是包括民族精神、民族心理、民族发展历程的观念形态，并深深地刻印在一个民族的精神世界之中。它一旦形成，具有相当的稳定性，特别是一个民族文化的精髓部分，是超稳定的。例如，民族精神是一个民族在长期的历史发展过程中形成的，随着时代的进步，人们可以丰富它的

① 姚伟钧等：《从文化资源到文化产业——历史文化资源的保护与开发》，8页，武汉，华中师范大学出版社，2012。

内涵，但它的基本精神贯穿于民族发展的始终，是相对稳定的。因此，民族精神等就成为一个民族发展的稳固动力。文化资源的稳定性还表现为，文化资源本身常常体现为一种文化传统，人们可以丰富它、发展它，甚至对传统进行创新，但是，其文化精髓却会保留和承传下来。① 一个国家、民族甚或整个人类的文化资源并不像一些自然资源那样是一次完成的，它是人类长期以来共同劳动、不懈努力、共同创造的文化资源。这种文化资源的精神脉络自古至今是一脉相承的。就文化的本体而言，民族文化的初创往往体现着一个民族最本质的特性，反映了一个民族最原始的人文图腾、宗教信仰等，而这恰恰是一个民族生成的根源或文化产生的渊源，如果抛弃了这个根，这个民族的文化就会丧失发展的根据和原动力，而这个民族也会因此而丧失其作为本民族的基本属性。

文化资源具有很强的传承性，文化一旦形成，便会在特定的人群中凭借自己的方式世代相传延续，通常是以仪式、语言或物化符号的形式通过后辈的活动遗传下来。传统的价值观、思维习惯、情感模式和行为规范，都在这一通过传承过程得以沉淀、保存。当然文化资源也是可以创新的，在生活和生产过程中，继承者的独创性思维和实践能力可以突破前人的模式，从而使地方和民族的文化习俗等不断添加新的主题和创意。文化历史在继承过程中既传递又有突破，是一种可以延展的资源形态。

（五）文化资源的消费性

文化资源本身具有文化价值，这是文化类资源相对一般经济资源最为显著的价值本体。正因为文化资源的社会性和人类活动赋予资源的深厚的价值，文化资源才能不单作为经济活动的辅助因素而被“使用”，而且能以经济活动的主动因素而被“消费”，即文化资源本身能刺激经济活动的消费价值。

文化资源的消费价值是文化资源得以传承的一个重要的内在动力。文化具有显著的社会功能，公众的文化消费具有物质消费不可替代的功能取向，如信仰、人生观、价值观、社会观、习俗、家族、风尚等，都可以通过依托文化产品的消费来实现其导向功能。

二、文化资源的文化特性

相对于自然资源，文化资源是在人类社会发展过程中所逐步积累形成

① 罗能生：《全球化、国际贸易与文化互动》，127页，北京，中国经济出版社，2006。

的，具有其独特的文化特性，而这一文化特性集中表现为文化资源质的规定性。

（一）文化资源的精神性

文化资源有两种存在形态，即有形的物质文化资源和无形的精神文化资源，这两种形态的文化资源都富含精神性。虽然文化资源有物质的有形的部分，但其意义却并不是依赖于所具有的物质属性，而在于附着于其中的精神属性。一个遗址也好，一件文物也好，它的作用是其中所包含的人文历史的内容，是人的活动所赋予它的认知价值、象征意义、审美功能等，而不在于物质实体本身。

文化资源大多是以精神、理念等观念形态存在的，人们可以认识它、理解它、感知它，甚至可以用语言表达它，但却不能说出它的形状、长短、方正、圆缺、颜色等等。人们处于饥饿状态时，无力、疲惫，但一旦食物的需要得到了满足，体力马上便可得到恢复，生理上的感受非常直接。再如空气，虽然它在我们感官中是看不见、摸不着的，但人们如果在缺氧或者是缺失空气的情况下，马上会感到呼吸困难，身体难受；一旦提供了新鲜空气，生理上立刻便会感到顺畅。① 而人们在享用文化资源的时候，感觉往往是隐性的、潜在的，功效即便巨大，但往往也不可能立竿见影，它对人的作用常常是间接的、潜移默化的。即使对它的开发和利用必须通过一定的物的形式来表现，它所表现的也不是物质形式本身，而是体现在其中的思想、观念、理论、情感和美的感受。一种产品，从其物的属性来看，具有使用价值，而从文化的角度来看，它还具有满足人们精神需要的功能。文化资源的这一特点决定了许多文化资源的开发和利用，本身就不是为了满足人们的物质生活需要，而是以满足人们精神需要为目的的。② 作为文化资源的人力资源，就更不是物质资源了，而是知识资源、精神能力资源，包括组织能力、运作能力、宣传能力、公关能力、市场营销能力等等。

（二）文化资源的多层次性

文化的浩瀚与广博，体现在文化资源的结构方面，便是具有显著的多层次性。从总体上看，文化资源大致可分为四个层次：以器物技术为主的

---

① 吴圣刚：《文化：发微与阐释——一种当下语境的研究》，44 页，北京，新华出版社，2007。

② 程恩富：《文化经济学》，27 页，天津，南开大学出版社，2007。

表层；以行为为主的浅层；以制度组织为主的中层；以社会意识为主的深层。文化资源的这四个层不是孤立存在的，而是相互影响、相互作用，密切联系，从表现形态上看，文化资源的整体构成中，既有物态资源成分，又有非物态资源成分，它们共生、共存于同一区域空间。例如历史文化资源中的历史文化、人文景观、民俗风情等文化资源中，既有物质型资源，又有精神型资源。其中传统建筑、历史街区与历史遗迹等属物态资源，而民风民俗、地方节庆、饮食文化等则属非物态资源，它们大多需通过一定的表现形式才能转化为物态资源。①

（三）文化资源的区域性

从空间分布的内容来说，文化资源具有明显的地域性，即不同的文化资源具有其存在的特殊条件和相应的地理环境，不可随意移动。如我国东北民间文艺形式“二人转”在美国好莱坞就曾遭遇“水土不服”的窘境。一个地区的文化资源，是该地区在一定的政治、经济和社会的历史条件下形成的，并随着该地区历史的科学技术和生产水平的进步及人们思想观念的转变而不断发展，表现为季节性、时代性和变异性等。

文化资源总是存在于一定的民族、地域或其他性质的群体之中的，人们的审美标准和情趣不但具有普遍性的一面，还具有地区和民族的差异性的一面，不同的地区的文化的价值具有不同的主观感受和评价，这就决定了文化资源具有显著的地域性特征。②

（四）文化资源的集群性

文化资源的产生源自人类的文化创造，无论哪种形式的文化资源，其形式和积累过程都与人类活动密不可分，而人类活动的社会性和集聚效应则使得文化资源也具有集群的特征。文化资源的集群特征可以从以下四个方面来理解：③

首先，文化资源在地理空间上具有集中趋向。这种集聚现象源于两个方面：一是基于文化活动的内在联系。由于加强相互联系的需要，一些内在联系紧密、相互联系的文化活动往往趋向于集中在同一个适宜的地方发展，而且是一个或一些核心文化活动带动许多配套文化活动在该空间集

① 沈山、安宇：《和谐社会的城市文化战略》，148－149页，北京，中国社会科学出版社，2009。

② 胡兆量：《文化资源论》，《城市问题》，2006（4），5－6页。

③ 吕挺琳：《文化资源的集群特征与文化产业化路径选择》，《中州学刊》，2007（6），98－99页。

聚。二是基于文化活动对集聚效应的追求。由于集聚能够产生集聚效应，因此，各种文化活动为追求集聚效应也需要在空间上趋于集中。伴随着集聚过程的开始和不断加速，某一空间就形成了文化资源的高度集中的现象。

其次，文化资源具有很强的地域联系。处于某一空间区域内的文化资源一般都具有属于同一特定主题或具有直接上下游关联或其他密切联系的相关性。在某一空间范围内，由于具有相同或相近的社会文化背景和制度环境，并深深烙印着其所产生的环境语言、背景知识和交易规则的印记。共同的社会文化环境有利于文化资源的交流与合作，正是这种相关性特征，才使区域内的各种资源之间产生紧密的共生、协作关系。

再次，同一主题的文化子资源之间有很强的专业分工与合作关系。如上所述，处于某一空间区域内的文化资源，其子资源一般都具有属于同一特定主题或具有直接上下游关联或具有其他密切联系的相关性，而具有同一主题的子资源之间，则更是具有明显的分工协作关系。文化产业园区的实践证明，大量的、彼此间有很强的专业分工与合作关系的各种同一主题文化子资源的空间聚集，容易形成互相支撑、互相依托、互相促进的良性累积循环，有利于降低集群内资源交易的费用，并在同一空间内产生外在规模经济和外在范围经济。

最后，文化资源集群内是一种网络关系。处于某一空间区域内的文化资源群集内的网络关系结构有两种，即集群内各子资源之间、资源与地方政府部门之间、资源与各种类型的中介服务组织或企业（如研究开发、企业咨询、法律援助、资产评估、社会投资等各种服务性组织或企业）之间各种正式和非正式的协作关系。正式的网络关系表现为各行为主体之间通过各种合同等形成的关系；非正式的网络关系表现为非合同的、在长期交往过程中所形成的相对稳定关系。对文化资源集群的竞争力提高尤其有意义的是非正式网络关系，这种网络是在人们经历了频繁而广泛的非正式的交流和合作中逐渐形成的集群内的一种社会文化和社会资本，能有效地扩散和传递文化资源的社会影响力，从而更有效地推动文化资源的产业化进程，保持和提高文化产品的竞争力。

（五）文化资源的共享性

文化资源从内容特征上看具有明显的地域性，因此在所有权属性上文化资源具有产权属性，但这并不意味着资源的独占性。文化资源作为全人类共同的精神财富，不受时空局限，不具有排他性，而由人类共享。虽然文化资源具有民族性或群体性，但不同民族、不同群体所拥有的文化资源是可以相互交流、借鉴、学习的。正是这种不同文化之间的交流、借鉴、学习，才使得人类的文化不断丰富、发展起来。但任何一个民族在借鉴学习其他民族的文化时，绝不可能是简单地移植或照搬。在借鉴学习的进程中，不同民族会根据自身的需要，自觉或不自觉地有所取舍，有所改造。这种取舍改造的一个重要原因，就是使之与原有的文化协调、相融。同时，在借鉴学习的过程中，原有的文化也会逐渐地产生某些变化以接受新的文化。

文化资源虽然具有共享性，但和自然资源一样，文化资源也存在产权归属，只是这种产权归属并不意味着对这一资源的完全独占独享。实际上多数文化资源都具有不同程度的公共产品特性，具有消费的不可排他性和非竞争性。除部分创作会受到知识产权保护外，许多文化资源特别是历史文化资源，往往成为了一种可供全人类共享的精神财富（部分原创作品会受到知识产权的保护），或者说是全人类的共同财富。① 例如，中华民族的传统文化无疑属于中华民族所有，但其他国家、其他民族同样可以学习它、借鉴它，甚至让它为本民族、国家的经济、政治、文化发展服务。一种新知识、一项新技术、新发明，产权拥有者可以使用，产权以外的其他人、其他国家和组织通过合法的程序也可以使用它。一部文学作品，无论产权属于谁，人们都可以学习它、欣赏它，使之成为自己的精神食粮，甚至还可以在此基础上进行文化再创造，使之成为文化资本。例如中国的《花木兰》被美国人拍成动画片后就成为美国人手中赚钱的文化产品；同样，中国的《三国志》被日本人开发成为动画和网游，并形成产业资本。

文化资源的产权界定十分复杂。这主要是由于它的时代传承性，比如大多文化资源都是群体创造的结果，即它们多是在历史中由不同时代的人不断继承和发展的，且是多人群体在社会中交往、实践的结晶，这样就很难界定它到底是属于哪个地区或者哪个民族、哪个个人所有。这是文化资源产业化过程中常遇到的问题。② 目前随着文化产业的飞速发展和文化资源产业化进程的加速，文化资源的占有主体越来越被淡化和模糊化，文化资源占有主体瞬息万变，文化资源的归属权和所有权界限变得日益不清晰。实际上优秀的文化资源，任何人、任何组织也无法实现对它的独占独

① 丹增：《文化产业发展论》，105—106页，北京，人民出版社，2005。

② 刘双、李伟：《论文化资源到文化资本的转化》，《知识经济》，2008（1），173页。

有，特别是在信息时代，知识、信息的传播速度十分惊人，世界上每个角落发生的事情都可以迅速传遍全球，这就使文化资源的共享水平进一步提高。

（六）文化资源的变异性

变异性是指文化资源在同一地域、同一群体中的变动。世界上任何一种文化绝不可能是一成不变的，它必然会随着时代的变迁、社会的变革、人类的进步，不断得以衍生和发展。在当今这个经济全球化趋势越来越明显的时代，一个封闭的、自我禁锢的文化系统，缺少与外界的交流，就必然会因为生命力的丧失而逐渐弱化，直至最后的消亡。因此，文化资源的变异不但是必然的，也是必需的。当然这种变异可能导致文化的不断丰富、发展，也可能导致文化的衰减，甚至消亡，这是需要引起我们注意的。

一种文化资源的最大危机来自于其所依赖的民族社会的变迁，在社会现代化的进程中，不同区域的民族文化日益表现出同质化的趋向。这种同质化趋向来自内外两方面的推力：一是社会经济生产方式、社会政治结构的现代化和同质化迫使文化也发生相应的改变，这是内推力；一是社会的开放性增强，商业文化、消费文化的强大示范作用拉动民族传统文化向同质化方向发展，这是外推力。这内外两种推动力使得民族传统文化的传承显得十分脆弱，民族传统文化在民族社会中成了稀缺之物。越来越多的独具特色的民族建筑被水泥砖房所取代；传统的色彩缤纷的民族服饰只有在节日才能看到；民族语言只有老人还会讲一些；那些曾经口耳相传的神话传说、民间故事、民间谚语也需要专业工作者去搜集、去挖掘。更深一层的是存在于民族成员中的那些传统的价值观念、行为方式、审美取向、情感认同等都在逐渐丧失。

（七）文化资源的稀缺性

人类生产生活的多样性和发展性，也使各民族的文化创造有了广阔的施展空间和表现形式，时空的差异形成了全世界丰富多彩、各不相同的文化形态，所谓十里不同风，百里不同俗。但是随着当代世界经济、政治的日益现代化和全球化，文化也表现出了明显的同质化倾向，文化的多样性面临着严重的危机，丰富的文化资源变得日益稀缺。这种稀缺性表现在：一是量少，不管是物质层面的有形的文化，还是精神层面的无形的文化，都可以说是濒临消亡的危险境地；二是分散，现在很难看到某一民族文化的完整的面貌，能看得到往往只是其中的某一方面。由此看来，文化资源并非如一般人所想象的在民族社会中是取之不尽、用之不竭的，与自然资源一样，文化资源同样是会被消耗殆尽的。这就要求我们注意保护文化资源，尤其是优秀的、尚有活力的民族地方文化资源，这是我们对文化资源进行经济考虑和效益追求的基本前提，也是我们进行文化资本化转变和产业化经营的逻辑基础。

（八）文化资源的潜在性

文化资源的潜在性是指文化资源在物质形态和价值表现上，被人们发现、开发和利用，需要的时间相对较长。① 很多宝贵的文化资源深埋于地下，难于开发，产品转换也无从谈起。有些文化资源，往往和其他历史文化相关联，只有当与其相关联的文化被人们所认识利用的时候，它的价值才有可能被充分挖掘开发。文化资源的后发影响也表现出潜隐性。文化资源或来自于重大历史事件的策源地，或代表历史进程的里程碑，或本身就是一段活生生的历史。这些历史的载体，凝聚着先人的智慧与劳动，饱含鲜明的民族风格和地方特色。只有当这些历史文化的载体在某个时间由于某种原因被激发出来的时候，其文化资源的价值才会被人们所认识，当然认识本身也是一个过程。这些都说明了文化资源具有明显潜在性特征。也就是说这些文化资源并不是不存在，而是没有进入人们的视野，还有待于人们的认识、开发和利用。

（九）文化资源的递增性

文化资源的递增性是指文化资源不但不会越用越少，反而会越用越多，逐渐递增。自然资源的效能具有最大性，无论怎样充分利用，一定量的资源的能量是有限的。譬如，一公升石油，它能产生的热量是有限度的；一吨钢材，只能产生与其量相等的钢产品等等。文化资源则与此不同，一种文化产品可以供许多人、甚至整个人类享用，一种精神和思想可以改变人类的历史进程。例如，一部《钢铁是怎样炼成的》不仅哺育了原苏联的一代人，也影响了中国一代人的成长；马克思主义的诞生，则使欧洲、亚洲、美洲一批国家走上了社会主义道路，从而改变了世界格局。一项新技术可以引起一场革命，如蒸汽机的产生引发了世界范围的工业革命，计算机及其网络的出现，把人类一下子带入了信息社会。由此可见，文化资源可以最大限度地实现其效能，而且使用的人愈多，范围愈广，其

---

① 宋长海、张婷：《关于人文旅游产品开发的思考》，《中国旅游报》2006 年 6 月 19 日，第 7 版。

效能就越大。再譬如，人们学习知识，刚学到一点并不一定能解决什么问题，立刻起到什么作用，但学得多了，就可能懂得很多道理，解决人生中遇到的很多问题。使用文化的过程，必然是创造文化的过程。文化是人类智慧的结晶，文化资源就是通过一代一代人的努力，随着历史的演进而不断生长、不断发展的。只要人类的思维和创造活动不停止，人类文化就会不断地丰富、发展、创新，并不断产生新的特质。

（十）文化资源的多样性

文化资源具有广泛多样性，如前所述，其表现形式多样，内容丰富，广泛存在和渗透到社会生活的各个领域，它可以是自然的，也可以是人文的；可以是历史的，也可以是当代的；可以是有形的，也可以是无形的，等等。从空间分布的范围来说，全世界各个地区各个民族都有其历史沿承下来的文化，具有广泛多样性。不同的国家、民族、地区之间，由于不同的科技水平、经济状况以及人们的生产方式、价值观念、传统、风俗、习惯、宗教信仰等的不同，文化观念不同，文化资源在不同的地域、不同的民族的存在也表现出很大的差异性。此外，对文化资源价值的认识是一种主观性很强的认识，不同国家、地区、民族的人们对文化资源的认识就存在着很大差异性。比如一项文化资源，在某些国家认为是珍贵的，但在某些国家却不被重视，甚至被厌恶。这些都说明了文化资源具有明显多样性和强烈的差异性。

第二章　文化资源的类别

对文化资源进行梳理、归类，是保护和利用文化资源的前提和基础。本章按照文化资源的不同主题，将我国的文化资源划分为历史文化资源、民族文化资源、民俗文化资源、宗教文化资源、红色文化资源、其他文化资源等六大类别，并对这六大类别进行较为详细的阐述。

第一节　历史文化资源

历史文化资源具有历史、文化、资源的三重含义，兼具历史的联系、文化的内容和资源的形式。但是，历史文化资源绝不是历史、文化、资源三者的简单相加，三者的组合构成了一个独立的文化主体，并具有独立的个性和价值。

一、历史文化资源的内涵和特征

历史文化资源是人类在自身发展过程中所创造的物质和精神财富的深厚积淀。自古以来，我国各族人民创造了极为丰富的历史文化资源，使我国成为世界上少有的历史悠久、文化灿烂的文明古国。毛泽东同志指出："我们中国是世界上最大的国家之一，它的领土和整个欧洲的面积差不多相等。在这个广大的领土之上，有广大的肥沃土地，给我们以衣食之源……从很早的古代起，我们中华民族的祖先就劳动、生息、繁殖在这块广大的土地之上"，① 创造了典型的东方历史文化。

（一）历史文化资源的内涵

历史文化资源是人类文化传统和精神成就的载体和见证，不仅是某个地域和某个民族的财富，而且是人类社会的共同财富。历史文化资源可以

① 《毛泽东选集》，第二卷，584 页，北京，人民出版社，1990。

分为自然文化资源和社会文化资源两大类，自然文化资源是注入了深刻文化内涵的自然资源，主要是指以自然景观或风光形态呈现、人们在文化生产、开发或文化活动中可进行利用的、具有一定文化内涵和潜在经济价值的自然因素和条件。自然文化资源依靠文化提升其品位，依靠时间和文化形成其独特的魅力和个性。社会文化资源是指随着社会和时代的发展，由历史上的生产方式、生活方式、社会行为形成的传统留传和遗存，在历史发展过程中积淀下的具有地方或民族特色及文化传统的物质及精神文化资源，它是人类信息、经验、知识等智慧的结晶，社会文化资源的现实形态主要包括人文景观、历史文化、民俗风情等。

丰富的历史文化资源既包括政治、经济、军事、文化、思想、道德等众多方面的内容，也包含了中国人民开疆拓土、励精图治、勇往直前、继往开来的光辉业绩。从时间上看，中国五千年历史一脉相承，在远古时期，我国有丰富的史前文化遗存；从建立夏朝第一个奴隶制国家开始，到商、周时代，我国有丰富的甲骨文化和青铜文化；在封建时代，经过春秋战国，到第一个统一的、多民族的封建专制国家秦，经过两汉、三国两晋南北朝，到隋、唐、五代、宋、元、明、清几个朝代，中国封建制文明在世界上占有重要的地位，特别是汉唐文化和宋代科学技术为世人所称道。从空间上看，我国疆域辽阔，民族众多，各民族在共同的融合发展中经历了不同的发展历程，积累了丰富的历史经验，包含了各个层面的历史积累，既有物质层面的也有精神层面的，既有经验也有教训，所提供的历史信息是多姿多态的。中国的北方和南方，东部、中部和西部在历史发展过程中都有不同的历史积淀，区域性差异带来的各地自然风光、文物古迹、风俗民情、文化形态等各具特色。据统计，仅目前我国已初步查明的古迹就达 35 万余处，其中，列为全国重点文物保护单位的有 5000 处，省、市文物保护单位的有 5000 余处，[①] 同时，有北京故宫、周口店猿人遗址、泰山、长城、秦始皇陵以及兵马俑、敦煌莫高窟等四十余处被列入《世界文化遗产名录》。

（二）历史文化资源的特征

作为人类丰厚的历史积淀，我国的历史文化资源具有以下几个特征：

1. 独特性

由于地理区位、历史经历等因素的差异，不同区域的历史文化资源各

① 谢本书：《历史文化资源研究》，1 页，昆明，云南教育出版社，1994。

具特色。例如，山西历史文化资源与其黄河大陆型地理环境相关，与其以农耕经济为主、由此滋生的家族制和宗法制社会结构相关，也与其在古代长期处于汉民族和北方游牧民族交往、碰撞、和解、合作、冲突、汇聚、融合的场所相关，形成山西人以家族为中心、血缘关系为基础的古代伦理政治与伦理文化，重土厚生的文化观念，诚实守信的晋商文化，以及与游牧文化交互参融的文化特征。这种强烈的地域特色，既表现在政治文化中，也展示在商业文化中，还体现在历史遗迹、文物古迹等历史文化资源方面，显示出明显的独特性，其迷人的文化魅力已经引起国内外的关注。

2. 多样性

悠久的历史，丰厚的人文土壤，独特的自然条件，孕育了内涵丰富、类型多样的历史文化资源。以甘肃为例，史前时代的伏羲文化、大地湾文化、马家窑文化、齐家文化，先秦时期的寺洼文化、辛店文化、沙井文化、羌戎文化、先周文化、秦早期文化，秦汉以来的边塞文化、三国文化、五凉文化、唐宋农牧文化、吐蕃文化、西夏文化、伊斯兰文化，还有民俗文化、长城文化、简牍文化、敦煌文化、丝路文化、石窟文化、宗教文化等，构成了甘肃历史文化资源的多元特点。

3. 不可再生性

历史文化资源与一般的文化资源不同，是不可再生的。例如，在古村落历史文化资源的保护与利用中，往往存在以下误区：一是将历史建筑拆毁，使古村落的历史风貌遭到破坏；二是重申报、轻管理，重建设、轻保护，没有处理好保护与发展的关系；三是片面理解农民迫切需要改善居住条件和生活环境的愿望，采取“拆旧建新”、“弃旧建新”的做法，对原有传统格局和历史风貌造成破坏；四是在古村落原有空间格局中插建了一些现代建筑，与历史形成的村容村貌很不协调。以上做法破坏了历史文脉的延续，破坏了与自然和谐相处的传统景观，且一旦破坏便难以恢复再生。

二、历史文化资源的表现形式

历史文化资源可以划分为有形历史文化资源和无形历史文化资源，有形历史文化资源的表现形式主要是历史遗迹和历史建筑；无形历史文化资源的表现形式是无形文化遗产。

（一）历史遗迹

历史遗迹是指从历史、审美、人种学或人类学角度看，具有突出的普遍价值的人类工程或自然与人联合工程以及考古地址等。历史遗迹是人类社会政治、经济、军事、文化等活动的结晶，凝聚了人类的智慧，见证了历史发展的轨迹，是前人留给后人的宝贵财富，具体来说主要包括以下几类：

1. 古人类遗迹

主要是历代人类文化遗址与遗物的发现、发掘地点，如古人类栖息的洞穴、住房和文化层等。古人类遗迹是有文字记载历史以前的人类活动痕迹，大约有300万年的进化史。由于历史久远，古人类遗留下来的主要是古人类化石、原始聚落遗址，以及原始人使用过的生产工具和生活用品等，其中保存较好的主要是旧石器时代和新石器时代的遗存。这些古遗址、遗迹以及出土文物，具有很高的文化价值。①

2. 古城遗址

自商周以来，历朝历代均遗留了不少的古城遗址，主要有殷商都城殷墟遗址、周朝都城丰镐遗址、汉长安城遗址、齐国都城临淄遗址、洛阳汉魏古城遗址、西藏古格王国遗址、敦煌沙洲古城遗址、张掖黑水国城堡遗址、新疆高昌古城及楼兰古城遗址等。许多古城遗址经过仿真开发，成了旅游景点，每年吸引大量游客。

3. 古战场遗址

主要是指历史上影响深远的著名战役发生地的战场遗址。在不同的历史时期，为了防御外敌入侵而修筑防御工事，这些军事工事反映了当时的社会经济水平和技术工艺水平，因此古战场遗址的历史价值很大，因为每次战争或战役的发生，都是一系列政治、经济、军事等方面矛盾激化到一定程度的产物。我国的许多历史名城、交通要道和战略要地，曾发生过重大战役，这些对地区乃至全国历史文化发展具有重大影响并保存较好的著名战争或战役发生地的遗址，往往成为重要的旅游资源。

4. 名人活动遗址

历史名人往往在其诞生地、活动地留下了纪念性建筑、传说故事等，这些都是社会的宝贵精神财富。名人活动遗址具有极大的开发潜力，通过修建的纪念馆、纪念碑、博物馆等，采用文字、图片、文物等形式，展示其人生经历和丰功伟绩。许多名人活动遗址成为历史文化旅游的景点，例如，作为孔子诞生地的山东曲阜，依托了孔子诞生、活动等事实和传说，

① 吕庆华：《文化资源的产业开发》，75页，北京，经济出版社，2006。

及其世代子孙的文化积淀，成为世界级的旅游胜地。

5. 古道遗迹

古道是地区之间物质文化交流的主要桥梁和纽带，如“丝绸之路”、“玉石之路”、“茶马古道”。古道或由人们长途跋涉逐步形成，或是开凿而成，或为某种特定需求而修建。沿古道修建的驿站、城堡、住宅、佛塔、集贸市场以及古迹村落，沿途经过绿洲、戈壁、沙漠、雪山、湖泊、江河和山川等，均构成了古道遗迹。例如，被称为“欧亚大陆桥”的丝绸之路，是我国历史上最长的国际古道，也是世界上最长的旅游线路，沿线可以领略长城、石窟、烽燧、村落、集镇等历史文化景观。

（二）历史建筑

我国的历史建筑是一个建筑科学宝库，种类繁多、形式多样、内容丰富，具有极高的历史价值、文化价值、艺术价值和欣赏价值，是吸引游客的重要文化旅游资源，主要包括：

1. 宫殿建筑

宫殿建筑又称宫廷建筑，是皇帝为了巩固自己的统治，突出皇权的威严，满足精神生活和物质生活的享受而建造的规模巨大、气势雄伟的建筑物。历史上著名的宫殿有汉代的长乐宫、未央宫、建章宫、洛阳南北二宫，唐代的太极宫、大明宫、兴庆宫，元代的大内宫、兴圣宫和隆福宫，明清两朝的紫禁城（故宫）等。由于年代久远、自然灾害或人为破坏等因素，许多宫殿被毁，有的只剩遗址，有的留下残墙，有的留存部分建筑物。目前，我国保存比较完整的宫殿有北京故宫、沈阳故宫、西藏布达拉宫等。

2. 楼阁建筑

楼阁多为两层以上的木制或砖石结构的古代建筑物。楼与阁在建筑结构与风格上有较大差异，其用途也有差别。楼，多为鼓楼，在我国各地均有建造，保留下来的主要是明清两代的鼓楼，保存至今的主要有：武汉的黄鹤楼、岳阳的岳阳楼、南昌的滕王阁、成都的望江楼、昆明的大观楼、广州的镇海楼、嘉兴的烟雨楼、贵阳的甲秀楼、台湾的赤嵌楼等，其中黄鹤楼、岳阳楼和滕王阁合称为中国三大名楼。阁，多为佛阁，是古代珍藏图书、佛经、佛像之圣地。现存的名胜古阁主要有北京故宫的文渊阁、杭州的文澜阁、北京颐和园的佛香阁、圆明园的文源阁、承德避暑山庄的文津阁、扬州大观堂的文汇阁、镇江金山的文宗阁、沈阳故宫的文溯阁、宁波的天一阁、蓬莱的蓬莱阁等。

3. 城防工程

我国古代城防工程最早出现在夏商时期，城墙建筑防御体系一般包括护城河、城墙、城门、瓮城、箭楼、城楼、屯兵洞和马道等。我国目前保留较好的城墙有湖北的江陵城、江苏的南京城、陕西的西安城、山西的平遥城和云南的大理城等。[①] 长城是古代中国在不同时期为抵御塞北游牧部落联盟侵袭而修筑的规模浩大的军事工程，西起今甘肃省嘉峪关，东达今河北省山海关，全长达6700千米，横穿中国北部甘肃、陕西、宁夏、内蒙古、山西、北京和河北。今天形成了许多个以长城为依托的旅游景点或景区。

4. 古城镇、古村落

我国古城镇和古村落的选址考究、设计奇特，讲究天人合一、阴阳互补，具有很高的观赏价值和历史价值。我国目前保存较好的古城镇古村落有云南建水、四川阆中、湖南洪江等古城，浙江西塘、南浔和湖南黔阳等古镇，江西流坑、湖南高椅及浙江诸葛、俞源等古村落。而山西平遥、云南丽江、安徽西递、江西宏村等则通过申报世界遗产成功而一举成名，吸引了大批游客。

5. 古代园林

我国古代园林包括皇家园林和私家园林，多属自然式园林。在古代园林建造的过程中，设计师和匠人巧妙地利用自然风趣，通过概括与提炼，把客观存在的模山范水移缩到有限的空间范围内，在园林中创造出各种理想意境。经过唐、宋、元、明、清历代的发展，我国古代园林形成与中国山水画、山水诗文相类似的特点，均具有师法自然、融于自然、顺应自然、表现自然的艺术特色。我国现存的著名园林有北京颐和园、北海公园、承德避暑山庄，苏州拙政园、留园，上海豫园，佛山清晖园等，其中颐和园、避暑山庄、拙政园等已被认定为世界文化遗产。

（三）无形文化遗产

无形文化遗产主要是指非文字的、以人类口传方式为主的、具有民族历史积淀和广泛突出代表性的民间文化（艺术）遗产，是活态的“文物”。无形文化说是无形，其实有形，除了完全依赖声音表现的音乐、语言等不具备可视形象和实物性外，其他无形文化遗产形式都具有一定的视觉形象，如大多数技艺，离不开必要的物质材料和工具要素，要通过实物作品

① 吕庆华：《文化资源的产业开发》，77页，北京，经济出版社，2006。

体现。

无形文化遗产大致可以分为四个类型：一是表演类，具体形式包括戏剧、舞蹈和音乐等；二是技艺类，具体形式包括制作工艺、烹饪技艺和其他技能等；三是仪式习俗类，具体形式包括民俗、祭祀仪式、传统习俗等；四是语言与口头文学类，具体形式包括语言文字、方言口语、口头传说以及传统形式的联络和信息。

与有形文化遗产相比，无形文化遗产具有以下特征：一是动态性和传承性。首先，人类行为活动是动态的。无论是语言、戏剧还是传统手工艺制作或民间习俗，都需借助人的行为活动直接表现，而人的特殊行为活动都是动态的。如语言的使用、口头传说的传播，音乐、舞蹈、戏剧的表演，技艺的器物制作，民俗习惯的表现等，都是动态的。其次，无形文化遗产可以通过口耳相传、模仿、学习等世代相承。二是创造性和独特性。无形文化遗产的艺术或文化表达形式虽然是多样的，但常见的艺术形式有戏剧、舞蹈、音乐和作为造型艺术的工艺制作技术等。民间工艺、民间技艺及各种地方表演艺术是构成一个地区无形文化遗产的重要内容，这些艺术表现形式往往类型多样、风格独特，体现了人们丰富的创造力。即使是民俗活动、口头传说、仪式等一些不直接归入艺术样式的文化表达形式，也因其丰富而独具特色的内涵而具有一定的艺术性和创造性。三是群体性和地域性。无形文化遗产的创作主体，主要是聚居的人群，或社区或民族或国家，以民族最常见。无形文化遗产来自于群体的创作，并在群体生活的地域范围内不断流传和延续，逐渐形成其民族地域的差异性和人类文化的多样性。①

无形文化遗产是以人为载体，依赖人的声音、形体动作、表演等行为表现的文化形式，由特定群体创造，并在群体中流传，具有一定的规范性，其价值往往是有形文化遗产不能替代的。对无形文化遗产的保护利用，要通过研究使之变成文字的表达，图画的宣传，艺术形象的表演，最终达到物化和商品化，其目的在于：首先是提高民族的自我意识；其次是使民族文化产品商品化进入市场竞争，使之与现代化发展相适应。通过民族文化、商品经济的交流，使世人从中了解自己民族的历史发展过程，增强本民族在世界的知名度，并为其民族文化商品打开销路。

---

① 叶取源、王永章、陈昕：《中国文化产业评论》，第七卷，154 页，上海，上海人民出版社，2008。

三、历史文化资源的价值

历史文化资源是一定历史时期人类社会活动的产物，是古代哲理观念、文化意识和审美情趣的集中体现，是综合的历史文化艺术宝库，具有重要的精神文明价值、资治价值、教育价值和经济价值。

（一）精神文明价值

历史文化资源蕴含着丰厚的民族精神和道德理念，包含着中华民族特有的优秀精神品质，是我们在新时代进行精神文明建设的重要思想养分。历史文化资源蕴含诸多德育方法和理念，是实施精神文明建设的有力思想依据。按照唯物史观，批判地总结我国丰富的历史文化资源，取其精华，去其糟粕，是进行社会主义精神文明建设，提高中华民族自尊心和自信心的重要途径。通过历史文化资源的开发利用，弘扬中华民族的传统文化，进一步深刻对传统文化的认知，进一步提升个体的审美境界；历史文化资源尤其是实物资源的利用和保护，可以增强人们对历史文化资源的保护意识，促进人们文化自觉意识和综合素质的提高，从而改善人们的居住生活环境，促进社会经济的可持续发展。

（二）资治价值

对现实的曲解往往源于对历史的无知，历史文化资源对于现实具有巨大的资治资政作用，正所谓“以铜为镜，可以正衣冠；以古为镜，可以知兴替；以人为镜，可以明得失”。历朝历代给后人留下了丰富的经验，为我国政治和文化的发展提供了有益的借鉴和参考；重大历史事件的解决给后人留下了无穷的智慧，对历史原型的借鉴和创新成为解决现实问题的源泉；历史遗迹给后人留下了无尽的回忆，让人们在回顾历史中来反思现实，增加民族的认同感和归属感。因此，必须充分发挥历史文化资源的资治价值，用历史知识指导和改进实际工作，善于借鉴历史的成功经验突破实际工作中的薄弱环节，找到解决问题的有效思路和办法。同时，时刻铭记历史的深刻教训，自觉按照客观规律办事，减少发展过程中不必要的代价。

（三）教育价值

历史文化资源是传统文化的重要载体，蕴藏着丰富的教育资源，其精神实质与社会主义核心价值体系一脉相承。传统文化注重“修身”的价值追求，强调个人道德人格的培养，对于提升全体公民的思想道德素质具有极其宝贵的启示；传统文化崇尚“和为贵”的思想境界，体现了对生命价值的尊重和对和谐理想的追求，有利于构建文明和谐的社会环境。同时，历史文化资源拥有丰富的民族习俗、传统文化、人物精神等具有鲜明形象的文化载体，是教育活动丰富而生动的教育素材。总之，历史文化资源为国民教育提供了文化根基和优质素材，必须积极研究和开发历史文化资源，推进历史文化进校园、进课堂、进教材、进实践，不断增强历史教育的感染力和说服力、针对性和实效性，实现国家发展、民族复兴的战略目标。

（四）经济价值

历史文化资源不仅具有丰富的精神内涵，也蕴含着巨大的经济价值。对历史文化资源进行合理的开发利用，可以使历史文化资源优势转化为经济资源优势，进一步发展生产力，推进旅游、动漫、文博等文化产业的发展，促进地方经济的繁荣、产业结构的优化、创造就业机会等。从事历史文化资源的开发利用是实现经济腾飞的重要手段，尤其是在环境保护日益成为全球关注焦点之一的今天，这种“无烟工业”更具有重要的现实意义。近年来，随着人民生活水平的提高和休闲时间的增加，充分发挥历史文化资源优势和拓展旅游业发展空间已经成为新的经济增长点和刺激消费的拉动点。“文化搭台、经济唱戏”成了各地宣传自己、发展经济的一个成功模式。同时，历史文化资源中还储存着大量的经济史资料，是发展地方经济的重要信息库。

第二节　民族文化资源

我国是一个统一的多民族国家，在漫长的历史发展进程中，我国各族人民相互依存、相互联系、相互交流、相互促进，共同创造了祖国多姿多彩、灿烂辉煌的文明，形成了以汉文化为主体、少数民族文化并存的多元一体文化格局。各民族在漫长的发展过程中，逐步形成了各自独特的民族民俗风情，延续、流传、播撒几千年而不断、不枯、不散。民族文化资源是中华五千年文明史中珍贵的艺术精华，是华夏文明的重要组成部分。

一、民族文化资源的内涵和特色

民族文化资源从物质文化到制度文化，再到观念形态文化，构成了一个庞大的认知体系。从内容上而言，民族文化资源包括各民族民间的语言文字、文学艺术、生活习惯、风俗观念、宗教信仰、生产技术，等等。在形态上，民族文化资源包括有形的物质文化资源和无形的精神文化资源。具体而言，民族物质文化资源是指各民族创造的物质产品和赖以生存的物质资料和物质环境，如民族服饰、民族建筑、民族环境等。有形的民族物质文化资源可划分为三个部分：一是不可移动的，如古代遗址、建筑物等；二是可移动的，如传统生产工具、手工产品、生活用具、传统服饰器具等；三是半可移动的，即介于可移动与不可移动二者之间，本质可移动，但又受到某些条件限制，如某些手工作坊等。①

民族精神文化资源是指各民族创造的意识形态观念和各种文化内容与形式，包括民族信仰、民族文艺、民族风俗、节庆礼仪、工艺技能等。民族精神文化往往与各民族民间文化的传承紧密相关，民族文化精神在世代传承中不断积累和发展，具有相对的稳定性和历史的延续性，是现实社会和生活中民族个性、民族特征"活"的体现。从这个意义上说，对于一个民族而言，民族精神文化资源是该民族民间文化存在与发展传承的根基、源泉，是该民族族群认同、沟通、交流、凝聚的重要途径，是维系该民族生生不息的纽带。

民族文化资源的特点主要有以下几点：一是融合性。它是各个民族在特定的历史条件下创造的富有特点的文化形态，不同的文化之间互相吸引、互相影响、相互融合；二是独特性。由于少数民族群众生活在特定的地域、环境中，创造出不同特点的文化，从文化考察、文化欣赏等方面构成了民族文化资源开发和利用的优势；三是创新性。民族文化资源随着时代的变化而发展与创新。在与异质文化沟通、交流时，能取人之长，补己之短，并与其他经济、文化形式相结合，产生出新的民族文化内容与形式。

二、民族文化资源的类型

根据民族文化在旅游活动中所处的地位和作用，以及民族文化的各种表现形态，民族文化资源可划分为节日文化、游艺文化、礼仪文化、生活文化、工艺文化、制度文化、信仰文化七大类。

（一）节日文化

节日文化是在特定的时节进行的程式化的群体生活样式，包括各种生活内容的特殊文化。总括各民族的节日文化，有两个突出特点：一是节日

---

① 徐永志：《中国近现代政治社会史论》，263－264页，北京，中央民族大学出版社，2009。

数量众多。据不完全统计，我国各民族的各类节日达1000多个。各民族均有自己传统的民间节日。有学者对贵州省的苗、侗、壮、彝、布依、仡佬、瑶等近10个民族的节日作过较为准确的统计，每年的各种节日集会竟达1046次（处）。[①] 二是广泛的群众性。在民族节日中，有众多大型、超大型的节日是整个民族的大聚会。例如，内蒙古草原的那达慕大会，每年参加的人数均以万或十万计；黔西南布依族的“查白歌节”、“毛杉树节”，藏族的“藏历年”，维吾尔、回、哈萨克等民族的“古尔邦节”，均是全民族或多民族同庆的节日，具有非常广泛的群众基础。按照各节日的主要功能不同，我国民族节日大致可划分为农事类节日、祭祀类节日、纪念类节日等。

1. 农事类节日

我国不少民族是从事农业生产的，故有许多节日与农事活动、生产季节有密切联系，或配合春耕秋收，或祈求风调雨顺，或驱杂草虫害等。例如，居住在新疆的俄罗斯族的“春耕节”，每年冰雪融化，大地复苏的二三月，家家户户的男女老幼，都要穿戴整洁，带上精心烤制的面包、盐和鸡蛋，来到田间地头，主人赶牛扶犁在地中央犁三条垄沟，人们将面包撒上盐与牛共餐，还要把鸡蛋埋在地里，以敬土地母亲，保佑当年五谷丰收。此外，苗族“动春节”、纳西族“农具会”、珞巴族“昂德林”、哈尼族“阿包念”等节日，都具有协调生产、保障丰收的积极作用。[②]

2. 祭祀类节日

祭祀类节日既有以家庭、家族为单位的小型祭祖活动，也有以全村社、全民族共同聚集的大型祭祀日，祭祀类节日在各民族节日中占有一定比例。少数民族所祭祀的对象有家神、祖先，有土地、山石、树木、五谷，有火、星、月、日、风、雹、霜等。例如，基诺族人认为主宰大自然的有“阿披么伯”女神、主宰五谷生长的有谷神、主宰生儿育女的有“披莫娘娘”，大自然中的山、水、树等都有神灵主宰，每年都要定期祭祀。形形色色的祭祀节，充分表现了人们求生存、祈幸福的愿望。

3. 纪念类节日

纪念类节日或纪念本民族重大的历史事件，或追忆民族先祖和英雄的

---

① 徐万邦：《节日文化与民族意识》，《云南社会科学》，1994（2），42页。

② 中国民俗学会：《中国民俗学研究》（第一辑），103页，北京，中央民族大学出版社，1994。

丰功伟绩，往往具有传授民族历史、进行民族传统教育的作用。例如，新疆锡伯族的“四·一八”节，是为了纪念乾隆二十九年（1764 年）清朝为了加强新疆地区的边防力量，从盛京及所属的沈阳、辽阳、开原、义州、凤城、熊岳、复州、金州、兴京、海城、抚顺等 171 个州县中抽调锡伯族官兵 1018 人，连同家属 3275 人，到伊犁地区屯垦戍边。农历四月十八日，正是他们离开盛京踏上征途的日子。① 此外，类似的纪念类节日还有布依族的“六月六”、白族的“火把节”、苗族的“踩山坪”和“四月八”、藏族的“燃灯节”、傈僳族的“刀竿节”、壮族的“逃军山节”等。

当然，节日往往具有庆贺、娱乐、社交等功能。例如，那达慕大会是蒙古族的传统节日，“那达慕”蒙古语为娱乐、欢聚的意思。那达慕最初是和敖包祭祀连在一起的，故有“敖包那雅尔”之称（那达慕又称那雅尔）。那达慕大会的主要活动，包括摔跤、射箭、赛马、投布鲁（拐棒）、唱歌跳舞以及其他各种游戏、娱乐活动，② 现已发展成为蒙古族人民欢歌载舞、物资交流、相互联谊的欢乐盛会。一些民族节日，往往还具有一些比较独特的社会功能。例如，朝鲜族的“敬老节”、哈尼族的“老人节”、德昂族的“洗手脚日”等，通过节日活动教育晚辈要敬老爱幼；黎族的“爱情节”、侗族的“三月三讨竹节”、土家族的“挑葱会”、苗族的“偷菜节”等，是供青年人联谊交友的节日。

节日是民族历史生活的产物，又伴随着民族生活的发展、变化而不断演变。考察现存的许多节日，可明显地看出原有的活动内容随着时代的变化而变化，有些节日已改变了最初的主旨。当前，很多借助于传统的民俗节庆举办的各式会展活动已经取得了巨大的成功。例如，壮族的“三月三”、白族的“三月街”、瑶族的“盘王节”、汉族的“端午节”、彝族的“火把节”、蒙古族的“那达慕”、傣族的“泼水节”等，都是具有较高知名度的民俗节日庆典。此外，有些地方为了促进经济贸易和旅游业的发展，创新了节庆形式，比如“风筝节”、“啤酒节”、“橘子节”、“山水节”等具有地方特色的现代节日。

（二）游艺文化

游艺文化是指民间传统的娱乐文化，其表现形式有口头语言表演、动

① 蒋宝德、李鑫生：《中国地域文化》（下册），3046 页，济南，山东美术出版社，1997。

② 孙懿：《从萨满教到喇嘛教：蒙古族文化的演变》，104 页，北京，中央民族大学出版社，2002。

作表演、综合艺术手段表演。游艺文化主要包括民间口头文学（如讲故事、讲传说、唱歌谣、讲神话）、民间歌舞乐（如歌舞、乐舞、民乐）、民间游乐竞技（如赛力竞技、赛技巧竞技、赛技艺竞技）三大类。各民族的游艺文化是民间娱乐的基本单元。例如，中国是世界上驯养斗鸡的古老国家之一。《列子》有“纪渚子为周宣王养斗鸡”的记载。斗鸡也是维吾尔族古老的民间游戏，在新疆的南部、伊犁一带和吐鲁番等地，每到冬季，在小巷深处都有民间自办的斗鸡比赛。此外，新疆还有斗羊、斗狗等民间的游戏。

（三）礼仪文化

礼仪文化是各民族人民在人际交往中的礼节或某些重要活动的仪式，其内容几乎涉及人类生活的各个方面。具体而言，礼仪文化主要包括生活礼仪、人生礼仪、生产礼仪和宗教礼仪等四个方面。每个民族都是通过它特有的方式来度过人生中的特殊阶段。对一个民族来说，它的仪式规则、风俗习惯不仅是一种形式，而且是基于一定的信仰，具有一定的社会功能。例如，赫哲人在饮第一口酒前，要用筷头蘸少许酒甩向空中和洒向大地，以示敬祖先和诸神。每个民族的礼仪规则具有稳定性和不变性的特点，有时它所反映的意义被人们忘却了，而形式却一代代传下来，透过这些礼仪的形式，可以追溯其表现的意义。

（四）生活文化

生活文化是各民族人民在生产生活过程中，为满足人们的衣、食、住、行方面的生活需要而创造的文化。生活文化以物质的形式表现，主要包括饮食文化、服饰文化、建筑文化和交通文化四个部分。饮食文化指各民族的食制、饮食结构及调制方法的习俗，包括主食、菜肴、风味小吃、茶文化、酒文化、餐具、饮食嗜好等。例如，蒙古族共同的饮食是奶茶、炒米、鲜奶、酸奶、奶豆腐、奶渣子、黄油、奶油、奶酪、马奶酒、手扒肉、烤全羊、全羊席、蒙古八珍、蒙古火锅等。[①] 服饰文化是人们制作、穿戴的衣服、鞋帽、佩饰以及有关的种种习俗。例如，生活在高原草场并从事畜牧业的蒙古、藏、哈萨克、柯尔克孜、塔吉克、裕固等少数民族，穿着多取之于牲畜皮毛，用羊皮缝制的衣、裤、大氅多为光板，有的在衣领、袖口、衣襟、下摆镶以色布或细毛皮。建筑文化是指住屋的设施和格

---

① 宝音：《论蒙古族传统文化的开发与利用》，《内蒙古民族大学学报（社会科学版）》，2007（1），7页。

局、住屋的造型和工艺、住屋的分布和坐落、有关住屋的信仰等。南方少数民族的建筑形式主要是干栏式建筑，如云南傣族的竹楼，贵州苗族、布依族的吊脚木楼，广西瑶族的半边楼，壮族的麻栏木楼，海南岛黎族船形屋等。交通文化是指各少数民族独特的交通工具和运输方式的习俗。交通文化与各民族所处的自然地理环境和经济活动有关。如交通设施有广西壮族的石板路，四川羌族的栈道，藏族、怒江傈僳族、岷江羌族的溜索以及独龙族的藤桥、藏族的吊桥、佤族和傣族竹桥、侗族的风雨桥等。

（五）工艺文化

各民族人民因地制宜，就地取材，制作许多各具特色的民族工艺品。民族工艺文化可分为纺织类、印染类、锻铸类、陶瓷类、建筑类、漆器类、雕刻类、编织类等。很多的民族工艺品经过开发，已成为游客们竞相购买的旅游纪念品。如各族的刺绣、挑花、织锦（壮锦、侗锦、傣锦、苗锦、黎锦），苗族、瑶族的蜡染，苗族、侗族的银制品，彝族的漆器，傣族的竹器，景颇族的竹木刻，黎族的椰雕和贝雕等旅游工艺品，均畅销国内外。

（六）制度文化

制度文化是社会某一群体内部约定俗成、被群体成员一致认可并共同遵守的行为模式。制度文化具有协调各民族人际关系，规范人们的行为等作用，主要包括各民族的社会组织、社会政治制度，以及民族传统、民族禁忌等。它属于社会文化，又是符号文化资源的一种。例如，海南黎族的合亩制、云南独龙族家庭公社、景颇族的山官制、广西瑶族瑶老制、四川凉山彝族的家支制、贵州苗族的鼓社制、广西壮族的都老制等，都属于民族社会组织和社会政治制度。

（七）信仰文化

信仰文化是指各民族的宗教信仰、吉祥崇尚和禁忌习俗。自然崇拜广泛流传于各民族。史载汉时的匈奴就自称“天之骄子”，匈奴单于自称“撑犁孤涂单于”。“撑犁”是蒙语族和突厥语族对“天”的称呼，也有译为“腾格里”的，“孤涂”是“子”的意思，合起来就是“天之子单于”。[①] 图腾崇拜也较为普遍。例如，新疆远古的游牧民族多以狼为图腾，《乌古斯可汗的传说》把乌古斯可汗的形象描写为“腿像公牛的腿，

① 蒋宝德、李鑫生：《中国地域文化》（下册），3062页，济南，山东美术出版社，1997。

腰像狼的腰，肩像黑貂的肩，胸像熊的胸，全身长满了密密的厚毛”，该描写大约是把古代维吾尔族的几个核心氏族的图腾集于一身，反映了由氏族而联合为部落的过程。此外，各民族还存在广泛的宗教信仰，例如，藏族信仰藏传佛教，云南傣族信仰南传上部座佛教，纳西族信仰东巴教等。

第三节　民俗文化资源

我国民俗文化资源灿若繁星，异彩纷呈，在民间广为流传的神话、史诗、传说、音乐、民间绘画、民间工艺以及传统岁时节俗、信仰、礼仪、风俗习惯，乃至生产活动、生产经验等，构成了中华民族文化中最有生命力和最具历史性、稳定性以及广泛性的基础部分。历史的传统和记忆被保留在民间，体现为传承的民俗文化。作为一种文化现象，民俗文化资源是民间生成、储存的文化资本，可通过文化经营，在流通、传承、积累和提升中实现其经济价值。①

一、民俗与民俗文化

民俗，作为在一定历史条件下，某个民族、某个地域人类生产和生活方式的反映，群体意愿和时代风尚的反映，道德标准和审美观念的反映，必然表现出那个时代、那个民族、那个地域的社会生活的综合水平和文明程度，以及最具体、最生动的文化风貌和社会群体的精神状况。

（一）民俗

世界各国虽对民俗的界说不尽相同，但就质的规定性来说，大多皆有“民间风俗”之意。在英国，一般指代代相传的民间故事、习语、民谣、歌舞和风俗；在日本，通常指具有地方特色的民间生活方式和风俗；在南美和欧洲一些国家，是指在街头或公共场所表演的民间歌曲和舞蹈。在我国，古人很早就有了对“民俗”的认识和运用，像“礼从宜，事从俗”（《礼记》），“料事务，察民俗”（《管子》），“百里不同风，千里不同俗”（《汉书》），以及我国第一部多民族的诗歌总集《诗经》中的“观风俗，知得失”等等，都具有很高的民俗学价值。

民俗是人类在长期生存发展的过程中，通过群体生活约定俗成和共同

① 刘昂：《民俗文化资源产业开发刍议》，《齐鲁学刊》，2008（6），106页。

遵守的，并以人的物质生活、精神和社会生活为载体的，具有地域特点、民族特点、传承特点和变异特点的民间风俗。主要包括民众中传承的物质生活文化，社会生活文化，民族传统的思维方式、心理习惯等诸多内容，[①]具有鲜明的民族特性品格、原始文化品格、生活属性品格、动态积累品格、历史传承品格和地域变异、社会阶层变异等多重品格。不同的国家和地区、不同的民族，由于生存环境、历史遭遇等的不同，形成了各自特色的民俗系列，这是一笔重要的文化遗产。民俗的多重品格的特性，正好与现代人们旅游的心理需求相合拍。一个国家、一个地域的民俗，其民族品格越鲜明，原始风格越浓，历史氛围越重，地方差异越大，生活气息越足，就越是一种能吸引异国异域游客的特色旅游资源。

民俗资源是一笔巨大的财富，是不可多得的一笔旅游文化财富。民俗文化是民众在长期的生产、生活中积累、沉淀下来的生产生活方式、思维方式和行为准则、评价标准。它既是历史的，又是现实中正在传承着的；既与正统文化相辅相成，又游离于正统文化之外，有自己特有的内容和发展变化规律。民俗资源反映了独特的精神家园、价值体系、思维方式和生活习俗，也携带着历史的、文化的、科学的、艺术的大量的信息；在现代文明的进程中，一批边疆及沿海港口城市又吸收了西洋文化的异质因子，形成了异于传统民俗的新型民俗。

民俗是一种价值极高的旅游资源，世界各国都很重视开展本国的民俗旅游活动。各个历史时期、各个民族的民间古老文化、传统风俗的形象再现，能迎合和满足生活在现代社会里人们的求新、求异、求知、求同、寻根等心理需求。如何标民族之新，立民族之异，来吸引大量旅游者，已成为各国旅游事业相互竞争的一种有效手段。

（二）民俗文化

民俗文化是沟通民众物质生活和精神生活，反映民间社区和集体的人群意愿，并主要通过人作为载体进行世代相习和传承的生生不息的文化现象。[②] 如服饰、饮食、民居、礼仪习俗等。民俗文化具有浓烈的底蕴，它服务于时代，服务于人民，是一种基础文化，是特定民族在历史实践活动中创造和积累的文明成果。中国民俗文化是中华民族在自己的长期历史发

① 张廷兴、艾思同：《山东文化资源的开发和利用》，91页，北京，中国档案出版社，2004。

② 仲富兰：《中国民俗学导论》，杭州，浙江人民出版社，1990。

展中，经过自觉和不自觉地选择与淘汰，承继下来的民间文化。民俗文化是一个民族除血缘和语言之外最重要的一种文化组成部分，它是一个民族凝聚的重要基础。民俗文化主要包括民间信仰习俗、生产贸易习俗、生活习俗、人生礼仪习俗、社群组织习俗、节日习俗等。

民俗文化作为有别于其他文化的独特的文化形态，具有两重性，即文化意识与生活特征的交融，文化心态与生活方式的交融。同时，民俗这种“古老文化的遗留物”，既有历史传统的因袭，又会在传承中演变。而且，作为人类意识在心理上的积淀，还会产生强大的约束力量，迫使文明程度很高的现代人产生共鸣、屈从或敬仰。如，当今社会依然十分流行的岁时节日习俗，尽管在现代文明浪潮冲击下各种习俗都产生了许多变异，但春节、元宵节、清明节、端午节、中秋节、重阳节等传统节日仍传承不衰。其原因就在于，民俗乃是中国各族人民对民俗文化之“根”的呼唤，它是体现着传统与现实、物质生活与精神生活的一种特殊的“中介”文化现象。

二、民俗文化资源的内涵及表现形式

民俗文化资源的内涵非常广泛，渗透在人类社会生活的各个方面，大体包括物质民俗、游艺民俗、社会民俗、信仰民俗、节庆礼仪民俗等。物质民俗是指特定民族或群体在服饰、饮食、居住、交通、生产制作等器物——技术层面的传承文化；游艺民俗文化是各民族或群体在特定历史时期产生并传承至今的游艺方式及活动，包括民族民间游戏竞技、歌舞乐戏、口头传承等；社会民俗主要包括各民族或群体在家庭婚姻、亲族结构、村落社会、民间组织等方面的伦理性、制度性文化，它在进行社会伦理道德规范、增强民族凝聚力、改善社会风气以及为催生当地各种文化提供伦理制度环境上有着不可低估的作用；信仰民俗是各民族或群体有关神灵崇拜的事项活动及仪式规制，随着时代发展，其假想功利性和神秘性减弱，而艺术性、审美性增强，因此，对其不能简单地以落后与先进、愚昧与科学的标准来划分和看待；节庆礼仪民俗包括各民族的农事节日、祭祀节日、纪念节日、庆贺节日、社交游乐节日以及各种人生礼仪等。在现代社会中，民俗文化越来越成为各个国家和地区间文化、经贸、官方、民间往来的重要桥梁和契机。①

---

① 王光文：《内蒙古民俗文化资源的产业化开发》，《内蒙古大学艺术学院学报》，2005（4），21页。

民俗文化资源的表现形式主要有以下几种：一是生产贸易习俗。从事捕捞业的渔民有渔船、渔具、捕捞、祭海、朝拜天后宫、船上规约与禁忌等习俗；从事农业生产的农民有小麦、玉米、高粱、地瓜、花生、棉花等生产习俗，林果管理与生产习俗，驴、猪、鸡等饲养习俗，养蚕缫丝生产习俗，纺织印染女红风俗；工匠、艺人有工匠行业风俗；贸易流通有庙会、山会、集市、林门会贸易习俗等等。二是家族交际习俗。这些习俗体现“礼”的特征最为明显，如向往耕读世家，重视家教家规；注重礼节；讲究亲情，对邻里、亲戚等交际对象谦和亲切，相互扶助；婚丧为“公事”，邻里相帮；请家堂、修族谱，重视家族利益等。三是生活习俗。这体现在衣、食、住、行各个方面。如山东人吃尚节俭，以煎饼、饼子、窝头、小豆腐为主食，但待客特别丰盛，以水饺、馒头为待客饭食；席面分大小、座次、上菜顺序、劝酒等规矩。① 四是人生礼仪习俗。如押子、拴子、抱娃娃等祈子习俗，婚丧礼俗、得子送粥米、报喜送红鸡蛋、认干亲等。五是节日习俗。当前流行的传统节日有春节、元旦、元宵节、二月二、清明节、端午节、中秋节等，新兴的节日有儿童节、妇女节、五一节、青年节等，此外还有传统的庙会、山会、灯会、书会等。

三、民俗文化资源的特征

民俗是世代相习的传统文化现象，泛指各地方、各民族受历史特征、民族传统、宗教影响等作用，在生产和生活各方面所表现出的特殊的风俗习惯。民俗具有以下几个特点：

（一）民族性

我国是统一的多民族国家，长期以来形成了稳定的文化共同体，具有共同语言、共同经济生活、共同地域、共同心理素质四个基本特征。但是，由于各族的发展历程不同，居住地自然环境及生活条件的差异，在物质生活方式和文化生活方式等方面有着各自的爱好和禁忌，形成自己特有的风俗习惯，这在一定程度上反映了各民族的历史、经济、文化和心理状态，客观上构成了民族差别特征。

（二）时间性

民族民俗旅游的时间性较强，因为许多民俗活动只在特定的日期进

① 张廷兴、艾思同：《山东文化资源的开发和利用》，96页，北京，中国档案出版社，2004。

行，如我国各民族共有日期一致的节日为年节（汉族和满族称春节），汉、侗、壮、瑶、苗、黎、景颇、朝鲜、蒙古等族，都是从农历正月初一开始，分别以1，2，3，7天为年节；傣族却在傣历2月，即清明节后10天左右为年节；藏族在除夕前一天过年，哈尼族在农历10月的第一个龙日过年；藏族的活佛节（山转会），雪顿节（藏戏节）；傣族的泼水节；水族的过端节以及伊斯兰教的开斋节等，都是在特定的时间、地点举行。

（三）社会性

民俗文化资源的社会性主要体现在以下两个方面：一是对社会公众的软控力。民俗是社会统治管理的软件，日本民俗学家大藤时彦在《日本民俗学的研究》一文中指出，要认清民俗的力量，民俗这类“遗存文化确实是不可思议的东西，虽然它容易被当作完全无足轻重、没有价值的旧风俗而忽视掉，但有的时候，却又往往使人意想不到地为其潜在的巨大力量所震惊”。二是参与主体的社会性。风俗习惯一旦形成，往往形成共同生活体的“集体无意识”，参加者往往遍及风俗传布的整个区域。

（四）区域性

不同地域有不同的民俗文化资源。这就是生态经济环境作用的结果，也是不同民族文化演进过程的不同表现。由于自然环境的复杂多样，造成了风俗习惯在不同的地域内，具有多样性和复杂性。所谓“风土人情”，“风土”是指自然环境，是地方特有的风俗习惯和土地、山川、气候、特产等的总称；“人情”指社会生活习惯。各地的自然环境不同，特定的生产、生活条件也不同，产生的风俗也会各有差异，“十里不同风，百里不同俗，入国先问禁，入境先问俗”都是指风俗的地区差异。各地建筑民居的风格、饮食、服饰的地区特色，以及各地婚丧嫁娶、人生礼仪的不同，都极有鲜明的地方特色。民族与民族之间的差异明显，同一民族中地域差别也会导致不同习俗的形成。中国端午节的赛龙舟、傣族的泼水节、新疆维吾尔族和哈萨克族的刁羊、汉族的八大菜系等等，都具有浓厚的地域性特点。

（五）传承性和变异性

民俗内容非常广泛，渗透在人类社会生活的各个方面。大体包括：饮食起居、服饰冠履、恋爱婚姻、生育丧葬、占卜禁忌、宗教祭祀、岁时节令、交际往来、文艺体育、民间工艺等等。这些民俗内容大都具有内部特征和外部特征。内部特征有民族的区别、阶级的差异和人类的共通性。民俗的外部特征是在时间上，以历史时代为标志的历史性特征；在空间上，以地区为标志的地方性特征。同时，民俗在其活动过程中所显示出来的运动规律，又具有明显的世代传承以及不断变化的特点，我们称之为传承性和变异性的统一。

第四节 宗教文化资源

我国是一个多种宗教并存的国家，道教、佛教、伊斯兰教、基督教、天主教等各种宗教都有漫长的历史。在漫长的历史进程中，各种宗教和宗教派别形成了宝贵的宗教文化资源，构成了文化资源的重要组成部分。

一、宗教与宗教文化

宗教是人类社会发展进程中的特殊的文化现象，是人类传统文化的重要组成部分。千百年来，宗教文化作为我国传统文化的重要组成部分，不仅在教徒的精神生活中发挥着作用，而且对社会的精神文化生活也产生了重要影响。宗教在漫长的发展历程中，形成了浩繁的书籍、绘画、建筑、音乐、舞蹈等宝贵财富，跨越历史的时空，传承着深厚的宗教文化传统。从广义上讲，宗教的历史就是一部人类文化史。

宗教是一种群体社会行为，它包括指导思想（宗教信仰），组织结构（宗教组织，如教会），行为规范（宗教组织内的活动，如祭祀、礼仪），文化内容（宗教建筑、宗教绘画、宗教音乐）等等方面的内容。宗教在其形成和发展过程中不断吸收人类的各种思想文化，与政治、哲学、法律、文化（包括文学、诗歌、建筑、艺术、绘画、雕塑、音乐、道德）等意识形式相互渗透、相互包容，逐步形成属于自己的宗教文化，成为世界丰富文化的重要组成部分。

二、宗教旅游

我国具有特别悠久的宗教文化历史和丰富的宗教旅游文化资源，在我国，宗教旅游主要是佛教文化旅游和道教文化旅游。20 世纪 90 年代以来，作为我国文化旅游的重要组成部分之一，宗教旅游也得到了长足的发展。据我国四大佛教名山之一的普陀山抽样调查表明，到普陀山 2 次到 3 次的香客占总数的 42.4%，4 次以上的占 20%。① 而正是宗教文化的魅力，宗

① 皮海峰：《和谐社会视域中的三峡区域经济社会发展研究》，187 页，成都，巴蜀书社，2007。

教旅游才显示其巨大强势。宗教旅游文化资源具有丰富的文化底蕴、独特的魅力和神秘性，有着很大的开发潜力。

（一）宗教文化资源的吸引力

宗教文化具有巨大的包容性，几乎囊括了从哲学、思想、文学到建筑、绘画、雕塑等方面的所有内容，具有巨大的旅游魅力和开发价值。宗教旅游文化资源的吸引力主要表现在以下几个方面：第一，每种宗教都有各自数量可观的信徒。教徒们出于对宗教的虔诚，到寺庙宫观去敬香礼拜、祈祷还愿或到宗教圣地求法朝圣，形成庞大的宗教朝觐流。第二，宗教活动对广大非教徒游客具有较强的吸引力。许多游客出于新奇而到宗教场所游览的。例如，五台山、峨眉山、九华山、普陀山等佛教名山，武当山、崂山、青城山、龙虎山等道教名山均吸引着大批游客。第三，我国宗教圣地、名山古庙、道观浮屠四处林立，宗教建筑成为重要的旅游文化资源。许多宗教圣地往往也是我国名山胜水所在，保留有宗教文化遗产和宫观庙宇建筑，同时生态环境良好，很多被纳入自然保护区。我国宗教文化遗迹约占全国现存主要名胜古迹的1/2；第一、二批公布的84个国家级风景名胜中，涉及宗教的有53个，占63％；宗教文化景观在我国重点风景名胜中占47.9％。

（二）宗教文化资源的旅游开发原则

宗教旅游是一项特殊的文化旅游形式，由于宗教景观的特殊性和客源的特殊性，必须遵循以下开发原则：

一是尊重宗教习俗，突出宗教特点。宗教资源虽然丰富多彩，可开发内容很多，但要有选择性，即突出宗教特色。在宗教圣地开发旅游项目一般要符合宗教教义、风俗等要求，如旅游纪念品、饮食食品都应符合教义特点。二是适时适度开发，限制随意杜撰。宗教旅游资源的存在是有一定历史依据的，或是传说、典故，或是文字史料，或是实地挖掘考察证实后方可作为宗教旅游来开发。① 如果为了吸引游客，提高某地的知名度，而毫无历史根据地随意建一座寺庙、佛像，纯粹为旅游而建寺，其结果不仅有可能极大地伤害广大宗教信徒的感情，而且会适得其反，破坏旅游资源的价值和意义。三是保护宗教景观，尊重信仰自由。宗教旅游资源对一般人而言具有神秘感、奇特性，而对于信徒而言又是虔诚、神圣的，因此在

---

① 刘养洁：《全球化背景下的世界地理研究》，153页，北京，中国环境科学出版社，2007。

宗教旅游开发项目上要注意尊重宗教信仰自由，不做违反教徒信仰，生活习惯的事，对教徒旅游更是如此。

第五节 红色文化资源

红色文化是在革命战争年代，由中国共产党人、先进分子和人民群众共同创造并极具中国特色的先进文化，蕴含着丰富的革命精神和厚重的历史文化内涵。红色文化资源承担了一个时代的记忆，是传承"红色"记忆的重要载体。尤其是2004年党中央、国务院出台指导红色旅游的相关文件后，红色小说的再版、红色电影的播放、红色之旅的推出、红色歌谣的传唱等，掀起了红色文化热。

一、红色文化的内涵

红色文化是中国共产党领导中国人民在实现民族解放、自由及建设社会主义中国的长期革命斗争实践中形成的，它包含着革命遗址、遗物等物质文化和革命理论、革命精神、革命文艺作品等非物质文化，是组织红色文化活动所利用或可资利用的各种资源。红色文化形成于新民主主义革命时期，是革命斗争的产物。但红色文化并不局限于新民主主义革命时期，还包括社会主义革命和社会主义建设时期。新民主主义革命时期是红色文化的形成和逐渐成熟时期。新中国成立以后，中国共产党在领导中国人民建设社会主义现代中国的过程中，传承和丰富了红色文化。①

红色文化是具有中国特色的先进文化，是物质文化、制度文化和精神文化这三者的有机统一体。其中，物质文化一般包括革命战争遗址、纪念地等实物；制度文化指的是新民主主义革命时期形成的革命理论、纲领、路线、方针、政策等革命文献作品；精神文化即新民主主义革命时期形成的革命精神、革命道德传统等。中国共产党在艰苦奋斗的革命岁月中，孕育诞生了伟大的井冈山精神、长征精神、延安精神、西柏坡精神等精神财富，催生了在新中国成立后的大庆精神、雷锋精神、"两弹一星"精神、抗洪精神、抗震救灾精神等。

① 安徽省社会科学界联合会编：《科学兴皖：全面·协调·可持续》，371页，合肥，安徽人民出版社，2008。

二、红色文化资源的特征

红色文化是一种特殊文化的形态，体现了中国不同历史时期的先进文化，影响了社会发展的进程，为具有中国特色的社会主义建设提供了精神食粮。其主要特征有以下几个方面：

（一）内容丰富，覆盖面广

中国共产党领导各族人民进行的长期革命斗争，在全国各地都留下了极其宝贵的“红色文化资源”。从中国共产党的诞生地上海，到人民军队的诞生地南昌；从革命摇篮井冈山，到革命圣地延安；从革命转危为安的历史转折地遵义，到全国解放战争指挥中心西柏坡；从红色故都瑞金，到共和国首都北京，长城内外，大江南北，处处都留下了党领导人民进行英勇斗争的足迹，处处都耸立着革命的丰碑。目前，国家级的爱国主义教育基地就有200处，还有省级、市级、县级的爱国主义教育基地，加上各地的纪念馆、展览馆、烈士陵园等革命遗迹，红色文化资源遍布全国。它是中国先进文化的代表，是党和人民取之不尽、用之不竭的宝贵的财富。遍布全国各地的红色文化资源都蕴含着丰富的革命精神和厚重的历史文化内涵，每一处革命遗迹、每一件珍贵文物都折射出革命先辈的崇高理想、坚定信念、爱国情感和高尚品质。

（二）教育熏陶，精神塑造

从教育内容的层面看，它对培育青少年以爱国主义为核心的伟大民族精神，树立正确的理想信念，养成良好的道德品质和文明行为，促进未成年人的全面发展具有很强的针对性，教育面宽；从教育对象的层面看，它内容全面，形式多样，适合小学、中学乃至大学各个不同层次的青少年学生，适应性强，是当代学生思想道德建设的一部内容丰富且十分珍贵的教科书。只要各地根据本地区的特点将红色文化资源加以开发、深入挖掘，同时组织青少年开展形式多样、内容丰富的爱国主义教育活动，使青少年受到熏陶和教育，就能够培养一代又一代有理想、有道德、有文化、有纪律的社会主义新人。

（三）直观生动，感染力强

红色文化资源富含生动感人的革命事迹，领袖们传奇般的革命经历，红军长征、抗日战争、解放战争中的可歌可泣的悲壮故事以及张思德、董存瑞、黄继光等革命先烈为革命事业奋不顾身、勇于捐躯的革命精神，对青少年有着很强的吸引力和感染力。通过青少年们喜闻乐见的形式，像参观革命遗迹，听讲革命故事，演唱革命歌曲，重走革命之路等等，其中生动的事例，鲜活的语言，能使广大青少年在潜移默化中受到教育，在主动参与中接受熏陶。

（四）与时俱进，价值永恒

红色文化资源展现了一定历史时期形成的革命精神。这种精神是中华民族传统精神与时代精神相结合的产物，是对历史传统精神丰富和发展的新的民族精神。它既有一定历史条件下的特定内涵，又有与时俱进、价值永恒的普遍意义。我们在发挥红色文化资源教育作用时，既要深入挖掘其优秀传统的内涵，又要在改革开放和现代化实践活动中不断赋予其新的内容，与时代精神紧密结合，解放思想，与时俱进，培养广大未成年人在新的历史条件下应有的爱国主义、集体主义、社会主义观念，培养他们的民族感情、民族气节，引导他们从小树立远大理想，养成艰苦朴素、吃苦耐劳、奋发向上、自强不息的良好行为习惯。

三、红色文化资源的价值

红色文化是在一定历史时期形成的，它是中华民族优秀传统文化与时代精神相结合的产物，它将马克思主义与中国革命实践结合，不断创新而形成科学的文化思想，具有与时俱进的永恒价值。

（一）历史见证价值

首先，红色文化见证了“没有共产党就没有新中国”的历史。近代中国，国家积贫积弱，人民饱受磨难。为拯救国家和人民，无数革命者进行了长期的探索和斗争，并为之流血牺牲，但都无法改变中国人民的悲惨命运。在民族存亡的关键时刻，中国共产党勇敢地担负起了历史的重任，为中华民族的独立解放，为中国人民的平等自由不懈努力，并付出了重大牺牲。据江西革命烈士纪念堂记载，为革命牺牲的江西籍烈士就达25万之多。一部红色文化史忠实地记载了中国共产党为人民利益而奋斗的历史。其次，红色文化昭示了“只有社会主义才能救中国”的真谛。新中国成立后，随着社会主义制度的建立，实现了中国历史上最广泛最深刻的社会变革。邓小平曾指出：“如果不搞社会主义，而走资本主义道路，中国的混乱状态就不能结束，贫困落后的状态就不能改变。”中国共产党人在建设社会主义的实践中进行了艰辛的探索，取得了巨大成就，使中国的社会主义呈现出勃勃生机。最后，弘扬红色文化有利于巩固党的执政地位。中国共产党的执政地位是历史和人民赋予的。传承红色文化，解读革命历史，有利于帮助人们了解共产党执政地位的来之不易，有利于巩固党的执政地位。①

（二）文明传承价值

了解过去，目的是启迪和指导未来。红色文化的文明传承价值功能表现在：一是红色文化是马克思主义中国化理论成果发展进程中的重要环节。中国共产党就是先进文化——马克思主义同中国革命实践相结合的产物，从成立的第一天起，就以马克思主义作为自己的指导思想。在中国革命的征程中，中国共产党人创造性地形成了指导中国革命走向胜利的先进文化——毛泽东思想。毛泽东思想继承了马克思主义的基本原理，又传承了中华民族五千年积淀而成的优秀传统文化和“五四”以来形成的红色文化，它们一脉相承又与时俱进。正由于马克思主义具有与时俱进的理论品格，在毛泽东思想之后，又诞生了邓小平理论、“三个代表”重要思想和科学发展观。无疑，红色文化具有鲜明的传承性。二是红色文化提炼和凝聚了中国共产党人的革命精神并在中国革命、建设和改革开放的实践中得以传承。革命精神是红色文化的精髓，是激励人们开拓进取、矢志不渝的强大精神支柱，实现中华民族的伟大复兴需要弘扬这些红色精神。深入发掘红色文化的传承价值功能，也是传承文明、培育新的民族精神的现实需要。

（三）思政教育价值

红色文化倡导的是崇高思想境界和革命道德情操，传播其理念、彰显其精神，有利于红色革命精神深入人心，具有重要的政治教育价值。首先红色文化是开展青少年德育的有效载体。红色文化资源内容丰富，每一处革命遗迹、每一件珍贵文物、每一堂传统课都是鲜活的教材，都折射着革命先辈崇高理想、坚定信念、爱国情操的光芒。用鲜活的历史告诉青少年，老一辈革命家的丰功伟绩建立在他们对祖国深厚的热爱之上。一个人对祖国爱得越深，历史的责任感就越强，人生目标就越明确，人生信念就越坚定。古往今来，彪炳史册的无一不是忠诚的爱国者。红色资源正是彰显革命历史的新平台、新课堂，其感召力是学校和书本不可比拟的。其次，红色文化的感知、教育形式多样，使人们在寓教于乐中受到润物细无声的熏陶。近年来兴起的红色旅游之火暴是始料未及的，除了人们对那段

---

① 许静、罗惠兰：《“红色文化热”的兴起及其价值功能》，《江西日报》2008年10月13日，第B03版。

红色年代充满向往之外，其中一个不可忽视的因素就是人们热爱一切美好的东西，敬仰那些为理想信念不惜牺牲生命的人。人们在红色旅游中能真切地感受到祖国山河是美的，红色热土承载的红色文化也是美的。革命老区丰富的山水人文资源和古朴淳厚的民俗民风，使旅游者在愉悦中感受山河之美，体验华夏民族的博大精深，感悟那段烽火连天斗争岁月的艰辛和今天幸福生活的不易，从而主动地、真诚地接受红色文化的洗礼和理想信念的教育。

（四）经济开发价值

红色文化是社会主义先进文化的重要源头之一，红色文化的发展创新对于促进社会主义先进文化建设，具有十分重大的意义。党的十七大报告强调："在时代的高起点上推动文化内容形式、体制机制、传播手段创新，解放和发展文化生产力，是繁荣文化的必由之路。"文化产业在现代经济结构中已成为新的国民经济增长点，而红色文化则是文化产业的重要组成部分。红色文化具有良好的知名度和品牌效应，革命老区保留下来的遗址和可歌可泣的革命故事，既是宝贵的精神财富，也是发展红色文化产业的重要资源。革命老区多处于山区，风景优美、生态宜人，把红色文化、生态文化和古迹文化结合起来，寓思想教育于文化娱乐和观光游览中，既有利于传播先进文化，又有利于把红色资源转变为经济资源，从而推动革命老区的经济发展，帮助老区人民脱贫致富。

四、红色文化资源的特殊作用

改革开放以来，我国在经济迅速增长的同时，在社会风气方面却出现了一些值得关注、令人忧虑的问题，"一些领域道德失范，拜金主义、享乐主义、个人主义滋长；封建迷信活动和黄赌毒等丑恶现象沉渣泛起；假冒伪劣、欺诈活动成为社会公害；文化事业受到消极因素的严重冲击，危害青少年身心健康的东西屡禁不止；腐败现象在一些地方蔓延，党风、政风受到很大损害；一部分人国家观念淡薄，对社会主义前途发生困惑和动摇。"① 这些问题的存在，凸显了巩固全国人民团结奋斗、建设中国特色社会主义的共同思想基础的重要性和紧迫性。红色文化资源内容丰富，生动直观，感染力强，开发利用红色文化资源，不仅可以弘扬红色文化的精神

① 《中共中央关于加强社会主义精神文明建设若干重要问题的决议》，6页，北京，人民出版社，1996。

内涵，而且可以避免和谐文化建设中理论脱离实际，营造红色文化的浓厚氛围，增强和谐文化的针对性，提高实效性，使人们在潜移默化中接受革命传统教育，树立正确的世界观、人生观和价值观。①

一是可以推进社会主义和谐文化建设。红色文化是承载丰富思想信息的载体，它所承载的光荣革命传统和先进革命精神符合建设社会主义和谐文化的目的、原则和内容。当前，中国正处于改革的攻坚时期、发展的关键时期，各种文化和思想相互交织，意识形态领域的独立性、多变性和差异性增强。随着市场经济体制的建立和逐步完善，人们的思想意识形态和价值观念出现一定程度的失衡，社会主流文化缺失，主流信仰危机。针对新的时代特点和任务，只有加强社会主义先进文化建设，坚持用社会主义核心价值体系引领多样化的思想意识和文化思潮，才能适应社会主义市场经济发展的要求，适应现阶段社会主义思想道德建设的要求，从而为构建社会主义和谐社会提供坚实的思想文化保证。开发利用红色文化资源，提炼其中的精华并发扬光大，为和谐文化建设提供现实生动的环境，充分利用红色文化这一鲜活教材和有效载体，是推进社会主义和谐文化建设的内在需要。

二是可以有效解决和谐文化建设的核心问题。党的十七大报告提出要建设社会主义核心价值体系，增强社会主义意识形态的吸引力和凝聚力，建设和谐文化，培育文明风尚。随着社会多元化的发展，各种思潮纷纷涌现，社会主义和谐文化必须在主导文化带动下，整合和吸收多元思想文化的有益部分，抵制腐朽文化。同时推进和谐文化建设，必须深入开展荣辱观教育，加强公民思想道德建设。胡锦涛总书记提倡的“八荣八耻”是社会主义荣辱观的最全面解释，它涵盖了个人、集体、国家三者之间的关系，是进行社会主义核心价值体系教育的基础。而红色文化所体现的爱国主义、集体主义、团结奋进等精神与社会主义荣辱观相呼应。红色文化的精神内涵属于社会主义荣辱观的范畴，开发利用红色文化资源，可以为社会主义荣辱观教育提供生动题材，有效解决和谐文化建设的核心问题。

三是可以为我国经济社会发展提供强大的精神动力。文化形态对应着观念形态的上层建筑，由一定社会的经济基础决定，又反作用于一定的经济基础。红色文化资源是在马克思主义与中国传统文化相结合的过程中形

---

① 安徽省社会科学界联合会编：《科学兴皖：全面·协调·可持续》，372页，合肥，安徽人民出版社，2008。

成的。红色文化资源充分展现了党和人民为争取民族自由和国家富强生生不息、战斗不止的伟大精神品格，深化了对以爱国主义为核心的优秀民族精神的理解，强化了对党的宗旨和理想信念的感悟。红色文化精神是红色文化的精髓，是激励人们开拓进取、矢志不渝的强大精神支柱。红色文化资源内蕴的井冈山精神、长征精神、延安精神、西柏坡精神、雷锋精神、大庆精神等红色文化精神，深深熔铸在民族的生命力、吸引力、创造力和凝聚力之中，共同构成中华民族自立自强的精神品格，成为推动中华民族伟大复兴的精神动力，是社会主义市场经济健康发展的文化基础。

红色文化资源的利用是一项系统工程，我们在挖掘和利用时，应当关注以下几个问题：一要引导人们树立正确的世界观、人生观和价值观，培养有理想、有道德、有文化、有纪律的社会主义新人。二要把社会效益放在首位，这是红色文化资源的特殊性所决定的。三要对革命文物史料进行加工提炼，革命文物史料的价值在于革命性、先进性、科学性。四要努力创造新形式，选用恰当的方式和手段，如建立全国性的革命文化资源网络、利用现代传播的手段增强革命文化的宣传力度、实施精品战略等，把红色文化资源打造成文化精品，使红色文化的内容与人们的心理情感相融合。①

第六节 其他文化资源

正如前文所述，从内涵来看，文化资源不仅是指物质财富资源，同时也是精神财富资源；从外延来看，文化资源所涉及的范围非常广泛，几乎包括人类活动的各个方面。因此，任何文化资源的类别阐述必然有其不全面之处，任何文化资源的划分必然有其不合理之处，除历史文化资源、民族文化资源、民俗文化资源、宗教文化资源、红色文化资源之外，还有乡村文化资源、城市文化资源、智能文化资源等其他文化资源。

一、乡村文化资源

乡村文化也可称为乡土文化，属于一种民间形态的文化资源。乡村文

① 黄绍辉、肖长富、刘康、方来珊：《要重视开发革命文化资源》，《光明日报》2001年4月21日，第A04版。

化是人类早期农耕文明的反映，是与现代都市文明并存的一种文化形态。乡村文化存活于日常的田间地头，是生活于乡村的广大人民群众的日常生活方式和精神世界的反映。乡村日常生活事象中的饮食男女、居住、耕作、交往、礼仪、习惯、邻里关系、婚姻家庭、节庆活动等，构成了乡村文化最基本的内容。乡村文化资源是构成人类社会其他文化资源的重要资料，为人类社会文化提供了许多丰富多彩的文化来源。

（一）乡村文化资源的特征

乡村文化资源的特征主要表现在以下几点：

1. 乡土性

乡土性实际上是一种带有鲜明的地域性色彩的文化观念，可以说长期以来已经深深地渗透到人们的思想意识的深层之中，它通过物质的和精神的方式传达出来的乡土观念是中国文化传统中最持久和最根深蒂固的观念，它形成了人们对故土、对家园、对亲人、对乡里的依恋、怀旧之情，这是人们普遍具有的一种心理情感。如，中国文化中的家族观念可谓根深蒂固，中国传统社会结构和社会关系在很大程度上都依赖于家族观念，家族观念的影响力远远超过其他。

2. 大众性

乡村文化代表的是一种最广泛的民众的文化，它的社会基础是生活在乡村的广大的民众和普通百姓，具有大众的属性，可以被不同阶层的人们广泛地接受，为乡村人们所喜闻乐见，成为乡村人们的一种基本生活方式。如，常常可以看到的各种不同类型的地方戏曲、歌舞娱乐、庙会和节庆习俗等，这些富有地方特色的民间文化事象乃是乡村文化所培植起来的，已经成为一种最能体现乡村文化内核的文化资源。

3. 地域性

乡村文化是在特定的地理空间范围内产生的一种文化形态，带有突出的地域文化色彩。因为，每一种文化都是存在于特定的地域之中，但相比之下，乡村文化的地域性特征却是最突出的，这是因为，乡村作为地方组织的一种形式最早是由地方政权（如过去的乡治）演变来的，在这个基础上形成的乡村文化传统自然具有鲜明的地域性色彩。

4. 亲缘性

乡村文化与乡村特有的政治组织、经济结构、制度形态、乡村伦理、人际关系等有直接关系。亲缘性来源于远古社会时期代代相传而形成的家族关系、血亲关系、宗法关系等，形成了带有突出的亲缘性的文化传统和社会习惯。从文化渊源上来看，根据上面我们所说的家族关系、血亲关系、宗法关系等来考察，少数民族村寨文化是家族关系、血亲关系和宗法关系在文化上的突出表现，体现出文化的一种亲缘性。

（二）乡村文化资源的价值

乡村文化资源囊括很多富有地方特色的风俗习惯、民间工艺、民间节日、歌舞娱乐、生活方式和民间信仰，这些文化资源在都市文化中已经随着时代的发展、社会变迁和社会转型而不同程度地发生嬗变，甚至消失，但在乡村文化中很多却得以保存。例如，东北的二人转，作为一种极富有地方特色的民间文化形式，长期在东北民间流传，深受人们的喜爱。再如，在胶东一带的民间长期流行的秧歌、柳腔、茂腔、剪纸、年画等民间歌舞、戏曲和工艺，代表了这些地方深厚悠久的民间文化传统，实际上都是从乡村文化发展而来的，已经构成人类非物质文化遗产的重要组成部分。这些文化资源体现出的内涵很能代表中国民间文化的特色，更具有广泛的民众基础。作为乡村文化资源，它们至今仍然对人们的日常生活和精神世界产生着深刻的影响。

二、城市文化资源

城市是在长期的历史发展进程中形成的、由众多不同物质类型的子系统构成的巨大系统。在这一系统中，各种社会的资源要素以自己的存在方式和运行轨迹实现着自身的角色功能，完成着自己的角色和形态转化，并由此推进城市的发展演变和城市化进程的量变与质变。城市文化资源是城市建设的财富，是城市文化产业的基石，是文化产业发展的重要资源。①

（一）城市文化资源的类型

城市文化资源泛指城市中人们从事文化生产和文化活动所可以利用的各种资源总和，主要包括以下几种类型：

1. 城市文化遗产

城市文化遗产是指在漫长的城镇社会历史发展过程中积淀下来的历史文化、人文景观、民俗风情等具有地方特色及文化传统的物质及精神资源。包括历史城镇、历史城区、历史地段、历史街区等。历史城区包括城市、城镇以及历史中心或居住区，也包括其自然的和人造的环境。除了它

① 钱光培：《北京文化产业研究第二编》，279－281页，北京，中国书店，2003。

们的历史文献的作用之外，这些地区还体现着传统的城市文化的价值。历史地段、地区系指包含考古和古生物遗址的任何建筑群、结构和空旷地，它们构成城乡环境中的人类居住地，从考古、建筑、史前史、历史、艺术和社会文化的角度看，其凝聚力和价值已经得到认可。从地段的构成上看，也不只局限于宫殿、庙宇等重要的纪念性建筑群，而是包括了民居、商店等更广泛的内容，它是城市活的肌体的重要的组成部分，而且往往是城市人口最密集、最繁华、最活跃、最具有生气的部分。历史街区是历史地段的主要类型之一，但是，两者在保护的手段和方法上有很大的区别。相比较而言，历史风貌地段更加强调风貌景观特征，景观构成元素和历史价值是它的主体内容。历史街区则强调生活的真实性，风貌景观、历史文化价值和真实的社会生活都是它关注的对象。①

2. 城市文化景观

城市文化景观也就是城市静态或物化的文化形态，如文物、古迹、名胜、建筑，等等。它是人类文化的集聚、积累和表征，也是文化的物质载体。景观层面的文化资源开发多形成观赏型的初级旅游产品，主要满足大众化的文化观光的消费需求。

3. 城市文化风情

城市文化风情是动态文化或活文化，如民俗风情、节庆祭典、宗教礼仪、游艺竞技，等等。由于它们鲜明的地域性，往往是城市文化的历史性、地理性、人类性、文化性和美学价值的动态体现。该类文化资源在开发中往往要求城市居民和旅游者以"角色"参与，将人融入当地文化中，去体验文化氛围，所以具有强烈的文化感染力。由于参与亲切而使游客容易产生文化认同感，进而去发现美、体验美、认同美。

4. 城市文化艺术

城市文化艺术决定了城市文化资源的性质，是文化差异的核心。文化艺术主要包括表演艺术——戏剧、舞蹈、音乐；造型艺术——书法、绘画、雕刻；语言艺术——文学；实用艺术——建筑、工艺品等等。它们不仅是旅游文化资源的高级形态，也是文化得以传承的重要方面，更是文化发展、创新的原动力。文化艺术资源具有抽象性和渗透性的特征，虽然文化艺术借助于载体（文字、形体、韵律等）可以表现和传达，但真正透过形式去领悟的艺术本身是抽象的；文化艺术的渗透性体现在艺术是各个层

① 钱光培：《北京文化产业研究第二编》，280页，北京，中国书店，2003。

面文化资源的精髓构成。[①] 例如，文化景观中的绘画、雕刻、书法，文化风情中的戏剧、舞蹈、音乐等。

5. 城市文化精神

城市文化精神是一种城市意识形态。它是指以城市地域为依托，以城市居民为载体的群众认同感、共同价值取向和共同意志的一种城市意识形态。它以城市物质建设和城市文化建设为土壤，反映城市建设和城市居民的共同愿望和共同追求，是城市政治、经济、文化在精神领域的集中体现。城市精神作为一种价值取向，体现着国家和民族的最高利益和前进方向，具有一种定向功能。城市精神通过一种内在的感召力来引导市民齐心协力、奋发图强、奉献城市。城市文化精神对城市的精神面貌、市民行为有着重大影响，规定着城市的文明性质和文明程度。

6. 城市文化形象

城市文化形象是指城市内部与外部公众关于该城市内在综合实力、外显前进活力和未来发展前景的具体感知与综合评价。它是城市自然、经济、社会、科技、教育、文化、历史、生态等诸多方面在公众中被感知的总体印象，涉及城市的市容市貌、社会风尚、政府职能、居民素质、社会秩序、服务效能和生活质量等内容。城市形象具有多向度、多元化的结构，在组织结构上可以分解为城市的区域形象、功能形象、观览形象、人居形象、制度形象，等等。城市形象也是一种文化资源，其开发的优劣对于城市竞争力的提升与否意义重大。

7. 从事创造性的精神劳动的人才资源

城市的区域中心地位，使城市集中了各种文化艺术的创作、研究、交流机构和团体，聚集着大量文化人才及文化艺术信息资源。[②] 文化人才是城市文化的代言人、传播者。他们或研究、或梳理、或讲述、或展示、或管理、或经营，充当各种文化资源的组织、加工、开发、整合的角色，是社会与文化资源间的媒介和桥梁，是文化产品的生产者、文化服务的实施者。文化机构作为专业组织形式，是文化人才或紧密、或松散的联系纽带和职业集体，体现文化领域中的培养、教育、训练、生产、服务等等的社会分工。文化设施是文化人才、文化机构的职业劳动场所，是文化专

---

① 沈山、安宇：《和谐社会的城市文化战略》，151 页，北京，中国社会科学出版社，2009。

② 陕西省社会科学界联合会：《润物集》，139 页，西安，陕西人民出版社，2006。

业生产与服务的基地。文化设施反映的是城市经济发展水平，文化建设科学化、现代化、大众化程度，因此常常被当作城市的宣传标志。文化人才、文化机构、文化设施组成城市文化资源具有最大能动性的供应系统。

8. 城市文化市场资源

城市文化市场是各种文化资源、产品、服务的交汇地，是文化提供方与文化消费方的结合处。文化市场的功能状况决定着文化产业的兴衰，左右着诸多文化产品、文化服务的价值，调节着文化消费供求关系的变化。目前，文化市场的资源整合度不高，存在许多资源闲置和浪费的现象。由于资源配置不合理和管理不善，导致了文化产业难以充分实现其自身价值的局面。以北京演出文化市场为例，北京的文艺演出很多，高峰季节更是挤爆市场，文化产品拥挤但集约化程度不高，所造成的人力资源、财力资源等浪费非常严重，亟待城市文化市场资源的整合。

（二）城市文化资源的特征

城市文化资源是一种特殊的集合型资源，有其鲜明的个性特征，主要表现在以下几个方面：

1. 集聚性与分散性并存

在一定区域内，城市是一个高度的聚集中心，各种物质文化资源要素和精神文化资源要素均高度聚集于城市这一特定的地域空间。在一定程度上，文化资源越集聚，城市越发展；城市越发展，文化资源则越集聚，两者间存在一种相辅相成的互为因果关系。与此同时，在城市这一地域空间范围内，不同质的文化资源又各有所属，各有空间所居。如传媒文化资源与文博文化资源、文化场馆与民俗资源，等等。这种聚集性与分散性共生特征，是城市文化资源的典型特征。

2. 多层次性与整体性并存

体现在文化资源的结构方面，便具有显著的多层次性。大致可分为四个层次：以器物技术为主的表层；以行为为主的浅层；以制度组织为主的中层；以社会意识为主的深层。城市文化资源的这四个层次间相互作用、相互影响，从而使城市文化资源成为一个具有无限生命力的动态集合体。

3. 物态型与非物态型并存

城市文化资源的整体构成中，既有物态资源成分，又有非物态资源成分，它们共生、共存于城市这一中心区域空间。例如历史文化资源中的历史文化、人文景观、民俗风情等文化资源中，既有物质型资源，又有精神型资源。① 其中传统建筑、历史街区与历史遗迹等属物态资源，而民风民俗、地方节庆、饮食文化等则属非物态资源，它们大多需通过一定的表现形式才能转化为物态资源。

三、智能文化资源

智能文化资源主要是指从事创造性精神劳动的文化工作者的创造性才能，是文化资源产业化开发的重要精神资源。智能文化资源是最有价值的稀缺文化资源，也是不可穷尽、无限延伸的文化资源，智能文化资源可以同其他文化资源以新的方式组合起来，从而形成巨大的文化财富。

（一）文化智能资源的内涵与形式

人力资本理论认为，随着知识经济的兴起和高新技术产业的发展，与人的体力相比，人的智力越来越重要。人的智力包括经验型文化技能和创新型文化能力两方面。经验型文化技能又包括写作、绘画、演奏、编程、设计等方面的程序和技巧；创新型文化能力是指一个人在获得知识和操作技能的基础上，突破前人模式的独创性思维和实践能力，取得的创造型构思、创意、主题、灵感、方案、决策等，它们大多难以编码。基于人的先天素质和后天钻研习得的智力，即内隐文化智能资源，是文化产业发展的核心资源，它的能动作用可以进一步调动外显文化智能资源，即人们的知识，并通过与其他结构资本、顾客资本等的融合，有效地创造文化财富。

文化智能资源包括以下两种存在形式：一是外显文化智能资源，即一切可以带来价值或效用的智力成果，包括创意、发明、专利、著作、作品、商标、声誉、有价信息等，智力成果的核心要素是知识；二是内隐文化智能资源，是指减去体力劳动部分后的人力资本，即脑力资产，脑力资产的核心要素是智力。② 总之，知识和智力是文化智能资源的两个核心要素，智力成果和脑力资产共同构成文化智能资源。智能文化资源与其他文化资源之间的关系是密不可分、互为条件的。例如，历史文化资源表现为一种客观存在，在产业开发过程中，智能文化资源将为其提供智力支持，

① 沈山、安宇：《和谐社会的城市文化战略》，148页，北京，中国社会科学出版社，2009。

② 严荔：《四川文化资源产业化开发研究》，122页，北京，经济科学出版社，2010。

智能文化资源是以历史文化资源为创造源泉的。

（二）智能资源的产业开发

文化智能资源是文化生产中的核心资源，具有很强的整合性、主观能动性、开发性，在文化资源的优化配置中起统领和统摄作用，为实现文化资源产业化开发提供强大的智力支持。[①]

1. 外显文化智能资源开发

外显文化智能资源的产业开发集中表现为版权产业。授权经营是外显文化智能资源版权业开发的主要营运模式。著作权（版权）分为两部分：一是著作财产权，二是著作人格权。著作财产权可以直接转让、继承；而著作人格权不能直接转让和商用，但可以通过授权许可经营。著作权的版权业开发的途径包括复制、公开展示、改作、出租等。复制权是著作权的主体，版权业授权经营的基础是作品的复制权。

授权经营既涉及著作权的财产权，又涉及著作权的人格权。传统文化生产囿于单件作品的创作，没有常态的市场供给和需求，不可能形成规模化的产业。授权经营凭借现代科技手段，应用数字化复制技术，大批量复制生产，并通过各种渠道包括互联网渠道大批量流通，可以形成规范化的授权经营市场和规模化的授权经营产业链。“授权要约”版权交易模式适应数字化、网络化发展的要求，将取代纸介图书等文化产品的一对一洽谈版权交易模式并得以全面发展。授权经营不仅出售与文化艺术相关的产品，而且提升传统产业的附加值；不仅出售一般意义上的消费品，而且出售具有文化附加值的产品。

2. 内隐文化智能资源开发

内隐文化智能资源的产业开发集中表现为创意产业。创新是内隐文化智能资源创意产业开发的基本营运模式。创意产业是内隐文化智能资源——智力的创造性开发所形成的文化产业门类，它和其他门类文化产业的最大区别是其原创性，处于文化产业链条的最前端，决定文化产业发展的方向。创意来源于创意思维，创意思维具有可持续、可再生、价值高等特点，是一种稀缺资源。研究和开发给文化产品和服务注入大量实用知识并创造新的知识，同时为下一阶段的文化产业开发积累新的文化智能资源，最终形成新的文化产业门类——创意业。

创意产业试图描绘出一个历史性的变化，即从被资助的“公共艺术”

---

① 吕庆华：《文化资源的产业开发》，87－96页，北京，经济出版社，2006。

和广播时代的媒体转变为对创意的新的和更广泛的应用，它是新经济的重要元素。创意产业部门发挥了新经济的优势及其特点，技术和制度的创新可以实现与顾客和公众的新联系。互动、融合、客户、合作、网络、全球化等，是创意产业获得成功的关键因素。创意产业的组织模式常常是微型公司，它一般属于信息密集型企业，具有十分“密集”的创造力。创意产业在数字内容及其他应用方面需要较高附加值的投入，处于价值链的上端。内隐文化智能资源创意业的开发，不但要开发人的逻辑思维、形象思维、创新思维，而且要开发人的求解思维。此外，中国式东方思维具有独特性，有利于人的创造力的提升。

第三章 文化资源的功能与价值评估

文化资源作为文化的载体，承载了文化的使命，具有独特的历史文化价值、科学价值和艺术价值，利用文化资源创造的文化产品和服务，对推动社会进步、增加社会财富具有巨大的作用。正确认识文化资源的功能与价值，构建科学合理的文化资源价值评估体系，是有效保护和利用文化资源的重要前提。

第一节 文化资源的属性与功能

文化资源为文化产业发展提供物质资源和精神资源，深入认识文化资源的属性，准确把握文化资源的功能，是促进文化资源向文化资本转化，加快文化资源潜力转化为文化产业实力的首要前提。

一、文化资源的属性

文化资源具有多重属性，其中最基本的是文化和意识形态属性、经济属性。在不同历史时期，文化资源属性的表现方式和程度也是不同的。

（一）文化属性

人类与动物的区别在于人能制造工具、能劳动，人类有意识的生产活动始于最原始最粗笨的打制石头，这一“打制”意味着人类文明史进程的开始，也意味着这块“最粗笨的石刀”既是经济的也是文化的。说它是经济的，是因为它作为工具，生产出了满足人类的生存和发展需求的物质财富；说它是文化的，因为它承载着人类对生命对象的理解和思考，记载着人类思想、感情的过程，记载着“有意识的生产过程”的全过程。从此，人类的一切经济活动都具有文化意义，一切文化活动也内蕴着经济的因子，从而形成了初始形态的文化经济共同体。[①]

文化资源的文化属性首先体现在其意识形态属性上。随着产业分化和劳动分工，脑力劳动和体力劳动出现分离，体力劳动直接从事物质资料生产，而脑力劳动则记载物质资料生产过程及相关信息，探索在物质资料生产过程中出现的疑难问题，总结成功的经验和失败的教训，体力劳动创造物质财富，脑力劳动创造精神财富。在脑体分离的同时，出现了阶级对立与阶级统治。主要从事文化生产的脑力劳动逐渐成为统治阶级及其附属的知识分子的专利，而被统治阶级只能从事体力劳动。文化的产业（经济）属性逐步被淡化，意识形态（狭义的文化）属性得到强化。不仅如此，统治阶级出于精神统治的需要，将文化转变为相对独立的上层建筑，变成其控制思想、实施统治的工具。[②] 文化和文化资源由此都具有了强烈的意识形态属性。正如毛泽东在《实践论》中所言："在没有阶级的社会中，每个人以社会一员的资格，同其他社会成员协力，结成一定的生产关系，从事生产活动，以解决人类物质生活问题。在各种阶级的社会中，各阶级的社会成员，则又以各种不同的方式，结成一定的生产关系，从事生产活动，以解决人类物质生活问题。""在阶级社会中，每一个人都在一定的阶级地位中生活，各种思想无不打上阶级的烙印。"[③] 从词源学意义看，无论中西，都着重赋予"文化"一词以"教育性"的含义，文化的各种资源渗透着统治阶级的思想和意志，对接受和享用文化资源的大众发挥着潜移默化的教化作用，从而达到维护国家安全和社会稳定的目的。文化资源的这种意识形态属性和功能一直延续至今。

文化资源的文化属性还体现为各种文化资源在形成过程中所凝聚的历史和文化信息。马克思主义认为，经济基础和上层建筑是对立统一的辩证关系。一方面，经济基础决定上层建筑，经济基础决定上层建筑的产生，经济基础的发展变化决定上层建筑的发展变化，经济基础的性质决定上层建筑的性质。另一方面，上层建筑又能对经济基础起到能动的反作用。当上层建筑适合经济基础需要的时候，它就会推动经济基础的发展和生产力的进步；当它不适合经济基础需要的时候，就会阻碍经济基础的发展和社会的进步。因此，一定时期的思想和文化是对这一时期政治和经济的反

① 冯子标：《论文化的产业属性》，《山西日报》2003年4月7日，第C02版。
② 冯子标：《论文化的产业属性》，《山西日报》2003年4月7日，第C02版。
③ 《毛泽东选集》，第一卷，283页，北京，人民出版社，1991。

映，一定时期产生的文化资源也是对这一时期社会、文化等的反映。文化资源在长期的历史发展过程中不断积累，蕴藏着历史文化传统，存在于社会文化现状，作用于整个物质生产、精神生产过程。文化资源生成的时空背景，决定了其特定的文化性质和历史价值。例如，甘肃既有以丝路文化、远古始祖文化、黄河文化、彩陶文化、史前生物文化、三国文化、长城文化、先秦文化、红色文化为代表的多元文化形态，又有以石窟寺庙、长城关隘、塔碑楼阁、古城遗址、古代墓葬、历史文物为表现形式的历史文化遗存，还有以藏族、回族、裕固族、保安族、东乡族等少数民族浓郁风情为特色的民族风情资源，这些文化资源为甘肃文化产业发展奠定了雄厚的基础。再如文化资源中的旅游资源，除了纯粹的自然风光外，人文景观资源、民俗风情资源、传统饮食资源，以及都市和田园风光资源，都是以文化为主体。山西平遥虽然只是一个数万人口、名不见经传的小城，却是全国保护最完整的古县城，保存了大量富含历史文化价值的文物古迹、典章制度和风俗习惯，平遥古城也因此早在 1997 年底就被联合国教科文组织认定为“世界文化遗产”。

（二）经济属性

在知识经济时代，文化资源既是一种创造物质和精神财富的资源，又是一种财富。物质生产与知识生产并举，以知识生产促进物质生产，已成为当代经济发展的大趋势。文化资源的经济属性源于文化的经济属性，主要体现在以下方面：

1. 文化资源是独特的经济资源

从生产力要素发挥的作用看，劳动从一开始就伴随着文化意识和文化需求，人类生产的物质产品无不凝结着文化因素。物质产品满足需要的程度，在很多情况下体现于其所蕴含的文化的意义。随着社会与时代的发展，人们消费需求的内涵越来越丰富，越来越追求多样性、实用性、智慧性与娱乐性。因此，在商品生产与消费的各个环节中，文化观念与文化资源无不参与其中，劳动产品由此呈现出实用价值与审美价值的和谐统一。

从静态视角来看，文化资源的经济属性突出体现在两个方面：其一是教育性。正是文化的教育性，使文化与经济的发展之间具有了深刻的、天然的内在联系。文化的教育性，主要是通过继承与传递来体现的。文化凝聚着人类各种知识与技能，通过传承而代代相习。这是人类的一切实践活动，特别是经济活动得以不断发展下去的一个内在原因。所以，从逻辑的意义来看，文化与社会的经济活动之间，有着密不可分的天然联系。其二是创造性。文化所具有的生生不息的创造力与创新能力，是一个国家或民族的文化产生和发展的基石。其中，科学技术是反映民族文化水平的最重要标志之一，文化与本民族的科学技术的发展紧紧地联系在一起，成为科学技术的重要形成背景与构成因素之一。

从动态视角着眼，文化资源的经济属性主要表现为文化的实践性。马克思在《政治经济学批判大纲》中指出："自然并没有制造出任何机器、机车、电报、自动纺棉机等等。它们都是人类工业的产物；自然的物质转变为由人类意志驾驭自然或人类在自然界活动的器官。它们是由人类的手所创造的人类头脑的器官；都是物化的智力。固定资本的发展表明：一般的社会知识、学问，已经在多么大的程度上变成了直接的生产力，从而社会生活过程的条件本身已经在多么大的程度上受到一般知识的控制并根据此种知识而进行改造。"[①] 可见，人的智力、知识、学问，已经在很大的程度上变成了直接的生产力，文化具有了生产力的性质及功能，并对经济发展产生直接的推动。

第一，观念和文化积极能动地影响并制约着经济活动，并且在很大程度上成为经济活动的内在构成力量。马克思曾指出："蜘蛛的活动与织工的活动相似，蜜蜂建筑蜂房的本领使人间的许多建筑师感到惭愧。但是，最蹩脚的建筑师从一开始就比最灵巧的蜜蜂高明的地方，是他在用蜂蜡建筑蜂房以前，已经在自己的头脑中把它建成了。劳动过程结束时得到的结果，在这个过程开始时就已经在劳动者的表象中存在着，即已观念地存在着。"[②] 人类的生产劳动实践，是有意识的、有目的的活动，是在一定的思想、意识及观念的支配之下，在一定的科学与技术条件的制约下进行的。人的意识是人类实践活动的产物，也指导并限制着人类进一步的活动。文化的这种制约与规范作用，贯穿人类创造物质和精神的一切活动，人类的每一个进步，都必须依赖观念的力量，都离不开文化的作用。

第二，从大文化观和大生产力观来看，文化与生产力两者有内在的统一性。从大生产力观看，文化是生产力；从大文化观看，生产力也是文化。[③] 文化成为生产力，主要是通过显形与隐形两种途径得以实现与表现的。显形文化主要是具有一定文化知识水平、具有文化教养的生产主体，

① 马克思：《政治经济学批判大纲》，第三册，358 页，北京，人民出版社，1963。

② 马克思：《资本论》，第一卷，202 页，北京，人民出版社，1975。

③ 李育华：《略论文化的经济属性》，《当代经济科学》，2005（2），34 页。

以及渗透于其中的科学、技术和教育背景等。显形文化是一种较为直接的生产力，它所生产出来的物质产品和物化形式的精神产品，一旦进入流通和交换领域，便会产生价值。隐形文化是一种间接的生产力，它存在于人的意识乃至潜意识之中，主要以人生态度、价值取向、思维方式、道德情操、审美趣味、宗教情怀乃至生活习惯、行为方式等形式对社会的经济活动和社会生活其他领域发生深层的作用和影响。

2. 文化是综合国力的重要体现

综合国力是国家的整体实力，是自然资源、经济、军事、政治、科技、教育、外交、国民素质、民族意志力、凝聚力等因素相互作用的综合体。长期以来，有关综合国力的研究较多地集中在经济、科技、军事等传统国力方面，忽略了文化也是综合国力的重要因素。事实上，文化是综合国力的重要标志。美国哈佛大学教授小约瑟夫·奈提出了"软实力"（Soft Power）的概念，指出一个国家的综合国力既包括由经济、科技、军事实力等表现出来的"硬实力"，也包括以文化和意识形态吸引力体现出来的"软实力"，硬实力依然重要，但是在信息时代，软实力正变得比以往更为突出。文化国力已然成为一个备受瞩目的世界主题。文化是综合国力的重要体现集中表现在以下三个方面：

第一，文化构成综合国力。文化历来是综合国力不可分割的组成部分。首先，科技和教育是综合国力的两大要素，而科技力是文化力的重要因子，也是综合国力最突出的表现。其次，文化精神和文化传统是构成综合国力的精神性因素。理想、信念、道德等文化精神具有巨大的教化、激励和导向功能，能振奋民族精神，增强民族的凝聚力、意志力和协同力。文化传统对于增强国民民族认同感和归属感、安全感、自豪感等有着重要作用。①

第二，文化彰显综合国力。其一，文化以其一系列指标体系彰显综合国力，文化指标体系包括科技、教育的投入，科技进步对经济增长和军事发展的贡献率，教育的普及率，科技队伍和教师队伍的数量与质量，精神文化产品的数量和质量，人均寿命以及社会秩序和社会稳定程度等。其二，精神财富彰显综合国力。文化产业、文化资源、文化产品和文化设施不仅直接产生经济效益，而且以其巨大的精神财富增进了社会财富，成为综合国力的重要方面。其三，文化影响力、辐射力彰显综合国力。发达国

① 周正刚：《论文化是综合国力的重要标志》，《求索》，1999（2），68页。

家的文化往往凭借其经济实力和政治实力，传播、辐射到其他国家，从而大大彰显了其综合国力和总体形象。①

第三，文化促进综合国力。文化不仅构成和彰显综合国力，而且有利于促进经济、政治、军事、外交等方面的国力。首先，文化是推动社会经济发展的强大动力。文化创造的人文环境，能保证经济活动有序运行。文化以科技、知识、信息的形式，直接物化到产品中去，促进经济效益的提高和劳动生产率的增长。文化建设能有效提高劳动者的素质，培养其创新精神，从而对生产力的发展起着非同寻常的推动作用。其次，文化是影响社会政治发展的重要力量。文化发展对政治变革起先导作用，历史上重大的社会变革往往是从文化变革开始的。再次，文化发展是维护社会稳定的重要前提。文化矛盾和文化冲突是社会不安定的重要因素，而主导文化并由此而形成的主流意识形态，对于调节社会矛盾、整合民族各种力量、促进社会和谐起着不可替代的润滑作用和引领作用。②

3. 文化是市场经济的重要杠杆

早在二百多年前，亚当·斯密就指出，市场是由一只“看不见的手”操纵着的，市场行为是一种追求物质财富的经济行为，但同时也是人类文化、精神道德自我发展的过程。一方面，资本追逐利润，个人追求利益，导致拜金主义泛滥，排斥道德；另一方面，社会追求公平，整体要求正义，市场要求自律，遵守道德。因此，文化必须成为市场经济的重要调节杠杆，使得市场经济同现代文明相适应，并为人类文明的进一步发展服务。

一是建立自利和自律的道德规范。自利是人们对物质利益的追求，自利同自私是不同的，自私是发自人的本能，自利则是基于人的理性，虽然强调自己的利益，但是从理性出发，时刻准备为了改善个人利益而与他人利益作某种妥协。自利的原则和要求为市场交换提供了前提。自律指的是人对自己的道德要求，即人的自我节制。一方面人们在市场活动中要严格依据市场规则活动，符合公平、正义原则；另一方面，人们在面对大量财富，在强大的致富手段面前，要节制而不是放纵本能的欲望，要把享乐和安逸意识升华为更高层次的对生活价值和意义的精神追求。

二是构建市场经济的人文精神。人文精神反映着以人的自身发展为中心的社会要求和价值取向，包括对理想、道德、情感、美等精神生活的追

①② 周正刚：《论文化是综合国力的重要标志》，《求索》，1999 (2)，69 页。

求。人之为人，不但在于能以特定的生产方式来满足物质需要，而且还要寻求生活的价值和意义，这些内容是单纯的商品经济意识所涵盖和解决不了的。用人文精神来看待市场经济活动，会使人们的眼界更加开阔。市场经济是法制经济，人文精神是法制经济的必然要求。在相当程度上，经济活动与管理过程，尤其是作为经济活动主体的人的积极性、创造性的发挥，必须通过人文精神进行调节。

二、文化资源的功能

（一）社会功能

人类的文化活动，创造了诸如艺术、宗教和哲学等人类精神文明之花果，也创造了人类社会。在知识经济时代，文化资源借助于先进的科学技术，在社会政治、经济生活中的作用和影响力越来越大。文化资源的社会功能主要表现在促进文化传播、加强文化积累、提高国民素质和推动文明建设等方面。①

1. 促进文化传播

在经济全球化的过程中，经济与文化互相促进，文化资源通过产业化和市场化运作，即大规模的生产、流通、分配文化产品和文化服务，自觉不自觉地传播了文化。

文化资源产业化发挥传播文化的功能，首先表现在对文化的创制上。文化产品的出品，如书籍的出版、影视的制作，既是需要艺术家、作家创作灵感和全身心投入的文化创造，也是借助高速印刷、复录拷贝进行的产品复制过程。文化产品的创制需要策划、撰写、编辑、编导、摄录等复杂的精神劳动，具有创造和再创造文化价值的功能。借助现代传播手段，人类几千年来积淀的文化产品价值通过文化得到了广泛传播。据专家估计，近半个世纪以来人们生产的知识信息总量，相当于人类在此前数千年创造的文化知识的总和，不仅加快了信息时代的步伐和文化产业的重组，为创造知识财富的文化人才提供了比以往更好的物质生活条件，而且为文化人才及文艺家提供了许多新的创造领域、新的创造可能性及无比巨大的活动空间。

其次，文化产品的消费者会受到他们所共同认可的价值以及相应的行

① 蒋正华：《文化产业：21世纪的潜能产业》，55页，贵阳，贵州人民出版社，2004。

为准则、规范等的教育。文化产业要创造经济效益，就必须生产出具有普遍可接受性的产品，以消费者理解和接受的形式，表达能被消费者认可或能够打动消费者并最终不被消费者排斥的价值观念。而大众在接受、享用文化产品时，总是会受到他们所共同认可的价值以及相应的行为准则、规范等的教育。这样，文化产业就通过为人们提供一系列关于对与错、善与恶、美与丑、真与假、好与坏、是与非等生动的“教材”，使消费者产生正义感、耻辱感、是非感等一系列思想观念上的碰撞和冲突，从而影响人们的人格修养，制约人们的思想行为。在我国，通过文化产品传播文化由来已久，例如，我国国民心理中的官本位意识，君君、臣臣、父父、子子等级意识和封建官僚政治格局的形成，同文化产品的文化传播、教化作用是分不开的。文化资源在产业化和市场化运作过程中潜移默化地传播了文化，对消费者施加了精神教化的作用。

2. 加强文化积累

文化资源是一个民族历史的基因库，是民族文化生长的肥沃土壤，孕育了人文科学、社会科学、自然科学和文学艺术。文化资源的积累是现代社会继续发展文化、积累文化的历史要求，是当代文化建设成果的具体反映。世界文明的进步历程已经证明，市场经济不仅发展了社会生产力，而且也大大推进了人类精神文化的变革和进步。在市场经济的内在属性和运行机制中，在文化资源的市场运作和文化产品的广泛传播中，孕育和催生了许多体现人类文明进步的新的思想观念、人文精神和道德原则，并成为适应时代发展的新的文明增长点。对于这些在现代市场经济中实现的文明成就的传承和累积，现在的各种文化资源发挥了重要作用。文化资源的建设不仅要着眼于现行资源的积累和开发，更要高度重视已经散失或即将消亡的活体资料的保护和传承，因为它们不仅记录了社会发展的轨迹，还记录了文化背后的理念、价值、规律及其表现形式。

3. 推动文明建设

文化资源是社会发展的助推器，为社会经济的发展提供智力支持、精神支柱和思想保障。无论一个人、一个民族、一个国家，还是整个人类，没有坚强有力的精神支柱的支撑，就不可能获得长久发展的动力。其次，文化资源具有导向作用，为物质文明建设和精神文明建设指引方向。报刊、影视等文化传播媒介的导向作用尤为明显。这种导向，包括舆论导向、政策导向、价值导向等。正确的导向，不仅具有动员、鼓舞、组织、指导和推动等作用，而且在一定时期和条件下，对人们观念和行为的改变有着决定作用。总之，文化资源通过精神生产的具体化与现实化，使人民群众精神文化需求得到满足，使精神文明建设的发展呈现规模并与人民群众的文化生活更加紧密，在物质文明和精神文明共同发展的基础上推动社会不断进步。

4. 提高国民素质

国民素质是现代化的基石，国民素质的高低，决定着生产力发展水平和国民经济发展的质量，关系到整个国家和民族的兴亡盛衰。当今世界经济政治全球化日益明显，不同文化的交流与碰撞也更加频繁，国与国之间的竞争进一步加剧，只有提高国民素质，才能在未来竞争中立于不败之地。

文化资源产业化具有提高国民素质的功能，主要体现在：首先，提高国民的身体素质，如竞技体育、文化旅游等行业能够使国民身体素质和健康得到锻炼和提高。其次，促进国民的教育和知识水平，即智能素质的提高。新闻出版、广播电视、电影、娱乐、艺术、群众文化、图书馆、文物、博物馆等行业均能提高国民的知识和教育水平。第三，能提高国民的心理和思维素质，也就是我们常说的情商。文化资源通过自然美、社会美、艺术美和科技美对人们的长期熏陶，提高人们的审美能力和审美水平，使人们更加热爱自然、热爱社会、热爱人生，心理和人格更加健全，个人潜在能力得到充分发展。文化产业促进国民素质提高，为国家竞争力的提高奠定了人力资本基础。

5. 教化功能

文化资源从不同的角度向人们展示了民族的历史文化，是社会历史的真实写照和人类文化的集中凝聚。它既给世人以警戒，也给后人以启迪，人类文明通过一代又一代人的接力由低级向高级进化发展。这种极强的历史连续性和时空渗透性，决定了文化资源对现实的昭示和启迪功能，不仅存在于过去，也存在于今天。正确认识文化资源的这一教化功能，具有十分重要的理论和现实意义。①

文化资源本身就是一部内容丰富的教科书，其教化作用首先体现在文化的传承上。中国历史进程中，传统文化始终是中华民族精神生命和群体人格得以发育、生长的根源。尤其是作为精神文化资源的国学经典、古典文学、古代科学、民族精神、传统艺术等，所担当的文化传承作用更为明

---

① 景占魁：《论人文资源》，《晋阳学刊》，2002（1），50页。

显。几千年来，以民为本、以仁为本的民本主义、德治主义精神，自强不息、厚德载物的进取精神等，均以深远的现实意义存在于国人心目中，指引着人们前进。文化资源的教化作用，还表现在精神的感化上。以历代留存下的记载民族抗争和人民革命斗争光辉业绩的文化资源为例，我们登上万里长城，在感受其壮丽、雄伟、博大的形象的同时，体会到的是中华民族不怕牺牲、不怕困难、艰苦奋斗、积极进取的伟大精神；我们置身于井冈山、延安等红色文化资源较为集中的地方，感受到的是革命先辈坚定的政治信仰、无私的奉献精神和革命的英雄主义气概。①

（二）产业功能

在过去相当长的时期里，人们仅从政治和教化等社会功能去看待文化的作用。而在今天，随着文化资源成为发展文化产业的核心要素，文化作为生产要素渗入生产领域，嫁接出有文化含量的产品，大大提升产品附加值，实现一种集物质财富、科技财富与精神财富于一体的更高级的现代文明财富。文化成为生产要素和新的经济资源，成为促进国民财富增长的新杠杆。而经济的快速增长，又为文化生产的进一步发展创造了物质基础和市场前景。文化与经济互动、互促，成为现代经济增长和社会发展的重要动因。②

1. 提供生产加工对象

以各种方式广泛存在的文化资源，为发展文化产业提供了开发利用和生产加工原料。利用现代科技手段，依据各自对特定文化资源的理解，人们可以对文化资源进行再创造和深加工，生产出满足特定需求的文化产品，并通过文化产品的销售实现经济效益。近年来蓬勃兴起的文化产业，就是以各种类型的文化资源的加工、开发与利用为其运作主体的，这是文化资源产业功能的最直接的体现。

2. 提升人力资源素质

人力资源是社会经济发展的关键资源，其素质高低直接决定了其他各种可再生资源的开发利用程度。文化资源在全面提升人力资源素质，促进经济社会发展中的作用不可或缺。一是强调道德、人格的崇高价值，提高个人物质生活和精神生活的品位；二是提倡集体主义、爱国主义精神，特

① 陈骅：《论文化资源价值的外部特征》，《三江学院学报》，2010（4），55页。

② 何频：《现代区域经济发展中的文化生产力》，450页，成都，西南财经大学出版社，2008。

别是对青年一代，强调人的价值通过对群体的贡献才能获得真正的体现，即人生的真正价值在于对社会的奉献；三是文化资源的人文内涵和历史价值，提高人力资源的综合素养、知识视野和思想深度。

3. 创造精神动力

文化直接作用于精神思想领域，积极健康的文化使人心情舒畅、奋发进取，消极颓废的文化使人意志消沉、不思进步。积极健康的文化资源，可以为社会生产提供不竭的动力源。例如企业文化的建设与培育，其实就是对企业文化资源的开发，或将企业内部潜在的文化追求外显化，或使企业领导人所倡导的观念转变为广大员工共同的理念，并利用这种共同文化来鼓舞、激发企业员工的工作热情。这种因价值观念的变化和企业文化的塑造而产生的凝聚力和生产热情，就是文化资源创造精神动力功能的体现。[①]

4. 增加商品附加值

附加值是在产品原有价值的基础上，通过生产过程中的有效劳动新创造的价值。伴随着社会的发展和人们生活水平的提升，越来越多的消费者购买商品不单纯是为了满足物质生活需求，还追求精神上的享受，重视产品的文化内涵。消费者对产品的要求已不仅仅停留在实惠、功能多、结实耐用上，更讲求消费的档次和品位，要求商品能给人以美感和遐想，即“文化味”要浓，能集实用、装饰、艺术、欣赏、情感于一体。在现代社会里，经济的需求都带有文化的因素，而需求决定产业的发展和产品的开发。通过对文化资源进行开发利用，赋予商品特定的文化内涵，增加商品的文化附加值，就能有效满足消费者的文化需求。

5. 优化经济发展环境

利用文化资源可以改善经济发展的硬环境和软环境。在地区或企业内部的建筑、雕塑、文化娱乐设施、绿化形式与格局等环境要素的构建中，通过文化资源的开发来增加其文化含量，可以提高物质环境的档次，也有利于优化和美化环境。崇高的社会道德风尚、优良的社会习俗的形成，高品位的大众性文化娱乐活动的开展，高雅的文化消费产品的提供，既可以使企业获得丰厚的回报，也使得区域的投资环境和经济发展环境得以进一步优化，进而促进该地区或企业的社会效益和经济效益双丰收。[②]

---

① 王子平等：《资源论》，396－397 页，石家庄，河北科技出版社，2001。

② 王子平等：《资源论》，397－398 页，石家庄，河北科技出版社，2001。

第二节　文化资源的价值

文化资源作为人类生存和发展的重要资源，包含重要的价值，其对社会发展的影响力和渗透力越来越强，已深深融入经济发展和社会进步的全过程，为经济发展和社会进步提供了强大的动力和不竭的源泉。那么，文化资源的价值来源于什么？文化资源价值的表现及其特征是什么？

一、文化资源的价值成因及其表现

文化资源的价值在一定程度上决定了文化资源的发展潜力及其开发思路。必须科学认识文化资源的价值及其特征和表现，严格按照文化资源自身的内在规律性和特有的价值品格，合理有序地加以保护和开发利用。

（一）文化资源的价值成因

价值是揭示外部客观世界对于满足人的需要的意义的范畴，是指具有特定属性的客体对于主体的意义。那么文化资源的价值是什么？它的成因何在？对此不同的学者有不同的看法。郑易生先生认为，“特殊遗产资源独有的存在价值是它潜在经济价值的源泉”，即遗产资源的经济价值来源于其独特性。苏东海先生认为，消失产生稀有，稀有产生价值，稀有是一切个别价值的前提，一切有历史价值、科学价值、艺术价值的物品，如果不是稀有就不能成为文物；文化资源的价值是从文化的内容与人的生存、发展需要相适应的程度的角度加以评判的。[①] 综合前人观点，文化资源的价值成因主要包括以下三个方面：

1. 原真性

世界遗产委员会在《关于原真性的奈良文件》第 9 款中指出：“保护各种形式和各历史时期的文化遗产要基于遗产的价值。人们理解这些价值的能力部分也依赖于与这些价值有关的信息源的可信性与真实性。对这些信息源的认识与理解，与文化遗产初始的后续的特征与意义相关，是全面评估原真性的必要基础。”文化资源的原真性丧失，意味着其价值的丧失。因此，原真性价值是文化资源最根本的价值之一。

2. 存在性

① 沈山、安宇：《和谐社会的城市文化战略》，157 页，北京，中国社会科学出版社，2009。

文化资源是各种文明的源泉和表现，文化资源特别是历史文化遗产的存在本身就是一种价值。《世界文化和自然遗产保护公约》指出，任何一项遗产的毁灭和消失都将造成世界各民族遗产的匮乏，保证其传之于后代是“当前和将来文化的丰富与和谐发展的一个源泉”。任何一种文化资源一旦消失，对于世界文化的整体都是不可弥补的损失，特别是那些固态的人文资源更是如此。

3. 非使用性

非使用价值是现代西方资源经济学和环境经济学对资源价值的认识，它是人们计算资源价值的价值总量时区分出来的。资源价值包括使用价值和非使用价值，使用价值是资源提供产品与服务以满足人类需要的直接和间接价值，可以直接利用市场价格来衡量；非使用价值是资源的内在属性，又称内在价值，主要包括选择价值、存在价值和遗产价值。非使用价值与人们是否使用无直接关系，不存在市场交易，不能用市场价格来衡量，只能单独进行价值评估，当前最常用的是条件价值评估法（CVM），即通过人们对该资源的支付意愿来进行价值评估。对文化资源的支付意愿主要由人们的动机引发，如替代动机、遗产动机、礼物动机，以及与伦理相关的同情动机、权利动机、义务动机等。替代动机是指人们为让别人消费环境资源而产生支付意愿；遗产动机是人们为让自己的子孙后代能利用文化资源而产生支付意愿；礼物动机是人们为了使自己亲密的人能利用文化资源而产生支付意愿；同情动机是指人们对文化资源被破坏表示出同情心，并为保护文化资源而产生支付意愿；权利动机是人们在尊重生命的伦理指导下，认为文化资源有存在的权利，并为保护它而产生支付意愿；义务动机是指人们认为自己有保护文化资源的义务，并为保护它而产生支付意愿。①

（二）文化资源的价值表现

文化资源不同于一般的资源，它既能满足人和社会的精神需求，又具有经济价值。文化资源的价值表现主要有经济价值、历史价值、精神价值、研究价值、艺术价值、社会价值等。

1. 经济价值

文化资源的经济价值，就是通过开发利用所能带来的间接和直接经济

---

① 沈山、安宇：《和谐社会的城市文化战略》，164页，北京，中国社会科学出版社，2009。

效益，本质上，是指文化资源在社会物质资料生产和再生产中的积极作用，也就是文化资源的培育、开发利用和增值。文化正自觉不自觉地以商品的形态对经济发展和社会全面进步发挥作用，文化资源的经济价值分为隐性的和显性的两种。显性的经济价值是直接收入，货币是其表现形式，如旅游收入、文化产品的销售利润等。隐性的经济价值是指间接的经济效益，不以直接的货币形式实现，而是以其他方式带动经贸行业的收入和发展。例如，潍坊的风筝节、南宁的国际民歌节、沈阳的秧歌节等“文化搭台、经贸唱戏”活动，都成为当地引进外资发展经济的重头戏。具体来说，文化资源的经济价值和意义主要体现在以下三个方面：

第一，文化资源是文化产业发展的重要基础和支柱。这是文化资源最基本的经济价值。文化产业是提供文化产品和文化服务的大规模商业运作，通过市场化和产业化的组织形态，进行可持续的简单再生产和扩大再生产；以追求利润最大化为目标，不断提高文化生产和文化经营的效益；通过分工协作，使文化价值转化为商业价值，又借商业价值的实现过程促成文化价值的传播。[①] 随着经济的发展和时代的变迁，人们的消费意识和生活意识的中心将逐渐由物质领域转向精神领域，健康、教育、娱乐、文化及信息将成为新的消费增长领域，而这些都与文化资源的开发利用息息相关。

第二，文化资源是旅游经济发展的重要源泉。旅游业的主要服务对象是以追求精神文化生活为旨趣的文化消费者或审美消费者，文化资源是吸引人们进行旅游活动的重要资源。在不同地域，由于自然和历史的不同，人们发展出了不同类型的文化，而处于不同文化类型中的人们又常常会对异域文化产生强烈的好奇。富于差异性的历史文化和民族风情为旅游业的发展提供了良好条件。

第三，充分利用文化资源，大力发展文化产业，可以有效解决部分就业问题。资料显示，西方国家文化产业的就业量占到全部就业总量的9％－10％甚至更高，巨大的就业量成为西方国家文化产业发达的一个重要表现。[②] 我国自国家政策扶持文化产业的发展以来，文化产业广受各地重视和青睐，创造了大量的就业岗位，就业人数持续增加。但与西方国家相比，中国文化产业在解决就业方面还有巨大的潜力，应该充分发挥文化

① 花建：《产业界面上的文化之舞》，39－55页，上海，上海人民出版社，2002。

② 钱紫华、闫小培、王爱民：《西方国家文化产业的就业特点》，《城市问题》，2007(9)，89－95页。

资源优势，加快文化产业发展步伐，有效增加就业机会。

2. 历史价值

文化资源是在一定历史条件下产生的自然或社会的遗迹、遗物或文化现象，作为历史的产物和时代的印证，反映当时的社会、经济、政治、科技、军事以及文化等状况，从时间和空间两个维度传递着历史文化信息，因而具有重要的历史价值。我们今天参观陈列在博物馆里的一把石斧时，是把它当作人类走向自由的一个里程碑、当作社会历史演进中的一块“化石”来看待的，它所体现的历史文化价值，就是指石斧所物化的先民的创造精神。大量以史籍文献形式流传的精神文化遗产，实录了有关文物、建筑、遗址产生的来龙去脉，记载了不同历史时期人类为生存发展而从事的各项社会实践活动及其成果。正是从这些文化资源中，我们才更多地了解了人类历史和人类文明活动的发展轨迹。①

3. 精神价值

文化资源体现着一个国家、一个民族或特定地域的独特的文化传统，这些文化传统往往成为人们为维护各民族的独立、尊严以及为争取解放和复兴而顽强奋斗的精神支柱，对国家及其人民能够产生强大的凝聚力和激励作用。文化资源为人类连接过去和现在架设了桥梁，也为人类走向未来提供了不可或缺的精神养料。人们在欣赏文物、建筑群、遗址等物质形态的文化遗产时感官上得到美的享受，还会从它们身上接收到不少历史信息，感悟到这些历史文化遗产身上所蕴含的先人的思想文化、精神与信仰，从而增长了历史知识，受到精神文化的熏陶，使自己的灵魂得到净化，感受到民族的伟大，增强了对未来的信心。没有历史文化遗产这种载体，人们的精神将会失去家园，乃至变得无根无基。

4. 研究价值

文化资源是文化的重要组成部分，对其进行研究是极富理论价值和现实意义的。其一，对文化资源的研究有利于文献资料的整理和历史遗迹的保存。历史文献及相关资料的搜集与整理既是文化研究的基础和起点，又可保存历史文化资源。其二，文献资料是科学研究的重要依据。文献资料记载和保存了大量的历史信息，内容涵盖政治、经济、文化、教育、民情、风俗、人物、名胜、古迹等诸多方面，可为科学研究提供重要资料。其三，历史遗迹是科学研究的重要内容，任何一种文化遗迹都凝聚了古人

---

① 景占魁：《论人文资源》，《晋阳学刊》，2002（1），50页。

对事物本质和规律的认识和利用，都具有重要的研究价值。

5. 艺术价值

大量文化资源是人们按照美的规律创造的作品，它们或体现着一种历史的美或现实的美，或给人以当下的艺术享受和美的享受；或给人陶冶情操，或供人消遣娱乐。文化资源的艺术价值，主要包括审美、欣赏、愉悦、借鉴以及美术史料等价值。审美价值主要是从美学的深层次给人以艺术启迪和美的享受；欣赏价值主要是陶冶情操；愉悦价值是给人以消遣娱乐；借鉴作用主要是在艺术表现手法、技巧方面供学习借鉴；美术史料价值主要是作为研究美术史的实物资料。在各种各样的文化资源中，大量都具有艺术价值，如绘画、雕塑、戏曲等，以及风景名胜等被人类开发利用的大自然杰作。在现实生活中，无论文化遗产还是自然遗产，无论人类巧夺天工创作的艺术作品还是大自然鬼斧神工造就的天然美景，都能给人以美的启迪、美的享受。①

6. 社会价值

文化资源的社会价值，主要体现在以下几方面：第一，有利于先进文化建设。先进文化建设就是要传承优秀传统文化，吸收人类一切优秀文化成果，与世界先进文化同步发展。我们有五千多年的文明史，创造了辉煌的民族传统文化，有许多是我们应该传承的。通过必要的扬弃，传统文化必将在先进文化的建设中发挥重要的作用。我们的文化还要面向现代化、面向世界、面向未来，适应经济全球化，融入全球城市化、工业化、信息网络化的时代潮流。第二，有利于文化大省建设。各地的文化大省建设，重要任务就是实现文化建设特色化，建成多个特色文化区，建设一批特色文化名城，推出一批特色文化产品，根据各地的实际情况，突出区域特色。要保护、挖掘和充分利用当地丰富的文化资源，要创作特色作品，将区域文化风貌展现出来。第三，有利于弘扬民族精神。中华民族文化传统的特点，如传统观念牢固、人情浓重、道德秩序意识、尊重知识等，在当今社会中依然发挥着重要作用。充分开发利用中华民族的优秀文化传统，有利于弘扬民族精神，增强中华民族的文化竞争力。

二、文化资源价值的主要特征

在现有的文化资源价值研究中，研究者多从文化资源本体出发，探讨

① 鲍展斌：《历史文化遗产之功能和价值探讨》，《绍兴文理学院学报》，2002（3），94页。

其内在的价值特征。事实上，只有预先把握文化资源价值的主要特征，才能更为准确地评估文化资源的价值，更为有效地发挥文化资源的价值功用。

（一）文化资源价值的时代性

文化资源是一定社会的政治和经济的反映，必然带有时代印记。文化资源价值的时代性表征有三：一是文化资源所包含的历史价值。同一个文化资源，在不同的历史时代其价值是不同的，从文化资源所包含的历史积淀来看，一般是时代越久远，其价值就越珍贵。如，原始时代的人类在他们生活的洞穴中留下的“壁画”，是原始人对当时生活的简单记录，现在却具有了弥足珍贵的历史文献价值和审美价值，就因为它是百万年以前文明的遗存。再如，敦煌的莫高窟，最初只是一个佛教活动的场所，随着年代的久远及其本身所包含的佛教文化的不断积聚，现在成了举世闻名的历史文化古迹。其二，文化资源的时代特征越鲜明，则它的价值就越显著。这在一些文学、艺术作品中表现得尤为典型。例如，四大名著之一的《红楼梦》之所以至今还被读者所喜爱，是因为它用生动的文学语言描摹了一个封建大家庭的没落过程，并以此揭露了封建社会走向没落时期的种种矛盾和弊端，具有那个时代的鲜明特征。其三，文化资源随着人类文明的发展而不断增值。随着社会的发展、时代的前进和文明的进步，人们对文化资源消费的需求越来越多、品位越来越高，文化资源的价值就会得到越来越大的彰显。

（二）文化资源价值的可变性

文化资源的价值并不是固定的，它具有很强的可变性，往往因开发目的不同、地域差异、受众文化背景不同等而变化。首先，文化资源的价值可以因为开发利用的目的不同而不同。农家游所依据的农村文化资源，其原有的价值仅仅表现在为农民提供生产和生活资料的层面，而现今又增加了旅游消费的价值，而且在有的地方这种旅游消费价值的收入大大超过了前者。其次，文化资源价值又会因地域的变化而变化。文化资源是由人创造的，其价值也是由人决定的。不同地域的人对文化资源的消费需求不同，从而明显地影响了文化资源价值的实现。最后，文化资源的价值也与受众的文化背景有关。例如，1990 年始建的深圳“锦绣中华”，融参与性、观赏性、娱乐性、趣味性于一体，是全世界最大的现代中国文化主题公园，被国家旅游局誉为开主题公园先河之作，已接待中外游客 5000 多万人次。但 1993 年始建的美国佛罗里达州锦绣中华主题公园，至 2003 年便终止经营，仅仅存在了10年时间。这是因为人们的审美标准和欣赏情趣还存在地区和民族的差异，不同地域受众的不同文化审美趣味造成了文化资源价值的差异。

（三）文化资源价值的扩张性

随着人类交流范围的不断扩大，交通和信息的高度发达，文化资源价值已不仅在它的产生地，而且在更广泛的地域和更广大的人群中得以体现。在当今世界，某一个文化资源的价值，再也不只是某一地方、某一民族，或某一国家所独有，而是被世界各民族人民所共同拥有。文化资源价值的扩张性，使其吸纳的消费群体越来越庞大，其影响渗透到社会生活的方方面面，其自身的价值也在不断地放大。文化资源价值的扩张性可以从两个层面来考察：一是从文化资源和其他资源的相互关联上考察它对社会系统的整体影响力，二是文化资源在地域传播中所体现的地域扩张性。

（四）文化资源价值的商品性

文化资源价值的商品性首先体现在文化产业运作的过程中。人们消费任何一项文化资源，不管是自然资源还是人文资源，也不论是物质文化还是精神文化，都得付出一定的代价，这和消费其他商品是一样的。文化资源价值的商品性还体现在从文化资源向文化资本转化的过程中。文化资源经过生产、交易、流通、服务等领域，以文化产品的形式来满足和引导人们的需求，从而产生价值增量效应，文化资源价值的商品性在这一转化过程中起到了催化剂的作用。

（五）文化资源价值的潜在性

文化资源价值的潜在性是文化的存在形式决定的。物质产品，如一支笔，一令纸，一匹布，可以对象化，有明确的单价，计算价值比较容易。但计算文化资源的价值就比较困难，因为文化资源往往难以对象化和量化。在庞大的文化体系中，只有一部分可以对象化：精神文化中的绘画、音乐、诗歌、小说等，可以对象化；物质文化中的建筑、园林、服饰等也可以对象化；而意识文化、理论文化、制度文化等则很难对象化。这在客观上决定了文化资源价值的潜在性。虽然无法对象化的文化资源价值很难度量，但是其影响是客观存在的。优秀的文化具有强烈的冲击力、震撼力和感召力，能够升华思想，激扬精神，醇化道德，陶冶灵魂。这类文化资源不但是维系国家统一和民族团结的重要纽带，也是国家和民族生存和发展的重要基础。[①]

（六）文化资源价值的滞后性

大多数文化产品的功能是在审美过程中释放的，是一个缓慢而持久的过程，这就决定了文化资源价值的滞后性。文化资源价值的滞后性可以从三个方面来理解：一是文化产品的稀缺性需要经历一个大浪淘沙、水落石出的形成过程。大部分文化产品，如绘画、雕塑、古建等，是不可再生的；有些文化产品是孤品，是可遇不可求的；少量错版邮票、错版纸币市价陡增，原因是物以稀为贵；文化产品经历一定年代后称作古董，价值往往超常增加。二是不同文化素质的人群对同一个文化产品有不同的感受，人们对文化资源有一个逐步认识的过程。三是随着社会的发展和人们对高层次消费需求的增加，文化资源是不断增值的，这也从客观上决定了文化资源价值的滞后性。高品位的文化资源最值得回味，最值得体验，可以满足高层次消费者的需求。正如约瑟夫·派恩所说，进入体验经济阶段的文化资源，既能满足消费者的感官享受，又能引起消费者的喜爱，其价值可以得到最充分的展现。

三、文化资源价值考量的基础

文化资源的价值考量是一个复杂的动态过程，必须建立在一定的理论基础之上。以下简要介绍文化资源价值考量的理论基础，并对文化资源价值考量的方法进行初步探讨。

（一）文化资源价值考量的理论基础

文化资源是特殊的资源，对其价值进行考量和评判需要一些理论基础，主要有资源价值论、环境价值论、劳动价值论、边际效用价值论、均衡价值论、时间价值论等。

1. 资源价值论

资源价值的界定必须建立在实践的基础上，以客体对主体的效应为理论依据。在社会经济的发展过程中，资源的自然存量与国民经济发展的关联性大体有三种表现：一是资源量的增加快于经济产值的增长；二是资源量与国民经济产值同步增长；三是资源基础不断削弱，经济的发展后劲和基础遭到破坏，开始形成衰退的经济发展趋势。只有在资源量减少到一定

① 姚伟钧等：《从文化资源到文化产业——历史文化资源的保护与开发》，5页，武汉，华中师范大学出版社，2012。

程度，以至于资源无法投入再生产，只能依赖其自然更新能力，从而导致经济无法保持一定的发展速度的时候，人类才能重新认识到资源的存在价值。由于资源的再生产有其自身独特的规律，充分认识其特点对于我们考察、制订正确的资源价格及其管理办法都具有重要的现实意义。[①]

2. 环境价值论

前苏联学者麦德维杰夫在其主编的《政治经济学》中指出："自然资源和人类生态环境的再生产是再生产的一个组成部分，也是经济长期稳定增长的前提。自然界无论怎样富有，它的贮藏也不是无限的，为了无论是当时还是未来不间断地更新生产，都必须不断再生产出自然资源。"[②] 人类在运用资源环境的时候，必须以这样那样的方式进行适当的补偿。环境价值论将社会经济放在生态系统中进行考察，克服了以前只顾向大自然索取，缺乏对自然投入，忽视经济发展对自然依赖关系等传统的价值理论和再生产理论的缺陷。环境价值论突出表现为人文中心环境伦理观，该伦理观以人类为中心，将环境和其他生命有机体看成是与人类均等的内容；环境伦理上的公平或均等，还包括了同代人社会成员间（代内）的均等和不同代人社会成员间（代际）的均等。环境价值论对于重新认识和估量文化资源的价值具有重要意义。

3. 劳动价值论

这是物化在商品中的社会必要劳动量决定商品价值的理论。亚当·斯密在其著作《国民财富的性质和原因之研究》中，最先区分了商品的使用价值和交换价值，首次系统地阐述劳动价值论。马克思在批判地继承了古典政治经济学的劳动价值论的基础上，论述了使用价值和交换价值间存在的对立统一关系，指出价值与使用价值共处于一个商品体内：使用价值是商品的自然属性，由具体劳动创造；价值是商品的社会属性，由抽象劳动创造。"物的有用性使物成为使用价值"，价值"只是无差别的人类劳动的单纯凝结"，价值是"抽象人类劳动的体现或物化"，"这些物现在只是表示，在它们的生产上耗费了人类劳动力，积累了人类劳动，这些物，作为它们共有的这个社会实体的结晶，就是价值即商品的价值"。[③]

4. 边际效用价值论

---

① 沈山、安宇：《和谐社会的城市文化战略》，160页，北京，中国社会科学出版社，2009。

② 姜文来：《水资源价值论》，65页，北京，科学出版社，1998。

③ 马克思：《资本论》，第一卷，51页，北京，人民出版社，1975。

又称主观价值论，是现代西方价值理论中最主要的流派。边际效用价值论认为，商品的价值指标是人对商品的心理感受，价值取决于人的欲望以及人对物品的估价，而人的欲望和估价会随着物品数量的变动而变化，随着欲望不断被满足而递减。如果供给无限则欲望可能减至零甚至产生负效用，即达到饱和甚至厌恶的状态，此后物品的价值即效用会随供给继续增加而减少甚至消失。边际效用价值论认为"效用"是价值的源泉，但效用必须与"稀缺性"结合，才构成价值形成的充分条件。因为物品只有在相对于人的欲望来说是稀缺的时候，才构成人的福利甚至生命的不可缺少的条件。总体看来，边际效用价值论强调需求因素和心理作用，认为一种商品的边际效用和价值，取决于消费者或购买者的主观评价，价值纯粹是一种主观心理现象，"价值就是经济人对于物品所具有的效用所下的判断"，而市场价格则是在竞争条件下，买卖双方对物品价值的主观评价彼此均衡的结果。

5. 均衡价值论

均衡价值论是新古典学派创始人阿弗里德·马歇尔的价值理论，是马歇尔经济学说的核心和基础。马歇尔在《经济学原理》一书中提出并以大量篇幅阐明均衡价值论。马歇尔认为，价值是由生产费用论和边际效用论两个原理共同构成的。一方面，商品的边际效用可以用买主愿意支付的货币数量即价格加以衡量；另一方面，他还研究了生产费用是如何转化为供给价格的，即商品的供给价格等于其生产要素的价格。当供求均衡时，所生产的商品量叫均衡产量，商品售价叫均衡价格。

（二）文化资源价值的考量维度

以上价值理论是我们评判文化资源价值的理论基础，在具体操作中，我们可以从基于主体需要的价值判断和基于为经济服务的价值判断两个维度来考量文化资源的价值。

其一，基于主体需要的价值判断，即文化资源通过满足主体的需要实现其价值。在此基础上，可以将文化资源的价值划分为物质类型的文化价值和精神类型的文化价值。物质类型的文化价值包含真确性价值、效用价值、时间价值、存在价值等；精神类型的文化价值又可划分为符号价值（知识价值）、社会价值①（道德价值）、审美价值（观赏价值）、宗教价值、娱乐价值（普通价值），等等。

---

① 文化产品的社会价值，是指其可能作用于社会生活及人际关系，诉诸社会成员的感知、理解和同情，作用于现实的人际关系，也揭示着人类生活在过去、现在、未来中共存的结构。

其二，基于为经济服务的价值判断，即文化资源或文化产品服务是通过市场体系，以及那些无法在市场中进行正常交易的物品和服务的价值变化来显示其价值的。在此基础上，可以把文化产品的价值分为使用价值和非使用价值。使用价值可以进一步分为直接使用价值、间接使用价值；而非使用价值包括遗赠价值、存在价值和选择价值。[①] 遗赠价值源于人们的遗赠动机，亦即把某种资源保留下来遗赠给后代人的动机，通常是指我们为自己子孙的利益而对环境进行保护的支付意愿，更多地体现了代际的公平性。存在价值是人们对文化产品存在意义的支付意愿，可以从两个角度理解存在价值，一是环境资源的内在价值即资源生存权，二是人类后代对环境资源的永久享用权，存在价值更多地体现了人类对资源的一种伦理道德的关怀。选择价值又称为机会价值或期权价值，是人们享用文化产品时对未来预期的支付意愿，包括近期未来的选择价值和远期未来的选择价值。

以上是关于文化资源价值考量和评判的理论基础和考量维度，这为我们进一步对具体的文化资源进行价值评估提供了必要的基础和前提。

第三节　文化资源的价值评估

文化资源价值评估是考察文化资源的内在价值与开发潜力，探讨文化资源开发利用可能性的重要手段。从评价指标而言，文化资源可分为能建立相应的评价体系来精确估计和测量其瞬间价值的（如历史文物等），和不可用现实价值来衡量的（如人的习惯、民俗等）两种。因此，文化资源的评估应当包括软性的指标与硬性的指标，要运用科学、合理的评价方法，落实科学资源观和可持续发展观，以利于文化资源的产业化发展。

一、文化资源价值评估的意义

文化资源是文化产业经营的基础和源泉，开展具体的文化产业经营活动，必须首先对文化资源进行价值评价。对文化资源价值进行评估的意义在于：

首先，为开发利用文化资源提供决策依据。事实上，并不是所有的文

① 沈山、安宇：《和谐社会的城市文化战略》，158页，北京，中国社会科学出版社，2009。

化资源都可以进行产业化经营，这就需要一个完善的方法对文化资源进行评估，甄别出可投资、可盈利的文化资源。在甄别过程中要抓住文化资源的特点：一看是否有特色，这是吸引消费者的关键因素，可通过调查研究并与其他资源进行比较，从而分析出资源的特色。二看资源的价值与功能所在，只有拥有观赏、历史、文化、科学、经济和社会等价值的资源，才可能向消费者提供观光、度假、健身、商务、探险、科考、娱乐等服务功能。三看是否能规模开发，这是资源能否获得经济效益的重要条件，那些独个孤立的文化资源，即使特色、价值很高，功能也多，其经济价值也不一定高。文化资源开发的效益受多种因素的影响，确定开发对象后，在怎样开发、开发顺序、开发规模、开发的重点和级别等方面，也都需要对文化资源进行具体的价值评估。

其次，有利于保护文化资源的生态环境。文化资源不是文化产品，更不是成熟的文化产业或者产业组织。文化资源转化为文化产品之前，对其产品属性进行评价和定位，对于文化资源的生存和发展具有重要意义。一是对文化资源进行统计评价有利于明确资源价值，指出资源开发和发展的方向，对于文化资源的进一步产业化发展具有指导意义。二是文化资源评估有利于不同资源之间的横向比较，对于明确资源开发的重心，决定资源取舍具有决策意义。三是根据环境价值理论，文化资源中存在许多无法直接用市场价格来衡量的非使用价值，这些非使用价值不能产生直接的经济效益，但对人类的生存环境意义重大，通过必要的手段对这些非使用价值进行评估，有利于对生态环境进行科学合理的保护和开发。

第三，有利于把握文化资源的开发价值。文化资源价值的评估，是文化资源评价工作的关键环节，可分为定性评价和定量评价两种。定性评价是总体上把握文化资源的开发方向，定量评估是在细致区分并认真分析各个影响要素的基础上作出相对精细确切的价值评判。

第四，有利于规范文化资源开发行为。文化资源的开发价值目前已得到广泛认可，各地开发热情高涨，如何合理评估文化资源的开发价值，实现文化资源的可持续开发，也成为理论界研究的热点。国内外对于文化资源的评估和鉴定已经有不少研究成果和方法，如联合国科教文组织制定的世界文化遗产的评估和鉴定方法、国内外各种文物鉴定和评估等，但现有的文化资源评估方法多是侧重于文化资源的保护，从发展文化产业角度进行的文化资源的评估则较少。个别的文化资源评估指标体系也注意到了从文化产业发展角度的评估，但对文化资源的产业化挖掘深度不够，指标的设计过于粗糙。这种状况导致我国各地在文化资源开发中出现了不同程度的混乱，缺少科学的总体规划，无序、分散、盲动的结果是败坏了文化的形象，毁坏了文化资源，降低了文化产业的效益。文化产业的实践迫切需要建立一套科学的文化资源评估指标体系，规范我国蓬勃发展的文化资源开发行为。

二、文化资源价值评估的基本原则及注意事项

文化资源具有可度量或不可度量的表现形式，可度量的文化资源有明确的价值量化形式，如历史文物、建筑、工艺品等；不可度量的文化资源则鲜有明确的经济价值标尺，如民俗、戏曲等。客观评价文化资源的价值，需要建立一个兼顾可度量性和不可度量性的评价基准，遵循价值评估的几个必要原则。

（一）文化资源评估的基本原则

1. 科学性原则

要使文化资源评价更科学，应从三方面着眼。一是指标的设计要求概念明确、定义清楚，能方便地采集数据与收集信息，既要考虑现行科技水平，又要有利于资源评价工作的不断改进。而且，指标的内容不应太繁太细，否则会给评价工作带来不必要的麻烦。二是指标体系的设计要体现我国关于文化产业及文化资源保护的政策，以便通过评价，引导全社会和有关机构树立文化资源保护意识。三是指标的选择要全面，但应该区别主次、轻重，要突出影响文化资源价值评估的最重要的问题，以保证突出资源的个性和特征，突出不同类别资源的长处。

2. 客观性原则

在评估文化资源时，强调客观性，是由于人的思维形成与其生活的文化环境密切相关，对文化资源的评估结果难免带有评估者的主观倾向。要想客观地评价自己文化体系中长期以来被贬低或赞美的部分，对任何一个评价者都是很困难的。[①] 可取的方法，一是利用科学严格的评价方法来降低个人对评价过程的影响力，从统计学的角度，降低单个样本的影响，而取得统计概念上的评价结论，而不是专家或者个人的结论；二要考虑文化资源的传承与发展情况会发生变化，因此，评价文化资源设计指标体系不仅要反映一定时期文化资源传承和发展的情况，还要跟踪其变化情况，以

① 焦斌龙：《文化企业营销学概论》，66页，太原，北岳文艺出版社，2009。

便及时发现资源消长、准确评价，此外指标体系还应随着社会价值观念的变化作出适当的调整。

3. 无宗教原则

具有宗教背景的文化资源，在形成和传播过程中，会对信众生活的方方面面产生影响，会波及个人的生活态度、价值体系、社会观念，在一般情况下，对这类文化资源评价应更加注重参与评价者的广泛性、代表性，尽可能避免在宗教类文化资源评价过程中产生倾向和偏差。因此，我们在评价一个带有宗教色彩的文化资源时，必须使这种资源的本质属性得以客观反映，而不是主观性地得到一个有失偏颇的评价。

4. 可量化原则

文化资源可评估的一个重要标志就是获得量化的指标，定性与定量相结合，在定性分析的基础上，进行量化处理。只有通过量化，才能较为准确地揭示事物的本来面目。对于缺乏统计数据的定性指标，可采用评分法，利用专家意见近似地实现其量化。通过量化，较为准确地揭示文化资源的价值分布形式，获得相对客观和准确的评价结论。

（二）文化资源评估的注意事项

在文化资源价值评估的过程中，必须高度关注文化资源价值的变动性，特别是对于各区域独具特色的“核心资源”的准确定位，以实现对文化资源价值评估的全息把握。在文化资源评估过程中，必须注意以下几个方面：

1. 文化资源价值的变动性

同一文化资源在不同时代、不同地域、不同经济与社会背景下往往具有不同的价值。文化资源社会认同与价值具有很强的不确定性，主要是指随着时间推移，文化资源所表现出来的强烈的社会属性也在变迁。这种不确定性表现在时间、地域、群、历史等方面的差异给评价带来很大难度。

2. 文化资源价值的地方性

地方语境下的文化资源开发问题，应特别注重对各区域独具特色的“核心资源”的认识和把握，否则容易陷入难以理清主要线索的困境。在构想一套区域文化资源评估指标的时候，要对该区域文化资源的地方性特点有所考虑，操作中要力求据此打造出该区域的核心文化品牌，建立起与之相关的由多项产品构成的产业链。①

3. 文化资源评估的开放性

---

① 向勇：《区域文化产业研究》，18页，深圳，海天出版社，2007。

在文化资源评估的具体操作过程中，需要摈弃相关地区之间的跨区域资源壁垒，无论从保护还是在开发利用的角度看，进行更大空间范围内的整合都是必要的。这一方面有利于同质文化资源的整合和开发，推出更具市场吸引力的文化产品；另一方面也将有利于整合几个相关区域的财力、物力及人才资源，寻求共同发展。

4. 文化资源价值评估的特殊性

对于部分评估指标如文化资源的独特性评估，不仅要从资源自身价值出发，还要着眼于区域内外的对比评估。只有把具有独特性的文化资源放到特定的时空环境下具体评估，才能得出较为客观的结论，真正发挥评估的作用，避免资源开发利用的盲目性。

5. 文化资源的稳定性与创新性

应充分考虑特定文化在未来发展走向中的稳定性与创新性，这实际上涉及文化资源能否得到合理保护的问题，尤其对于某种独具特色的文化而言，其文化资源流布范围越窄，在开发利用中越容易因外来文化的冲击而产生种种变异。同时，就文化的发展进程来看，缺乏与时俱进的必要创新，久远文化传统的延续也难以为继，因此，在评估过程中，还应对其创新的可能、发展的走向等给予足够的重视。

6. 文化资源的受众特性

文化资源具有强烈的针对性特征，应该充分考虑文化资源面向人群的差异。文化资源是一种消费品，对于某些人群，某项资源可能是有价值的；而对于另外的人群，这个资源可能就没有价值。

7. 文化资源评估的指标权重与系数

文化资源的评价最为关键的问题是指标体系的建立、指标评价值和权重系数的确定等。而权重与系数往往取决于经验，这无疑增加了操作的难度，需要格外重视。① 只有解决好上述问题尤其是权重系数问题，才能进行较为科学准确和切合实际的评价。

三、文化资源价值评估的主要指标

一般而言，自然资源、经济资源具有可以界定的清晰轮廓，比如矿产资源、水资源、森林资源等，这些资源的自然生成和产业化发展均具有鲜明的轨迹，而且可以进行无障碍的度量。文化资源的价值评估则较为困

① 向勇：《区域文化产业研究》，19页，深圳，海天出版社，2007.

难，主要是由于文化资源本身涉及面广，包罗万象，加上主客观因素的影响所致。评价文化资源价值应当考虑的因素很多，且不同的资源还具有不同的个性化测量标准。评估文化资源主要考虑的指标或因素有以下方面：

（一）资源品质

文化资源的品质集中地浓缩了资源的特征和基本属性。文化资源的品质包括资源的历史传承、文化特色、文化形象、艺术价值、科学价值、保存状态、知名度、独特性、稀缺性及流布范围等。历史传承价值主要看其时间久远性、传承完好性和现实濒危度；文化特色主要看其区域性和民族性；文化形象价值看资源的内涵深度、识别强度和延伸张力；艺术特性主要指其观赏性、协调性和新奇度；科学性指其学术意义、保存价值和普及程度；知名度是指辐射范围和影响力度；独特性主要看其稀有度、传承特性、共享性能；流布范围主要是指分布广狭性和存在数量情况。

（二）资源价值

文化资源的价值要素包括文化资源的文化价值、经济价值、社会价值、发展价值等四个方面。

1. 文化价值

文化价值是文化资源的价值衡量中最为重要的因素，文化是资源的核心和本质，这是文化资源区别于其他资源的关键。即使是纯粹的自然风光，有时因为人为的文化定义也可能成为文化资源。比如道教圣地青城山，从自然风光来看并没有明显的优势，但道教文化的深厚传承却使之成为海内外久负盛名的旅游胜地。[①] 文化资源价值的重要表现是资源的文化特色，如地域文化特色或者历史文化特色，如岭南文化、客家文化等。

2. 时间价值

文化资源的时间价值内容丰富，影响因素众多，主要有文化资源形成的历史久远性及相对稀缺性，文化资源生成年代的社会经济发展水平，以及文化资源的比较优势和可替代性，文化资源的复制和传承能力等。[②]

（1）文化资源形成的历史久远性。文化是人类劳动和思想意识的积淀，长期的劳动和思考凝结在文化载体上，就形成了今天的文化资源。越是久远的文化资源，其中蕴涵的人类的文化因子就越多，也越具有高贵的

---

① 蔡尚伟：《文化产业导论》，126页，上海，复旦大学出版社，2006。

② 申维辰主编：《评价文化——文化资源评估与文化产业评价研究》，13－15页，太原，山西教育出版社，2004。

价值。

（2）文化资源的稀缺性。物以稀为贵，稀缺的文化资源具有较高的价值。一些文化资源由于时间久远，逐渐衰微，并逐渐成为稀缺资源，其价值也日益昂贵，古代文物的价值就是如此界定的。对资源稀缺性的度量是相对的，目前还难以拿出一个理想的稀缺参数来客观地评价和衡量资源的稀缺性。比较可行的方法是比较资源的稀缺性程度，利用排序的方法来进行资源的比较评价。

（3）文化资源生成年代的社会经济发展水平。一般文化资源的形成受到当时社会经济文化发展和政治稳定的极大影响。愈是发达的文化和社会经济状态，愈有可能孕育和衍生出具有丰富内涵的文化资源，并历经朝代更替而传承不绝。盛世的文化尤其能够体现出发达的社会经济对文化的滋养和贡献。

（4）文化资源的比较优势。文化资源的衍生和发展具有很强的地域性特征，表现为各种民族文化和地方文化。文化资源的比较优势主要体现在文化的独特性和差异性方面，不能简单地把文化差异诠释为优劣之间的得分差异，所谓的比较优势实际上取决于个人价值取向与文化兴趣，文化资源的比较优势实际上是崇尚者数量的比较优势。

（5）文化资源的可替代性。文化资源得以传承，一定具有不可替代的传承价值。可替代性较强的文化资源，其价值一般会低于不可替代的资源种类。[①] 文化资源的可替代性与稀缺性相关，不可替代的资源具有稀缺性，会形成较为长久的传承和较高的经济价值。

（6）文化资源的复制和传承能力。文化资源在长期的发展演变和传承中，具备了丰富的自我复制和传承能力、良好的衍生性和再生能力。文化资源的保持和传播离不开低成本的、具有自我复制能力的载体，它可以是宗教，可以是手工技艺，可以是风俗人情，也可以是书籍典章，这些载体实现了文化资源的传承和时间价值。

3. 消费价值

文化资源开发利用的一个重要的内在动力，就是其消费价值。首先是文化资源的保存状态即资源的完整性，这是产业开发与社会消费的基础。其次，文化资源的文化内涵应该符合公众文化消费的价值取向。文化资源

① 沈山、安宇：《和谐社会的城市文化战略》，163页，北京，中国社会科学出版社，2009。

区别于其他资源的又一个重要标志，就是其显著的社会教育功能，会对消费者产生诸如信仰、人生观、价值观、社会观、习俗、风尚等方面的影响。再次是文化资源的知名度，这个指标要相对软一些，因为品牌和知名度是可以通过宣传推广塑造起来的，如果该资源本身就具有一定的知名度，就更具有投资价值了。[①]

4. 历史文化资源的保护等级

联合国教科文组织等国际组织和国内的有关机构，经常性地对相关文化资源进行等级评审，比如世界文化遗产、国家级保护文物等。这些评审主要是考虑资源的生成、传承与现状以及未来发展，从人类文化传播的角度，理性地评出文化资源的保护等级。这种评价是定性的而非定量的，但却是有价值的。所不足的是缺乏国际或者不同部类之间的可比性。[②]

（三）资源效用

文化资源效用大致包括社会效用、经济效用，以及对民间风俗礼仪、公众道德、资源消费人群、资源市场规模产生影响等方面。文化资源的效用是文化资源得以流传和发展的重要原因。由效用要素的构成可以看出，文化资源的效用较之经济资源或自然资源要复杂得多，它具有强烈的可替代性和地域差异，这实际上是形成丰富多彩的文化差异的关键原因。[③]

（四）发展预期

文化资源的发展预期依赖于资源属地的经济发展水平、交通运输便利度、生活服务能力、商务服务能力等。具体可分为以下几个方面：一是区位条件，指资源所在地区的地理位置、交通条件；二是市场条件，能否形成全天候、全年度文化产品，能否形成大范围大区域文化品牌；三是投资条件，所在地政府是否将其作为经济发展战略和给予投资者优惠政策，是否有足够的资金进行充分开发。这些条件对文化资源的开发和预期收益具有重要影响。

（五）传承能力

文化资源的传承能力与资源规模、资源综合竞争力、资源成熟度、资源环境等有关。资源的综合竞争力是指资源在产品、地域、人群、发展、

① 蔡尚伟：《文化产业导论》，127页，上海，复旦大学出版社，2006。

② 申维辰主编：《评价文化——文化资源评估与文化产业评价研究》，16页，太原，山西教育出版社，2004。

③ 申维辰主编：《评价文化——文化资源评估与文化产业评价研究》，16－17页，太原，山西教育出版社，2004。

竞争对手等方面表现出来的强于同类资源的优势，这种优势实际上就是竞争力，可以用强大、较强、相同、较弱、很弱等描述。文化资源环境一是自然环境，资源所在地及其周边地质、地貌、气象、水文、生物等是否有利于产品的高质量开发，是否有较充盈的时间节律；二是社会环境，所在区域的政治局势、社会治安、医疗保健和当地居民的认识水平等，形成了文化资源和文化产品的社会威望；三是经济环境，指能够满足消费者进行文化消费活动的一切外部经济条件，包括交通、水电、邮电通讯、各种档次的食宿服务和其他旅游接待设施；四是容量，就是文化资源产品在一定时间内能容纳的消费数量。对于文化资源的环境状况可以用很好、较好、一般、较差、很差来描述。

四、文化资源价值的评估方法

文化资源价值的评估方法，目前主要包括量化评估法、统计报表评价法、专家系统评价法、问卷评价法、综合评估法、条件价值法、市场价值法、意愿评估法等。

（一）量化评估法

量化评估法是以要素为指标，对要素状况进行量化分析，在确定量化评估的要素之后，赋予这些要素不同的权重，并将每个要素划分不同等级，最终确定文化资源的相对价值。量化评估的要素主要有资源自身要素、市场要素、社会环境要素等。

1. 资源自身要素

资源自身要素包括历史性与真实性、资源完整性、资源的文化个性、文化消费市场四个方面。

（1）历史性与真实性。文化资源要求不改变历史真实，但是在现实文化资源保护和利用中，破坏文化资源的历史性和真实性现象时有发生。例如，1988年天安门城楼维修时，使用了大量真金，把外檐原先用的“龙草和玺”彩画改成了“金龙和玺”彩画，把天安门城楼的彩画规格不适当地等同于太和殿彩画规格，破坏了中国传统建筑的法式。

（2）资源完整性。我国各地普遍存在由于开发不当或保护不力导致资源被破坏的现象。如，有的历史文化名城盲目建造一些高层现代化建筑，这与历史文化名城的古朴风貌极不协调；有的由于资金、技术等原因，对宝贵的文化资源缺乏保护；有的干脆拆迁了大量的古街古巷古民居。

（3）资源的文化个性。在时间上，文化资源具有时代特征，不同时期的文化资源具有不同的文化内涵；从地域讲，文化资源具有限制性，一般一种文化形式只在某一特定地域内具有相同生活方式和审美心理的群体中流传，反映一地人文的特征；在存在形式上，文化资源既有有形的物质形态，也有无形的价值形式。

（4）文化消费市场。不同的文化资源，其开发利用的经济价值是不同的，这不仅是资源本身决定的，也是顺应消费市场的需要。就目前情况看，除了自然人文景观具有永恒的吸引力以外，人文文化资源的经济价值也在逐步攀升。这与城市化进程加快和人们生活水平的提高有关。按照世界经验，当一国或一地的人均 GDP 超过 3000 美元时，文化消费会快速增长；接近或超过 5000 美元时，文化消费则会出现“井喷”状态。

2. 市场要素

市场是文化资源经济价值实现的依托、渠道和方式。文化资源开发利用必须坚持以市场为导向的原则。市场的要素应该包括消费动机分析、态度分析和市场预测，涉及消费者、消费方式、消费趋势，涉及同类和类似产品情况，涉及市场策划运营、市场效益等。目前，文化市场处在经济全球化和政府政策倾向的背景之中，各国文化资源、文化消费时尚、文化市场日趋国际化，文化产品不但供全世界的人们消费，而且可以到其他国家经营，并借助于知识产权的法律保护，把自己的文化资源，向全世界扩散。

3. 社会环境

社会环境是指人类生存及活动范围内的社会物质、精神条件的总和。就其对文化资源的保护与开发而言，影响要素主要包括：①政治因素，包括政治制度及政治状况，如政局稳定情况、公民参政状况、法制建设情况、决策透明度、言论自由度、媒介受控度等；②经济因素，包括经济制度和经济状况，如实行市场经济的程度、媒介产业化进程、经济发展速度、物质丰富程度、人民生活状况、广告活动情况等；③文化因素，是指教育、科技、文艺、道德、宗教、价值观念、风俗习惯等；④信息因素，包括信息来源和传输情况，信息的真实性、公正度、信息爆炸和污染状况等。上述因素如果呈现出良好的适宜和稳定状态，就会对文化资源的保护与利用起着促进、推动的作用，反之则会产生消极的影响。

4. 开发利用

文化资源的开发利用是文化资源保护传承的重要手段，也是文化资源价值评估的重要内容。一是考察文化资源的利用程度，通过考量资源价值转化的程度，直接触及文化资源在产业视域中的价值表现，便于发现资源产业价值的意义，以及资源价值转化上的不理想状态，作为进一步发展的着手之处；二是考察文化资源的开发潜力，一方面是对产业化视野之外的文化资源可开发性的探讨，另一方面是对产业化视野内的文化资源经济潜力的深入挖掘。

量化评估法在具体操作时往往是定性和定量评估相结合。定性评价是基于评价者对文化资源的质量体验。一种是一般体验性评价，通过问卷调查消费者对消费产品的意见评论，或统计资源在报刊、书籍上出现的频率，从而确定资源（地）的整体质量和知名度。一种是专家对文化资源质量和美感的评价，通过对多名专家的意见征询，经过科学合理的总结评审，作出文化资源的专家评价。定量评价则是在多因子的基础上，运用数学方法，通过建模分析，对资源及其环境和开发条件进行综合定量评价，评价的结果为数量化的指数值，便于不同资源评价结果的比较。

（二）统计报表评价法

统计报表评价法是对文化资源基础统计资料进行收集和整理的一个重要途径，也是文化资源评估的重要方法。按照统计学的方式，文化资源统计报表评价体系大致包括以下四方面内容：

1. 统计台账

统计台账是根据社会服务业统计资料整理和企业管理需要而设置的一种系统积累统计资料的登记账册。开展文化资源调查，建立较为完善的资源登记制度，建立分类文化资源统计台账体系，做好各地区文化资源登记管理工作，建立基础的统计数据库，能为文化资源的评价提供有效和长期的保障。

2. 异动报表

文化资源和人们的生活息息相关，因此，各类文化资源每时每刻都在发生变化。民俗文化资源会发生改变，旅游资源会出现变化，文物产品会发生耗损，传统习惯可能受到外来文化的冲击，这些变化从统计学的角度看，完全变成了资源异动的信息。建立月度、年度的文化资源异动报表，对资源的发展态势作出及时、积极的评估，对于文化资源的评价体系具有重大意义，对评估的可靠性和对资源瞬间状态的把握起着决定性的作用。①

① 申维辰主编：《评价文化——文化资源评估与文化产业评价研究》，35页，太原，山西教育出版社，2004。

3. 存量报表

根据各地区文化资源统计台账，建立文化资源存量报表，有利于当地文化资源主管部门和相关机构了解和掌握当地文化资源的基本情况，把握文化资源的整体状态。另外，通过存量调查，还可以获得一个地区相对完整的资源统计数据，对文化资源的相对完整性可以作出积极有效的统计，便于就文化资源的整体存量，作出地区间的比较和判别。[①]

4. 文化资源普查

对文化资源进行普查，是做好文化资源评价的一个重要前提。普查对于文化资源综合评价具有权威性，各地应当适当地开展一些普查工作，这对发展文化产业、促进产业繁荣具有基础性意义。[②] 文化资源普查并非简单进行数量上的观察，还要进行必要的信息整理和加工。一是要评估各类别资源的存量情况，初步形成地方文化资源的存量特征；二是要进行资源类别间的存量比较，由历史发展中形成的资源结构比例特征来定位地方文化的气质类型；三是要评估优势文化资源的存量规模，通过比照其他地区以及全国的同等文化资源，确定该资源优势的竞争力等级。

（三）专家系统评价法

所谓专家系统评价法，是指通过对多名专家的意见征询，经过科学合理的总结评审，作出最后的评价，目前常用的是德尔菲法。德尔菲法（Delphi Method）是在20世纪40年代由赫尔姆和达尔克首创，经过戈登和兰德公司进一步发展而成的。其做法是，在对所要评估的问题征得一次专家的意见之后，进行整理、归纳、统计，再匿名反馈给各专家，再次征求意见，再集中，再反馈，直至得到稳定的结论。

德尔菲法本质上是一种反馈匿名函询法，具有三个明显特点：一是匿名交流。匿名是德尔菲法极其重要的特点，从事评审的专家彼此互不了解，他们是在完全匿名的情况下交流思想的，因而不会存在权威或个人影响左右整体结论的可能。二是多轮反馈。小组成员的交流是通过回答组织者的问题来实现的，一般要经过若干轮反馈才能完成评估。三是完全统计。以往，专家评价法最典型的评价结果是反映多数人的观点，少数派的观点至多概括地提及一下，这无法表示出小组不同意见的分布状况。统计回答却不是这样，它报告一个中位数和两个四分点。这样，每种观点都包

---

①② 申维辰主编：《评价文化——文化资源评估与文化产业评价研究》，36页，太原，山西教育出版社，2004。

括在统计结果中了，避免了专家会议法存在的缺点。[①]

（四）问卷评价法

问卷评价一般采用定性和定量相结合的方式，对一些无法量化的指标进行评价。对于那些无形的、无法量化的文化资源来说，问卷调查无疑是最有价值的。

问卷调查可以根据特定文化资源的特征，制作专门的调查问卷，对资源的基本状况作出客观、公正、有效的评价，这样的调查结果远优于简单的专家评审或者会议评审。详细设计适合该类资源特殊情况的问卷和问题，评价者的选择和评价也更具针对性。如民俗文化、民间文化资源和宗教文化资源等类型，就特别适合问卷调查评价。

（五）综合评估法

综合评估方法也称为多指标综合方法，是把多个描述被评价对象不同方面且量纲不同的定性和定量指标，转化为无量纲的评价值，并综合这些评价值得出对该评价对象的整体结论。具体而言，就是用通过调查得到的有关文化资源本身的量化数据如特征比较、格局位置、开发、市场、隐性等，去综合推论、分析其经济价值。多指标综合评价法具有多指标、多层次特性，能较好地处理大型复杂系统的资源评价问题，因而得到了广泛的应用。选择这个方法对文化资源进行评价，也是考虑到了这个方法的综合性、多层次、多指标、复杂性等方面的优势，特别符合文化资源价值的不确定性特征。

（六）条件价值法

条件价值法（Contingent Valuation Method，CVM），是目前世界上流行的对环境等具有无形效益的公共物品进行价值评估的方法。条件价值法由美国加州大学农业经济学教授 Ciriacy Wantrup 在 1947 年提出，南加州大学地质学教授 Gregory Davis 于 1963 年首次将之应用于研究缅因州林地宿营、狩猎的娱乐价值。近年来，条件价值法广泛运用于文化和艺术、游憩和美学价值、生物多样性、生态系统恢复等诸多领域的价值评估。条件价值法直接询问人们对某种文化服务的支付意愿或对某种文化服务损失的受偿意愿，以人们的支付意愿或受偿意愿来估计文化服务的经济价值。由于条件价值法在实施过程中是以调查为基础，被调查者在假想的情形中声

① 申维辰主编：《评价文化——文化资源评估与文化产业评价研究》，39 页，太原，山西教育出版社，2004。

称自己会怎么做，而实际上不一定有相应的真实行为，不可避免地会出现调查对象偏差、问询方式偏差、问题顺序偏差、答题假想偏差、答题策略偏差等，因此必须进行可靠性检验。

（七）市场价值法

市场价值法也称生产力损益法，是将文化资源作为一种生产要素，文化资源和环境的变化将导致生产率和生产成本的变化，进而影响效益，依此来推算文化环境质量的改善或破坏所带来的经济上的影响。[①] 市场价值法采用指标计算方法进行文化资源项目的效益分析，将项目对文化资源产生的效益分解成各项经济指标并进行逐项计算，然后通过对文化资源的静态分析，得出项目投资的年净效益、治理控制费用等各项参数。年净效益即文化资源项目的直接经济效益与文化资源治理控制费用之比，当比值大于或等于1时，可认为文化资源项目方案是可行的，否则不可行。由于文化价值的衡量涉及非直接使用价值，所以在市场价值评估法运用中，也要关注文化资源项目对文化资源的非市场价值的影响。

（八）意愿评估法

所谓意愿评估法，是在缺乏相关市场数据的情况下，通过消费者调查或专家访问，推断消费者的支付意愿或他们对商品或劳务数量的选择愿望，以获得对文化资源价值或保护措施的评估。意愿评估法包括投标博弈法、比较博弈法、无费用选择法、优先评价法等。与其他方法相比，该法的一大优点就是特别适宜于对独特景观和文物古迹等非实用价值（存在价值、遗产价值和选择价值）的评价。因此该方法被广泛应用于估算公共资源、空气或水的质量，以及具有美学、文化、生态、历史价值而没有市场价值的物品的价值。

---

① 沈山、安宇：《和谐社会的城市文化战略》，165页，北京，中国社会科学出版社，2009。

第四章　文化资源的保护与利用

文化资源的保护与利用是当代社会面临的重要课题。有效协调文化资源开发利用与文化资源保护的矛盾冲突，实现文化资源产业化开发的可持续发展，不仅可以避免在开发的名义下人为地破坏和摧毁文化资源，还可以使文化资源得到更有效地开发利用。文化资源的保护与利用，必须依据文化资源的特点和优势，有效发挥文化资源的效能和价值，最大限度地实现市场经济与人文精神、经济效益与社会效益的结合，保证文化资源的开发符合“可持续发展”和“科学发展观”的境界和时代追求。

第一节　文化资源的保护

在利用文化资源发展文化产业的过程中，“保护为主，抢救第一，合理利用，加强管理”的原则是我们处理文化资源保护与利用关系的一贯立场和方法，也是延续和传承文化资源的基本态度。但是，当前普遍存在文化资源开发的短期行为，许多古迹、文物被改头换面，重新包装，失去其原貌；许多民间舞蹈、仪式、风俗习惯被庸俗化、简单化，失去原有的神韵；在部分地方，一些古迹、文物和建筑在开发名义下遭到严重破坏，有些甚至是毁灭性的破坏。此外，传统文化中的民族民间文化，在现代化的进程中面临多方面的严重挑战。因而，资源保护工作刻不容缓。

一、保护文化资源迫在眉睫

文化资源具有突出而普遍的科学、历史、艺术等方面的价值，同时亦具有巨大的直接或间接的经济价值，人们已日益认识到这种价值在经济发展中的巨大作用，通过对文化资源的开发利用来促进地方经济的发展已成为我国不少地方普遍的做法。但在开发利用的过程中，由于思想认识、管理体制、立法滞后、科技水平等问题的存在，出现了不少破坏文化资源的现象，引发了一轮又一轮的保护与开发之争。

（一）问题的提出

近年来，迅速推进的工业化、城市化使得文化资源的生存环境正面临急剧而全面的恶化。五千多年来，不同的族群共同创造了中华民族的历史，并形成了多元一体的民族文化。中华民族文化因历史悠久、底蕴深厚、形式丰富而在全世界民族文化中占有重要的位置，是世界文化的重要组成部分。对于这些重要的文化遗产和特色文化资源，在宏观的认识层面，社会各界已基本达成共识，即应该把保护与开发统一起来，使之形成相互支撑、相互促进、共同发展的格局。事实上，在文化产业战略地位凸显的当下，问题的实质已不是要不要开发，而是如何进行开发经营和管理，实现文化资源的"有效保护、合理利用"，从而使其传承后代、永续利用。

但是，在文化资源的保护与利用的实践层面，争论还在继续。一方面，人们对传统文化资源和民族文化资源开发的热情越来越高；另一方面，在具体开发过程中，存在许多亟待解决的如何有效保护的问题。如果不恰当地或是毫无节制地开发文化资源，就会威胁到文化资源的生态平衡，而文化资源一旦失去生态平衡，就会出现各种文化危机，不仅使人类文化传统的延续受到严重威胁，还会直接影响到人类社会的正常发展，文化资源的保护已经到了刻不容缓的地步。① 当今世界，各国都在竭尽全力保护文化的独特性，尤其是对文化遗产资源，更是不遗余力地进行修复和保护。法国文化部专门设立了文化遗产司，对国家遗产资源实施有效管理；韩国高度重视文化资源保护工作，1962 年颁布了韩国第一部文化遗产保护法《文化财保护法》，明确提出了文化遗产的保护问题；日本有关部门也在准备向联合国教科文组织申报富士山等四处遗迹为世界文化遗产。在开发利用的同时对文化资源进行有效保护已成为世界各国的普遍共识。

（二）文化资源保护的重要性

在人类发展过程中，自然生态环境和文化生态环境都是必不可少的。文化生态所蕴含的丰富的历史意义、文化意义和社会意义，对于人性的形成、人的素质和品格的培养，以及不同民族性格与精神的塑造，具有极其重要的作用和影响。如果不保护自然生态，我们就会失去物质的家园；如果不保护文化生态，我们就会失去精神的家园。而文化资源正是文化生态

① 张胜冰：《文化资源与文化产业》，124 页，长沙，湖南文艺出版社，2008。

的有效载体，有效保护文化资源和文化生态，避免在开发的名义下人为地破坏和摧毁文化资源，已经成为当前的重要课题。

1. 加快经济发展的需要

随着时代的发展，文化与经济的关系日益紧密，经济文化一体化是现代社会发展的重要趋势。一方面，经济发展是在一定的文化环境中进行的，经济发展要求有与其相适应的文化环境；另一方面，文化资源的合理开发利用可以直接带来经济效益，发展文化产业，建立特色经济，是经济发展的重要途径。可以说，谁能占领文化发展的制高点，谁就能在激烈的区域竞争中赢得新一轮发展优势。近年来，西部的云南、四川、贵州、广西等地区大力将文化资源运用于农业、工业特别是旅游业中，形成了独具特色的经济体系，取得了良好的经济效益。

必须强调，文化作用于经济领域产生效益是以文化资源的有效保护为前提的。过度开发常常造成资源的枯竭，而且低层次的开发，快速推出产品变现，不会形成品牌效应，反而造成文化资源的浪费和负面效应。应在文化资源得到有效保护的前提下，让传统文化的滋养如涓涓细流，和缓释放，成为文化产业开发中的无穷宝藏。[①] 为此，我们应当做到，一是让文化资源成为我们生活的重要内容，发扬文化资源中人文关怀的内涵，从传统文化中得到精神的愉悦；二是让文化资源通过产业开发的形式，形成文化产品，获得经济利益，使得文化资源蕴涵的能量持久地释放。

2. 文化建设和精神文明建设的需要

文化建设和精神文明建设是社会主义现代化建设的重要组成部分和伟大战略目标，也是实现跨世纪发展宏伟蓝图的必要保障。十一届三中全会以来，党中央一再强调，要切实加强精神文明建设，繁荣和发展文化事业，努力提高全民族的思想道德素质和科学文化素质。在文化建设和精神文明建设中，文化资源有着举足轻重的作用，可以作为社会主义文化建设和精神文明建设的重要文化保证和思想资料来源。文化资源中内蕴的爱国主义、集体主义思想和团结、进取、勇敢、顽强等精神可以融入文化与文明建设之中，从而成为国民生活方式、情感方式、思维方式中一种共同的文化精神。而文化资源优势转化为精神产品中的精品，可以陶冶情操、净化思想，从而加强文化的内聚力。

3. 促进民族团结、维护祖国统一的需要

① 戴宗品：《论民族文化资源的保护》，《创造》，2005（1），16页。

随着现代化建设的加速，民族文化与外来文化之间必然会发生冲撞，文化资源和文化生态有可能受到破坏。例如，日益增多的外来人口可能会冲击民间信仰和风俗习惯，现代生活方式可能冲击少数民族传统生活方式。如果对受到冲击的民族文化不加以保护，可能会引发民族冲突，影响民族团结和社会稳定。因此，在现代化过程中，解决好文化资源和文化生态的保护问题，对于社会稳定和国家的长治久安都有重大的意义。

4. 民族文化创造发展的需要

民族文化在剧烈的时代变革中，不可能一成不变。但是，必须让民族文化的优秀基因得以传承，而且要让这些基因有充分的表达，只有保存了民族文化基因的多样性，才能有民族文化的多样性，才能有民族文化的发展。实践证明，一个民族要不断地创造新的文化，自身深厚的传统文化底蕴非常重要。正因为如此，在世界经济一体化的今天，世界各国都在全力保持自己的文化传统，保持自身文化的多样性。在人类历史上，许多民族在其文化面临危机或濒临衰竭时，往往从其传统文化中寻找文化复兴的活水和资源。一个民族只有保持丰厚的原生态的文化，才能创造出新文化，才能实现民族文化的传承、复兴和现代转型。

5. 让世界分享中国的民族文化

毛泽东同志曾经严肃地提出过“中国应当对人类有较大的贡献”，邓小平同志又反复强调了这一点。中国的民族文化，也是世界的文化，中国的民族文化曾经影响并促进了世界文化的发展，为世界所瞩目；现在我们也要打开国门，敞开胸襟，让世界人民分享中国独特的民族文化，这对中国也是有利的。比如把文化产业开发的目标市场瞄准国外，因文化的互补需求，既有利于市场的拓展，又有利于民族文化的远播，这也是我们保护文化资源的重要目的。

二、文化资源的破坏

目前，我国丰富的文化资源在开发利用的同时，也遭受着严重的破坏，主要表现在以下方面：

第一，文化资源过度利用。近年来，各地在发展旅游业过程中，大规模地开发利用文化资源。但是，各地为了取得更多的经济利益，对文化资源实行掠夺式开发。过度利用资源、不计代价和不顾未来的短视发展，造成了难以弥补的损失和破坏。许多文化资源特别是历史文化资源、民族文化资源、自然景观资源等都具有一定的稀缺性和脆弱性，它们往往是不可再生或很难再生的。例如，位于甘肃境内的我国四大石窟之一的麦积山石窟，以石窟内精美的壁画闻名于世，近年来，由于游人过多，人体排放出的二氧化碳使石窟内美丽的壁画开始褪色，这种现象持续下去，这一文化遗产将会消失。

第二，文化资源滥用严重。近年来，不少地区为了增加旅游的吸引力，在自然景点建立众多民俗景观，景区内均有民俗表演，各类旅游产品中也融进了民族文化的内容，大量文化旅游产品被生产出来。但由于缺乏认真研究，呈现在游客面前的民俗表演和旅游文化产品与民族的原生文化相差很大。各民族地区旅游文化商品大多雷同，工艺品体现不出民族的特色。① 这种民族文化被严重曲解的现象在一定程度上也破坏了民族文化。

第三，文化资源流失、消亡严重。近年来，文化资源流失速度明显加快。其一，由于民族文化商品市场价值较高，不少人特别是国外有经济实力的个人和集团经常深入民族地区收集民族文化器物，大量民族雕刻品、民族乐器、民族服饰、盛物器具等等民间保存不多的物品被倒卖、收购和流失。如云南丽江地区民间珍贵东巴古籍、字画、法器等被外地人买走，文物流失惊人。② 傣族贝叶文化传说有84000部经典，目前已收集的只有3000多部，大量留存于民间，并且这种文化遗产一直被冷落，大量贝叶经典和棉纸抄本流散。其二，不少民间习俗由于缺乏有效的保护，在强大的现代文明冲击下逐渐消失。例如，一些节日和习俗正在消失，如在傣族地区不仅城里人身穿傣装的越来越少，就是在乡村，年轻一代越来越多的人也不穿傣装了。其三，许多民间工艺和技术由于掌握该技术的艺人的去世而失传，这些曾经影响少数民族世世代代的艺术成为绝响。如云南的东巴文化“正在民间不断绝迹……如果目前各地所剩无几的老东巴无传人的情况发展下去，十多年之后，将不复有东巴文化活动存活民间，东巴文化将只存在于博物馆，东巴文化将是一门钻故纸堆的科学。”③

第四，文化资源破坏严重。许多文化遗址、建筑物、墓坊等不应曝露的却处于露天状态，由于保护不力，这些文化资源自然磨损较为严重。私

① 杨红英：《云南旅游开发与民族文化资源的保护》，《云南民族学院学报》，2001（3），21页。

② 张立：《民族文化资源和文化生态保护问题刍见》，《湖湘论坛》，2003（5），64页。

③ 杨福泉：《论我国现代化进程中的少数民族文化保护》，《思想战线》，1998（5），30页。

自挖掘盗取文化器物的现象也屡见不鲜，不少民族物器因此而残破不全，价值受损。另外，一些部门由于对保护民族文化资源重要性的认识不足，在文化区进行施工建设，使不少民族文化遗址和民族建筑物遭受严重损害甚至永久性破坏。对文化资源程度不同的破坏，究其原因，首先是随着现代化的进一步推进，人们对现代生活方式的追求变得越来越强烈，尤其是在全球化时代，各种文化之间的差异性越来越小，而趋同性越来越大，这使得传统文化的生存空间进一步缩小，生存能力也愈发脆弱。其次，当今科学技术发展突飞猛进，电影、电视、互联网等大众传播媒介迅速改变人们的文化生活方式，民族传统生活方式也会受影响。再次，随着城市化进程的不断加快，直接的经济利益驱动使得城市被大拆大建，许多传统城市文化资源遭到破坏。近年来很多城市建设得越来越新，也越来越有现代气息，但却越来越让人感觉缺少内涵，同质化现象越来越突出，这正是传统文化资源消失的结果。

此外，"伪文化"有泛滥的趋势，这显然是不利于文化资源保护的。我国许多城市中新建大量的微缩景观主题公园，采用现代化的复制手段，把一些国内外著名文化景观加以拷贝，浓缩在公园中，满足人们的肤浅的文化"鉴赏"心理，这种所谓的文化资源开发并不是真正意义上的文化，属于当代的一种"伪文化"[①]。保护文化资源要保护真实的历史文化资源，引导人们去体验真实的文化，在真实的文化情境中去了解历史，而不是去欣赏"伪文化"，这对于提高人们真实的文化素养也是很有必要的。

三、文化资源保护的途径和原则

文化资源是前人留下的巨大财富，我们有权利使用但也有义务将其保护和传承下去。保护文化资源包含两方面的含义：其一是保护完整性，主要是针对物质文化资源；其二是保护真实性，主要是针对精神文化资源。此外，在开展文化资源保护工作中，还要正确处理好保护和开发与建设的关系，并借鉴国外保护自然历史文化资源的经验。具体而言，对文化资源的有效保护可遵循以下途径和原则：

1. 全面普查，摸清"家底"

普查要达到三个目的，一是全面了解和掌握各地民族民间文化资源状况，为研究和分析民族民间文化工作提供依据；二是确定一批具有重大历

① 张胜冰：《文化资源与文化产业》，126页，长沙，湖南文艺出版社，2008。

史价值、特色鲜明，又处于濒危状态、急需抢救的项目，列出清单，制定保护目录；三是通过记录、保存等方式，对普查中搜集到的濒危的民族民间文化资源进行抢救性的保护。

在进行普查的过程中，要按照分级负责的原则，全面了解和掌握全国各地文化资源的分布情况、保护现状与存在的问题，摸清历史“家底”，建立民间传统文化档案，编制民间文化保护目录清单。对那些处于濒危状态且具有重大历史价值的文化门类，要优先安排，抓紧抢救；对那些濒危门类的民族民间文化传承人和年老体弱的民族民间文化传承人所掌握的知识和技艺，要尽快进行抢救性记录；对珍贵的民族民间文化原始资料和实物，要授权有关单位积极征集，妥善保管。此外，各省也要根据本地情况因地制宜地开展本地资源的普查工作，充分发挥主动性，积极探索资源普查的方法和途径。普查要坚持专题普查与全面普查相结合的原则，首先选择一些重点门类进行普查，其次要加强对已有普查成果的有效整合和合理利用。

2. 科学评估

科学评估就是要对传统文化资源的社会文化价值、科学研究价值、技术工艺价值、社会伦理和宗教价值、艺术价值和满足文化市场的经济价值等等进行科学的估量和计算，然后据此划分价值等级，实施不同的保护措施，防止造成对文化资源的浪费和破坏。[①]

3. 提高认识，更新观念

当前，我国的民族民间文化面临全球化和现代化的冲击，生存环境急剧恶化，许多宝贵的文化遗产正在消失。文化资源之所以破坏严重，与人们对保护文化资源和文化生态重要性的认识不够有关。要使文化资源和文化生态得到有效的保护，首先必须提高认识，澄清一些错误观念。

一是保护文化资源不是保护落后。不少人认为，民族文化是过去的东西，与当代社会不相适应，没有必要花力气保护这些过时东西，甚至有人认为保护传统文化资源就是保护落后。这些观点是极端错误的，从根本上说，保护文化资源是为了保存人类文明的结晶，保住中华民族大家庭的根文化。

二是保护不是一成不变地维持。从文化的发展历程看，任何文化都是

① 聂华林、李莹华：《中国西部农村文化建设概论》，132页，北京，中国社会科学出版社，2007。

在不断地发展变化的，文化资源的保护并不是原封不动地保护，而要根据不同情况采取不同的方法。历史文化的内容较为复杂，有的是精华，有的是糟粕，有的既有积极的一面，也有消极的成分。我们的态度是去其糟粕，取其精华。

三是保护必须坚持开放式理念。文化资源的保护必须顺应时代的潮流，在保持文化的地域性和民族性特点的同时，也要注入具有时代感的新鲜空气。这就需要通过“走出去”的方法与外来文化进行交流。[①] 此外，还必须进行文化创新，在传统的基础上注入现代文明。只有这种开放式保护理念才能使民族民间文化不断保持生机和活力。

四是保护手段要与现代科技结合。要有效地保护文化资源，保护手段应当体现现代科学进步，将先进的科技方法和技术运用于保护过程中，从而达到事半功倍的效果。运用现代科技保护文化资源不仅是文化资源保护保存本身的要求，而且是时代发展的必然，是现代科技理念全面渗透到我们社会生活的体现。

4. 利用与保护相结合

要实现对文化资源和文化生态的有效保护，必须将保护与利用结合起来，在利用中实现保护。实践证明，许多文化事象之所以消失、文化资源之所以枯竭，与其长期闲置、利用不够有很大关系。从某种意义上讲，利用的过程也就是保护的过程。例如，保护非物质文化遗产是我国文化发展战略的重要内容，是建设中华民族共有精神家园的一项重要工作。我国在非物质文化遗产保护的实践中，特别强调非物质文化遗产在民众生活中的生命力、历史的传承性和在现实当中的实际功能，对不同的非物质文化遗产采取不同的保护措施，并创造性地进行了生产性保护的实践，即以保持非物质文化遗产的真实性、整体性和传承性为核心，借助生产、流通、销售等手段将非物质文化遗产资源转化为文化产品。生产性保护统筹协调了非物质文化遗产保护传承与经济社会发展的关系，符合非物质文化遗产自身传承发展的规律，不仅有利于增加传承人和当地人民群众的收益，提高其弘扬优秀传统文化、传承非物质文化遗产的积极性，而且能够促进文化消费、扩大就业、改善民生，实现区域经济、社会全面协调可持续发展。

5. 政府主导，社会参与，统筹规划，分步实施

---

① 聂华林、李莹华：《中国西部农村文化建设概论》，133 页，北京，中国社会科学出版社，2007。

“保护工程”作为工作任务重、涉及专业多、时间跨度大的系统工程，要在全面普查、摸清“家底”的基础上，根据新形势的要求和经济社会发展的实际，由政府主导，社会参与，统筹规划，分步实施。一是通过落实政策来实现对文化资源的保护。过去，一些地区的民族文化资源保护不力，在很大程度上与有关政府部门没有履行职责、没有严格执行党和国家政策和规定有关，因此，政府部门应当严格执法，使党和国家关于保护民族文化资源的各项规定落到实处，这是民族文化资源得到有效保护的重要保证。二是加大对文化建设的投入。民族文化的抢救、保存、挖掘、维护、整理和利用都需要大量的资金投入，各级政府要加大对文化建设的投入，要保障文化人、民间艺人的基本生活。三是要建立健全文化资源管理机构。目前，文化资源的管理涉及文物、民族、文化等部门，这些部门分别管理着部分民族文化资源，由于职责所限，每个部门都无法对一个地区整体的文化资源管理进行规划，遇事有时互相推诿，这不利于文化资源的管理。应当由各地政府牵头，协调和规划文化遗产的保护和开发利用事宜。同时要建立一支熟悉业务的文化研究和管理工作者队伍，组织他们开展文化遗产保护、利用的研究工作，听取他们对文化资源保护利用的建议。

6. 立法保护

保护工作要得到长期有效的开展，必须有法律作为保障，将文化资源通过立法形式加以保护是最为有效的保护。党和国家对民族文化的立法保护工作一直是比较重视的，如新中国成立伊始通过的《中国人民政治协商会议共同纲领》中就有关于保护少数民族语言、文字、风俗习惯等方面的规定，《中华人民共和国宪法》、《中华人民共和国民族区域自治法》中也有不少关于民族习俗保护的规定，《中华人民共和国文物保护法》中对于文化遗产的保护规定就更多了。但必须看到，到目前为止，国家关于文化资源保护的法律、法规尚不健全，文化资源中只有民族语言文字、部分民族文物等少部分民族文化资源有相应的保护法规，大部分民族文化资源如饮食用具、古老的生产工具、手工制作品、雕刻物、器乐等民族器物和众多的民俗类文化资源还没有相应的法律保护规定，且原来出台的有关文化遗产的保护法规与当代社会脱节之处甚多，操作性也不够强。

做好文化资源的立法保护工作应当注意以下两点：一是在立法程序上，应先建立健全地方性法规，然后再建立健全全国性的民族文化遗产保护法规。二是确立保护对象和级别，文化资源十分广泛，不同的要素和内容所起的作用也不相同，应当通过研究，确定文化资源保护的范围。文化资源可以划分三个类别：(1) 物态类的文化遗产，如重要遗址、村落、重要器物等；(2) 技术类文化遗产，如生产工艺、制作工艺、中医中药等；(3) 民俗类文化遗产，如重要节日、宗教仪式、重要民俗活动等。只有明确需要保护的文化资源内容和相应级别，才能制定出全面的操作性较强的保护法规。

7. 重点保护

在文化资源的保护过程中，切忌面面俱到，必须突出重点，有意识地引导文化资源保护专项资金、社会资助、民间投资和招商引资向重要的民族文化遗产、面临消亡的民族文化遗产流动，集中力量加强重点文化资源的挖掘、整理和改善工作，确保重点文化资源的保护与传承。

8. 根据不同的文化对象确立不同的保护办法

民族文化内容广泛、类别繁多，要对其实施有效的保护，必须根据不同的类别采取相应的保护对策。对于单一实物类的民族文化遗产，如生产工具、生活器具、手工制作品、乐器、民族服饰等，应当加以原状维护；对于复合类文化遗产，如民族村寨、著名文化遗址、革命遗址、民族建筑、民族街坊等，应当整体保护，既要保护文化遗产本身，又要保护其赖以生存的自然生态环境和文化生态环境；对于工艺技术类文化遗产，如手工制作方法、建筑技术、雕刻技术、印染技术等，要传承保护，既要整理这种技艺，又要培养继承人；对于作品类文化遗产，如文学、艺术、文字、语言、经典等，要进行整理保护；对于中医中药、音乐、舞蹈等文化资源，要挖掘和利用，以此进行保护；对于民俗类民族文化资源，则要加以利用，让其在当今的文化建设中发挥作用，通过利用来实现保护；等等。

9. 借鉴古今中外文化资源保护的经验和教训

古今中外在民族文化遗产保护方面有许多经验和教训，借鉴成功经验，吸取惨痛教训，有利于我们今天的工作。国外在保护文化资源方面积累了较为丰富的经验，如日本民族文化资源的保护法规将民俗文化资源纳入保护范围，东南亚地区一些国家为保护文化资源建立文化保护区，这些都值得学习。

四、文化资源的保护方式

目前，国内文化资源的保护方式以博物馆为主，同时也辅以其他的保护方式。当然，双重或多重的保护模式更有利于保护文化资源。

（一）博物馆式保护

博物馆是收集、典藏、陈列和研究代表自然和人类文化遗产的实物的场所，是对那些有科学性、历史性或者艺术价值的物品进行分类，为公众提供知识、教育和欣赏的文化教育机构和社会公益机构。博物馆式保护是中外文化资源保护中普遍采用的方式。

博物馆现象最初萌发于人们的收藏意识。在四千多年前，埃及和美索不达米亚的统治者就注意寻找保藏珍品奇物。由于希腊文化的影响，公元前 3 世纪埃及亚历山大港成立了一所庞大的博物院，以研究学术为重心，设立图书馆，并收藏珍贵文物。百余年后，罗马帝国掠夺希腊，所有美术品皆移存到罗马城的宫廷、寺院及王公贵族的家园里，美术品变成贵族私产。中古世纪的欧洲基督教寺院成为保存美术品的场所。16 世纪欧洲航海事业兴起，私人搜集珍物的热潮展开，文艺复兴运动亦激起古物学研究的风气。博物馆学发展迅速，文物分类法与修护技术相随而起。17 世纪私人收藏家开始公开其珍藏文物供一般民众参观，私人博物馆出现，公共性博物馆相继成立。18 世纪至 19 世纪间美国各地大兴博物馆事业，中国、印度、日本、韩国亦新兴博物馆事业。20 世纪初叶迄今，现代博物馆管理的方法与观念日趋进步，由静态进入动态，视听设备及新科技皆被应用到新的陈列设计与管理上。

20 世纪 60 年代，法国产生生态博物馆理念，强调了文化生态的保护问题。生态博物馆之父乔治·亨利·里维埃（Georges Henri Riviere）认为，生态博物馆“通过探究地域社会人们的生活及其自然环境、社会环境的发展演变过程，进行自然遗产和文化遗产的就地保存、培育、展示，从而有助于地域社会的发展”。通常认为，生态博物馆必须具备以下三个要素：第一，在现地保存其地域的自然环境、文化遗产和产业遗产；第二，为了住民的未来，生态博物馆必须由住民参与管理运营；第三，开展相关的各种活动。[①] 20 世纪 70 年代，文化生态博物馆兴起，至今已在欧美各国建立了 300 多座，涉及到少数民族文化、传统农业文化、工业文化、航海文化等各类已经消失或正在消失的文化生态。[②]

---

① 尹绍亭、乌尼尔：《生态博物馆与民族文化生态村》，《中南民族大学学报（人文社会科学版）》，2009（5），28—29 页。

② 李震：《重塑西部之魂》，72 页，北京，人民出版社，2003。

我国文化生态的保护起步较晚，目前在西南地区少数民族传统文化资源保护过程中，已借鉴西方模式建立了文化生态博物馆。文化生态博物馆的建立，使得一部分独具价值的文化生态得到了有组织的、规范的保护，同时又是对这些文化生态的有效开发，可作为参观、展览、旅游、交流、科研、教学的基地，真正将这些文化生态的独特价值发挥出来。

（二）命名式保护

命名式保护是国际社会文化资源保护的通行方式。联合国教科文组织主要是通过“世界文化遗产名录”和“口传与非物质文化遗产名录”命名的方式推动人类文化资源保护。对于物质文化遗产的保护，联合国教科文组织于1972年通过了《保护世界文化和自然遗产公约》，成立世界遗产委员会，负责决定哪些遗产可以录入《世界遗产名录》，并对已列入名录的世界遗产的保护工作进行监督指导。截至2012年7月，中国已有43处世界遗产，仅次于意大利（45处），居世界第二位。其中，包括周口店北京猿人遗址（1987）、长城（1987）、敦煌莫高窟（1987）、明清皇宫（1987）、秦始皇陵及兵马俑坑（1987）、承德避暑山庄及周围寺庙（1994）、曲阜孔府、孔庙、孔林（1994）、武当山古建筑群（1994）、布达拉宫（大昭寺、罗布林卡）(1994)、丽江古城（1997）、平遥古城（1997）、苏州古典园林（1997）、颐和园（1998）、天坛（1998）、大足石刻（1999）、明清皇家陵寝（2000）、皖南古村落（西递、宏村）（2000）、龙门石窟（2000）、都江堰—青城山（2000）、云冈石窟（山西）、高句丽王城、王陵及贵族墓葬（2004）、澳门历史城区（2005）、安阳殷墟（2006）、开平碉楼与古村落（2007）、福建土楼（2008）、登封“天地之中”历史建筑群（2010）、元上都遗址（2012）等26处世界文化遗产，武陵源风景名胜区（1992）、九寨沟风景名胜区（1992）、黄龙风景名胜区（1992）、三江并流（2003）、四川大熊猫栖息地（2006）、中国南方喀斯特（2007）、三清山风景名胜区（2008）、中国丹霞（2010）、澄江帽天山化石群（2012）等9项世界自然遗产，庐山（1996）、五台山（2009）、杭州西湖（2011）等3处世界文化景观，泰山风景名胜区（1987）、黄山风景名胜区（1990）、峨眉山—乐山大佛（1996）、武夷山风景名胜区（1999）等4项世界文化和自然双重遗产。

对于非物质文化遗产的保护，联合国教科文组织于1989年通过了《保护民间创作建议书》，提出了对包含丰富的文化特性和各地民族文化渊源的口头遗产进行保护的建议；1997年通过关于“联合国教科文组织宣布人类口头和非物质遗产杰作”的决议，并于2001年首次公布了第一批共19件人类口头及非物质遗产杰作；在前两者基础上，联合国教科文组织于2003年通过了《保护非物质文化遗产公约》，成立了保护非物质文化遗产政府间委员会，旨在保护以传统、口头表述、节庆礼仪、手工技能、音乐、舞蹈或传统表演为代表的非物质文化遗产。截至2012年7月，我国已有36项入选联合国教科文组织非遗名录（含“急需保护名录”）的项目，成为世界非物质文化遗产第一大国。其中，包括昆曲（2001）、古琴艺术（2003）、新疆维吾尔木卡姆艺术（2005）、蒙古族长调民歌（2005）、中国蚕桑丝织技艺（2009）、福建南音（2009）、南京云锦（2009）、安徽宣纸（2009）、贵州侗族大歌（2009）、广东粤剧（2009）、《格萨尔》史诗（2009）、浙江龙泉青瓷（2009）、青海热贡艺术（2009）、藏戏（2009）、新疆《玛纳斯》（2009）、蒙古族呼麦（2009）、甘肃花儿（2009）、西安鼓乐（2009）、朝鲜族农乐舞（2009）、书法（2009）、篆刻（2009）、剪纸（2009）、雕版印刷（2009）、传统木结构营造技艺（2009）、端午节（2009）、妈祖信俗（2009）、京剧（2010）、中医针灸（2010）、皮影戏（2011）等29项人类非物质文化遗产代表及羌年（2009）、黎族传统纺染织绣技艺（2009）、中国木拱桥传统营造技艺（2009）、新疆麦西热甫（2010）、福建中国水密隔舱福船制造技艺（2010）、中国活字印刷术（2010）、赫哲族伊玛堪说唱（2011）等7项急需保护的非物质文化遗产。

此外，日本对文化资源的命名式保护经验值得借鉴。早在1871年，日本政宫颁布了保护工艺美术品的《古器物保存法》，第一次以政府令的形式颁布文化资源保护办法；此后，陆续颁布了《古社寺保护法》（1897年）、《古迹名胜天然纪念物保护法》（1919年）、《国宝保存法》（1929年）和《重要美术片保存法》（1933年）等文化资源保护法规；1950年，日本颁布了《文化财保护法》，确立了重要无形文化财富的指定制度，并陆续增加了《重要无形文化财指定基准》和《重要无形文化财保持者认定基准》等法规，对文化资源的命名式保护从立法到实践，形成了完善的制度。对于代表本民族文化特色的传统工艺，国家通过命名传承人并给予传承人政府津贴的方式，确保其工艺得以传承。

在我国，文化资源的命名式保护起步较早，但发展较为缓慢。1979年，文化部工艺美术大师的评选中就有关于民间工艺大师的评选，对民间艺人及其传承的民间工艺起到了良好的保护作用。在文物保护方面，形成了文物保护点、区级文物保护单位、县级文物保护单位、市级文物保护单位、省级文物保护单位以及全国重点文物保护单位6个级别的文物保护网络；在非物质文化遗产保护方面，我国非物质文化遗产名录体系的建设取得突破性进展，国家、省、市、县四级非物质文化遗产名录体系正在逐步形成。但是，我国的命名式保护没有作出类似日本、韩国等对传承、保护的明文法律规定，诸如文化部命名的“民间工艺大师”、“文化之乡”等在申报、审查、命名、管理、资助、监督等方面，没有形成一个常规的完善的制度，命名制度对文化保护未能发挥出应有的功效，但客观上已经对民族传统工艺的弘扬、保护起到了促进作用。

（三）其他方式的保护

除了博物馆式保护，其他的保护方式较为零散，有的刚起步，正处于探索阶段。大体可分为以下四类：

1. 立法性保护

立法性保护指的是国家或地方政府通过立法对文化财产和文化资源进行保护的方式。在这方面，西方一些发达国家很早就给予了高度的重视。我国的立法性保护出现较晚，自20世纪50年代以来，政府曾相继颁布了若干不同形式的有关文化保护的政令，直至1982年的《中华人民共和国文物保护法》，我国才真正有了现代意义上的文化资源保护法。2011年2月颁布的《中华人民共和国非物质文化遗产法》，对于加强我国的非物质文化遗产保护、保存工作，继承和弘扬中华民族优秀传统文化，将产生深远影响。

2. 开发式保护

开发式保护是指在开发之初就具有了保护意识和保护措施。例如，1997年云南省“民族文化生态村”的建设，云南省政府在《云南民族文化大省建设纲要》中明确提出，要“建设遍布全省的各种民族文化生态村”。民族文化生态村建设的目的是把农村基层文化建设、民族文化资源保护、民间文化产业开发与其环境改善、经济发展协调起来。从“文化旅游村”、“生态旅游村”、“历史名村镇”、“民族工艺村”、“民间艺术村”、“文化保护村”的命名方式可以看出，对民族传统工艺文化的保护亦包括在其中。融开发与保护于一体的尝试刚起步，对民族民间工艺文化保护的效果尚未充分显现。《中华人民共和国非物质文化遗产法》也明确规定，国家鼓励和支持发挥非物质文化遗产资源的特殊优势，在有效保护的基础上，合理利用非物质文化遗产代表性项目开发具有地方、民族特色和市场潜力的文化产品和文化服务。

3. 研究性保护

研究性保护，既包括对民族传统工艺资源的普查、工艺流程的整体记录、器物的采集和相关文化背景的研究，也包括对各种文化保护实践的规划和参与，即对文化保护措施和技术的研究。例如，由文化部会同国家民委、中国文联有关文艺家协会自1979年发起并陆续组织实施的十部“中国民族民间文艺集成志书”的编纂出版工作，包括《中国民间歌曲集成》、《中国戏曲音乐集成》、《中国民族民间器乐曲集成》、《中国曲艺音乐集成》、《中国民族民间舞蹈集成》、《中国戏曲志》、《中国民间故事集成》、《中国歌谣集成》、《中国民间谚语集成》和《中国曲艺志》，涵盖中国民族民间音乐、舞蹈、戏曲、曲艺和民间文学诸学科，收集、整理了流传于民间的各民族文学艺术的基础资料，如歌种、乐种、舞种、剧种、曲种、神话、传说、故事、歌谣、谚语等，通过对民间文学艺术的产生、发展、衍变的记述，介绍其历史和发展规律；通过对人物、文物、音乐、图片、照片、服饰、场所等的记载，表现了各门类艺术的原始面貌。该工作第一次对我国民族民间文艺进行了全面的普查和深入的挖掘，第一次将中华民族数千年来散落民间的无形精神遗产变为有形文化财富，第一次系统、深刻地总结了民族民间文艺的发展规律和经验教训，对传承民族文化、保护民族文化资源具有重要意义。

4. 个人收藏和传习

个人收藏和传习，也不同程度地对文物、传统工艺等文化资源起到了保护作用。随着人们物质生活的提高，个人文物收藏和技艺传习等不断增多。据统计，我国民间收藏者群体已达6000多万人，约占总人口的5%。应高度重视个人收藏和传习对文化资源的保护作用，加强文物收藏品的展示、交流、鉴定、培训、服务等工作，加大对民间技艺传习的扶持和推广力度。

五、文化资源保护工作中存在的问题

上述博物馆式保护和其他各种形式的保护，虽然对文化资源起到了一定的保护作用，但由于缺乏系统性、规范性、全局性的规划，缺乏理论的高度，还存在以下问题：

1. 保护意识薄弱

文化资源的保护意识较弱，甚至不少地方存在人为破坏。有的是对资源的理解过于狭窄、肤浅，认为资源就是资本，不惜以牺牲文化资源为代价追逐经济效益；有的对当地文化资源并不重视，心思和资金都放在了那些能在短期内速见政绩的“形象工程”上；有的是由于利益驱动而导致“建设性破坏”，表现为过度开发和掠夺式开发；有的是由于轻视科学保护而导致“保护性破坏”，表现为毁损文化遗产的本真样态、原始风貌和损害其整体生态环境；有的是由于漠视保护致使民间文化资源严重流失，未能及时对散失、濒危的民间文化资源进行抢救性挖掘和保护；[①] 有些依靠口头和行为传承的传统技艺和独门绝活因后继乏人而濒临灭绝。

2. 保护力度不够

大量的民居建筑、老街巷，都是历史的发生地，也是历史文化资源的重要组成部分。由于保护不够，一些文物古迹周围的历史环境遭到破坏，如一些建筑物建在被保护文物古迹圈定的区域内，有的高度违反了《文物法》的规定，造成视线受阻。一些历史街区被强行按危房改造，最终遭到毁灭性破坏。一些具有地方特色的民居未被保存，现存文物的维护与修葺问题突出。例如很多建筑只是节庆时对外部进行粉饰和油漆彩绘，从未对建筑本身的结构作过加固工作；一些文物维修工作的经费久未落实；一些国家重点文物保护单位，由于特殊的地理环境，出现风化、腐蚀等自然破坏，急需筹措资金并采用先进手段进行保护。地下文物的保护工作难度较大，在城市建设中地下文物被破坏事件屡有发生。

3. 保护缺乏科学性

文化资源在地方受到不同程度的重视，但很多所谓的保护行为往往事与愿违，对古建筑、古街区的修旧如新、拆旧盖新等现象，大大削弱了这些地方文化资源的文化价值。

六、保护文化资源应注意的问题

文化资源保护工作，应纳入科学发展视野，营造以科学发展观为指导的文化资源保护的良好氛围，树立全面、协调、可持续的观念，统筹规划，科学实施，让保护与开发相互促进，力求避免顾此失彼的短期行为和破坏行为，促进文化事业又好又快地发展。

（一）在全社会营造以科学发展观为指导的保护与开发文化资源的良好氛围。文化资源不仅是各个地方的宝贵财富，更是国家和民族的珍贵遗

---

① 何频：《现代区域经济发展中的文化生产力》，41 页，成都，西南财经大学出版社，2008。

产。文化资源所在的当地政府，肩负着保护和继承这一文化资源的历史使命，广大的专家、学者和普通群众，也有不可推卸的责任。各级政府部门和各阶层人士都要以对国家、民族和历史负责的精神和态度，高度重视这项工作，全身心投入这项工作。

1. 要对本地文化遗产进行全方位的调查

物质和非物质文化遗产都要纳入调查的范围，摸清“家底”，登记造册，建立文化遗产档案，认真分析研究这些遗产的历史沿革和现状，制定切实可行的保护策略与发展规划。当前，全国有两项关于文化遗产的调查工程，一项是文化部的“国家非物质文化遗产名录”申报工作，主要依靠各级政府通过行政力量组织人力进行重点调查，形成系统材料，自下而上逐层申报，再由文化部组织专家评审，决定进入国家名录的名单。另一项是中国民协进行的“中国民间文化遗产抢救工程”，主要是在学术分类的基础上确定项目，组织专家进行全方位的调查，调查对象包括民间美术、民间文学、民间文化杰出传承人和中国古村落等。政府和专家两个层面的调查既各司其职，又互动配合，共同推动这项事业积极、全面、健康、有序地开展。

2. 要加强对本地居民的文化普及教育

要用通俗易懂的艺术形式，让老百姓知晓本地区有哪些文化资源，明白这些文化资源是宝贵的文化遗产，是本地区的文化根脉，是本地区、本民族的DNA，要在全社会营造一种自觉爱惜、维护、传承本地文化资源的良好氛围。本地的文化资源要进中小学的乡土教材，还可拍成电视节目，加大宣传和普及的力度。

3. 加强人才培养

文化资源的保护与传承不是谁都能做的事，需要一大批专门的人才。人才的培养，从某种角度讲，就是对文化资源的保护，特别是非物质文化遗产的保护，更要有意识地选拔、培养传承人，因为传承人是非物质文化遗产的生命，民间文化无人传承就会中断，遗产中非物质的、活态的部分就会消失。所以，确定传承人是至关重要和严肃的，传承人必须是传承有序、具有较高水准、能代表这一文化遗产的传人。此外，还要用多种形式扩大这些非物质文化遗产的受众群体，如建立相关的传习所、培训基地等，让这些遗产真正有存活乃至发展壮大的现实土壤。

4. 建立必要的保护场地

有些历史遗存如不及时安顿好，就极容易毁坏、散失或被古董商贩挖走。因此，各地应因地制宜、因时制宜、因事制宜建立多种形式的博物馆、陈列室，并确保其安全。①

（二）要着力处理好以下几方面的关系：

1. 保护与传承的关系

保护的目的不只是让遗产进博物馆，还要通过传承，真正让它活在民间，且能不断发扬光大。比如，声音遗产是相当特殊的一种遗产，根据目前掌握的信息，全国能专门表演口技的民间艺人仅有三到五人；被称为“天籁之音”、“蒙古族民间音乐活化石”的呼麦，目前会的只有几十人；还有川江号子，由于时代的变迁，在生活中已经逐渐失去了存在的土壤。而声响艺术是一种活态文化遗产，拯救声音绝不是简单地把录音录像放在博物馆里，像标本那样保护，而要保存其固有的生命力，只有活态的传承才能实现真正的保护。

2. 保护与利用的关系

文化资源的保护和利用在现实生活中往往彼此冲突，人们很难把握好这个度。《国家文物保护法》已经明确了“保护为主，抢救第一，合理利用，加强管理”的方针。我们必须用可持续发展的眼光看待文化资源保护问题，文化资源的保护工作要与国家经济社会的发展相协调，保护是前提，利用是目的，两者并重。

3. 保护传承与创新开发的关系

时代在发展，人类在进步，文化遗产的保护传承也不能因循守旧，而应与时俱进，既要保持并发扬其固有艺术形式，还应在传统中加以发展和变化，给古老的艺术注入新的生命力。只有这样，文化遗产才能成为跨时代的产物，成为全世界的艺术。因此，一切活的文化遗产都必须尽快转型，一方面要保持自己原生态的文化根脉，即文化特征和审美特征，另一方面，又必须适应现代社会和现代人的实际需要，在内容和形式等诸多方面融入现代元素，这样保护传承才有现实基础和发展空间。

总之，只要我们认真研究，严肃对待，广泛吸取世界各国的成功经验，充分利用我们现有的先进手段，不仅能够解决文化资源的开发与文化生态的保护这一对现实存在的矛盾，而且可以开创开发与保护同步进行、相互拉动、相得益彰的最佳局面。我们要以对历史、民族、未来高度负责的精神和态度，以科学发展观为指导，统筹规划，科学实施，确

---

① 潘殊闲：《地方文化研究辑刊第1辑》，14页，成都，巴蜀书社，2008。

保中华文化相沿递进、繁荣昌盛，用实际行动去助推和实现中华民族的伟大复兴。[1]

第二节　文化资源的产权保护

文化产业的发展，在很大程度上依赖于文化资源的产业开发。处于文化强势地位的发达国家凭借其先进的技术手段和雄厚的资本实力，在未经文化资源所属国知情和授权的情况下无偿使用其文化资源，并以产权的形式加以规制和保护，极大地损害了所属国利益。如何限制强势国家对他国文化资源的盗用和掠夺，协调和平衡文化资源相关主体的利益归属，促进文化资源相关主体的合作和共赢，实现文化资源的保护与传承，成为当前迫切需要解决的问题。

一、文化资源产权保护的提出

近年来，文化产业在各国的发展已呈雨后春笋之势。联合国《创意经济：一个可行的发展选择》报告显示，从2002年至2008年间，全球创意经济保持年均13.5％的高速增长，2008年，全球创意经济总体规模已达5920亿美元。[2] 文化产业的发展，不仅为世界经济贡献了可观的产值和效益，而且极大地满足了人们日益增长的文化需求，经济价值和文化价值不断显现。文化产业能够取得如此巨大的成功，得益于文化企业卓越不凡的市场运作和商业化管理，但从根本上说则受益于全球化浪潮下文化资源在世界范围内的流动和使用。问题是，处于文化强势地位的发达国家经常在未经他国尤其是处于文化弱势地位的发展中国家知情和授权的情况下无偿使用其文化资源，严重损害了这些国家的利益。

这一问题的成因是多方面的，主要有以下两点：

一是全球化时代发展的必然趋势。20世纪80年代以来，以经济全球化和文化全球化为特征的全球化浪潮在世界范围内风起云涌，西方跨国公司凭借先进的技术手段和雄厚的资本实力，在世界范围内进行市场、资源、劳动力等的优化配置，实现其自身利益的最大化。特别是在国际金融危机的大环境中，国际社会普遍认为，与传统制造业相比，文化产业更易

---

① 潘殊闲：《地方文化研究辑刊第1辑》，19页，成都，巴蜀书社，2008。

② United Nations 2010：*Creative Economy*：*A Feasible Development Option*，p. 20.

从经济危机中恢复，资本的逐利性使得跨国公司将资本和技术源源不断地投入到21世纪新的经济增长点——文化产业上来。而文化的全球交流和互动进一步提升了对他国文化的认知水平，提高了对他国文化资源的开发利用水平，降低了文化折扣（Cultural Discount）① 带来的负面影响。同时，高新技术的发展，极大拓展了文化资源开发的创新能力和传播能力，进一步降低了文化资源的开发成本和文化产品的流通成本。

二是西方话语体系强调对具体知识成果的保护。一直以来，以美国为代表的西方发达国家凭借其掌控的强势话语权，从自身立场和利益出发制定国际游戏规则，获取竞争的优势和主动。在知识产权保护领域，世界贸易组织在其主持制定的《与贸易有关的知识产权协定》（Agreement on Trade-Related Aspects of Intellectual Property Rights，简称 TRIPs）② 序言中，明确将知识产权界定为"私权"，以"私权"强调知识财产私有的基本属性，但"私权"很容易被等同于"私人财产权"。③ 在文化资源开发利用过程中，西方发达国家凭借其对话语权的掌控及其对国际事务的主导，片面强调对知识产权的"私人财产权"——具体知识成果的保护，而忽视或者刻意回避了对"社会财产权"——文化资源的保护，强化了西方发达国家肆意利用发展中国家的文化资源转化文化产品的利益保护屏障。西方跨国公司在知识产权"合法"外衣的保护下，大肆对文化资源所属国的文化资源进行盗用和掠夺，在一定程度上压缩了发展中国家文化产业的发展空间，进一步扩大发展中国家与发达国家间的利益不平衡关系。

在西方话语体系下，发达国家的跨国公司在未经文化资源所属国知情同意的情况下，擅自使用他国的传统知识、传统工艺等进行文化产品和文化服务的开发，并以产权的形式加以规制和保护，构成了知识产权保护体

---

① 即"文化贴现"，指因文化背景差异，国际市场中的文化产品不被其他地区受众认同或理解而导致其价值的减低。霍斯金斯（Colin Hoskins）和米卢斯（R. Mirus）在1988年发表的论文《美国主导电视节目国际市场的原因》（"*Reasons for the U. S. Dominance of the International Trade in Television Programmers*"）中首次提出此概念。

② 《与贸易有关的知识产权协定》是关税及贸易总协定（General Agreement on Tariffs and Trade，系世界贸易组织的前身）乌拉圭回合谈判达成的文件之一，1994年4月15日签署，1995年1月1日生效。

③ 事实上，私权包括：公民财产权，公民的人身权，企业的财产权和商誉权等，社会组织的财产权等，国家的国企财产权、国家债权等。所有这些私权各自都是自主、独立的，相互平等地交往，共同构成了一个私权社会。参见金国中：《走向公权与私权的平衡》，《经济参考报》2004年1月9日，第5版。

系下的私有权。文化资源所属国如再度开发自身的文化资源，反而会有侵犯知识产权的潜在危险。文化资源遭抢夺、流失的现象不断发生。据相关报道显示，在日本和韩国，数十家公司已分别将“水浒传”、“西游记”、“三国志”等注册为计算机游戏商标；许多中药处方，被美、日等国家用现代生物技术加工后申请了知识产权保护，非但不用缴纳使用费，反而高价出口中国赚取利润。[①] 从某种意义上来说，处于文化弱势地位的文化资源所属国正遭受着处于文化强势地位的发达国家的第二次侵略。如何限制对他国文化资源的盗用和掠夺，协调和平衡文化资源相关主体的利益归属，促进文化资源相关主体的合作和共赢，实现文化资源的保护与传承，已经成为当前迫切需要解决的问题。

二、文化资源产权保护的初步实践

事实上，国际社会早已关注文化资源的产权保护问题。以下从国内外两种视角考察文化资源产权保护的初步实践。

1. 国外文化资源产权保护的初步实践

在国际组织方面，主要以世界知识产权组织（World Intellectual Property Organization，简称 WIPO）为代表。该组织较早提出传统文化的保护问题，并于 2000 年专门成立“知识产权与遗传资源、传统知识和民间文学艺术政府间委员会”（Intergovernmental Committee On Intellectual Property and Genetic Resources，Traditional Knowledge and Folklore，简称 WIPO-IGC)，围绕遗传资源、民间文学艺术和传统知识开展工作。目前，WIPO 成员国已经决定强化传统知识保护的法律手段建设，尊重、保护传统知识，提高传统知识利用率，对利用传统知识的收益进行公平、公正的分配等。[②] 此外，世界贸易组织（WTO）、联合国教科文组织(UNESCO)、非洲知识产权组织(AIPO)等国际组织均对传统知识、民间文艺等文化资源的产权保护有过研究和讨论。尤其值得关注的是，目前已有一些国家如菲律宾、巴拿马、秘鲁、巴西、哥斯达黎加、印度、尼日利亚、南非、泰国等已经或正在制定相关法律法规保护本国部分文化资源。[③]

---

① 曲昌荣、戴鹏：《传统文化该如何保卫“产权”》，《人民日报》2006 年 12 月 15 日，第 11 版。

② 严永和：《论传统知识的知识产权保护》，100 页，北京，法律出版社，2006。

③ European Community and Its Member States: *Traditional Knowledge and Intellectual Property Rights* [R] . WIPO Document No. WIPO/GRTKF/IC/3/16，2002，p. 14.

例如，菲律宾通过了《社群知识产权保护法案》（Community Intellectual Rights Protection Act，简称CIRPA），明确规定国家承认并对传统知识范围和传统知识群体所有权进行认定，对生物资源、传统知识等进行清点记录，以知识产权保护形式建立一个注册体系；① 巴拿马立法会议第 20 号法律（Panama Legislative Assembly Law No. 20）明确规定，以传统为基础并被商业利用的传统知识享有特别知识产权，该权利由本土居民团体持有，通过居民全体大会或者传统的当局代表行使；② 秘鲁第 27811 号法律（Peru-Law No. 27811）明确规定，以商业和工业应用为目的使用原住民群体知识，必须事先征得土著居民代表组织的许可，并且必须缴纳不低于税前销售总额百分之十的使用费设立土著发展基金。③

2. 我国文化资源产权保护的初步实践

目前，我国虽然在文化资源产权保护方面尚无专门的国家性法规，但是在已制定的《文物保护法》、《著作权法》、《人类遗传资源管理暂行办法》、《传统工艺美术保护条例》、《植物新品种保护条例》、《中医药品种保护条例》等法律法规中，已经对文化资源采取了一定的法律保护措施。例如，《中医药品种保护条例》明确规定："中药一级保护品种的处方组成、工艺制法，在保护期限内由获得《中药保护品种证书》的生产企业和有关的药品生产经营主管部门、卫生行政部门及有关单位和个人负责保密，不得公开。""被批准保护的中药品种，在保护期内限于由获得《中药保护品种证书》的企业生产。"④ 依据相关法律法规，国家工商局已核准"库尔勒香梨"、"章丘大葱"等为注册原产地证明商标，"镇江香醋"、"贵州茅台酒"等为原产地域产品，"同仁堂"、"全聚德"等为注册商标，"云南白药"配方、"川剧变脸"绝技等为商业秘密，受到不同层次的保护。2008 年 6 月 5 日，国务院颁布实施《国家知识产权战略纲要》，在"特定领域知识产权"的专项任务中，特别提出了"完善遗传资源保护，建立健全传

---

① 参见《社群知识产权保护法案》第 2 条。http://www.farmersrights.org/pdf/asia/Philippines/Philippines-commrightsdraft01.pdf。

② 参见 Consolidated Analysis of the Legal Protection of Traditional Cultural Expressions，*a document prepared by the Secretariat for fifth session of the WIPO GRTIF Committee*，WIPO/GRTKF/IC/5/3。

③ 参见秘鲁第 27811 号法律第 7、8 条。Published in the official journal *EL PERUANO* on August 10，2002。

④ 《中药品种保护条例》，1992 年 10 月 14 日中华人民共和国国务院令第 106 号发布，1993 年 1 月 1 日起施行。

统知识保护，加强民间文艺保护”的任务，把保护传统文化及其资源，提升到国家战略的高度。

但总体来说，国内外文化资源的产权保护还相当薄弱。截至目前，国际社会还没有有约束力的国际公约明确文化资源的产权保护，而以发展中国家为代表的国内层面文化资源产权保护举措，始终未能形成文化资源保护体系，亦未能得到国际社会的普遍认可。

三、构建文化资源产权保护体系

“任何试图在知识产权模式下同化诸如传统知识、民间文学艺术、基因资源等概念的努力都是不合逻辑的、不公正的。”① 文化资源产权保护，必须建立一套既有别于知识产权制度、又有别于现有文化资源保护举措的特别保护机制。建立独立的文化资源产权保护体系是文化资源保护的根本出路，文化资源产权保护体系主要由以下三个机制构成：

（一）文化资源的产权认定机制

建立文化资源产权认定机制是构建文化资源产权保护体系的起点。科斯定理（Coase Theorem）认为，经济体双方无论怎样行动，只要产权得到有效界定，最终都会实现有效运行和帕累托均衡。② 美国法律经济学家波斯纳也认为：“只有通过在社会成员间相互划分特定资源使用的排他权，才会产生适当的激励。”③ 有效界定文化资源的产权归属，方能实现文化资源分配的最佳状态，实现公平与效率的最优化。

文化资源的产权认定，尤其是非物质文化资源的产权认定，是文化资源产权保护体系建立的难点所在。美国知识产权官员在谈及中美之间关于传统文化、中医药、遗传资源的知识产权保护问题时指出，“从操作层面上来讲，这些知识产权的保护难度非常大”，“比如，少数民族文化和跨境民间文学就很难被严格地划定国界，蒙古族传统文化属于蒙古国还是中国，就是一个很难讨论清楚的问题”。④ 此番言论虽然不外是美国对文化资

① Johanna Gibson: *Intellectual Property, International Trade and Protection of Traditional Knowledge*, ASHGATE, 2005, p. 13.

② Ronald H. Coase. *The Problem of Social Cost* [J]. *Journal of Law and Economics*, 1960 (3): pp. 1—44.

③ Suchman M C.: *Invention and Ritual*: *Notes on the Interrelation of Magic and Intellectual Property in Preliterate Societies* [J]. *Columbia Law Review*, 1989 (6): p. 264.

④ 滕晓萌：《中美知识产权对话新境界》，《中国发明与专利》，2005 (11)，47页。

源产权保护的推托之词，却也道出了文化资源产权保护的难点。目前，已有学者提出针对民族民间传统文化的"多层次认定权利主体"① 即从民族民间传统文化具体传承人、留存该传统知识的民族或社区、国家来认定其权利主体的办法，可资借鉴，辅之以文化资源的私有产权和共有产权的辨识，同时不断进行理论创新和制度创新，一定能突破文化资源产权认定的固有障碍，构建合理有效的文化资源产权认定机制。

（二）文化资源利益分配机制

文化资源利益分配机制是文化资源产权保护体系的核心部分。合理的利益分配机制可以有效激发人的积极性、主动性和创造性，不合理的利益分配机制必然带来利益冲突，影响文化资源的有效开发和利用。

在国际上，对文化资源的反哺已经成为共识。《国际文化旅游宪章》(Charter of Culture Tourism) 明确提出，对文化资源保护的投入是旅游业的责任和义务，"在明确得自于遗产的旅游项目的收入中，其中有相当部分应该重新分配于那些地方及其自然和文化环境的保护、维护和展示"②。秘鲁、巴拿马、突尼斯、阿根廷、埃及等国家已通过相关法律法规，规定民间传统文化、民间文学艺术等文化资源实行有偿使用，收取的资金用于传统文化的保护项目。③ 在国内，已有学者提出文化遗产资源的有偿使用原则，认为凡依托资源经营的餐饮企业、索道公司、宾馆等商业性机构，不论其在保护区域内外，都应交纳资源使用费。资源利用程度越高、环境负面影响越大，资源使用费的费率应该越高。④ 2005 年 8 月 19 日，中国第一个保护传统资源的民间组织——新庄传统资源共管会在云南省高黎贡山成立，共管会制定的《传统资源共管会章程》明确规定："传统资源所获利益在支付相关村民个人劳动报酬后，其 40%投入本村传统资源保护基金开展各项保护和开发活动。"⑤ 文化资源利益分配机制由于涉及切身利益，

---

① 戴琳：《民族民间传统文化产业的制度环境》，93—97 页，北京，中国社会科学出版社，2007。

② 《国际文化旅游宪章》第 5.3 条，文化遗产法研究网 http://www.cnchl.com/。

③ 戴琳：《民族民间传统文化产业的制度环境》，40—41 页，北京，中国社会科学出版社，2007。

④ 杨锐：《改进中国自然文化遗产管理状况的行动建议》，《中国园林》，2003 (11)，42 页。

⑤ 龙文：《社区传统资源利益分享机制研究——新庄村传统造纸的田野调查、社区实践与理论思考》，国家知识产权局条法司编：《专利法研究》，91—94 页，北京，知识产权出版社，2006。

必将是文化资源产权保护体系中分歧最大的问题。笔者认为，依托文化资源进行的经营活动所形成的利润必须适度回馈到文化资源的保护上，这样才能有效改变对文化资源只注重开发不注重保护的现状，摆脱文化资源保护单纯依靠国家、社会救济的模式，掌握文化资源工作的主动权。在具体文化资源的利益分配比例上，应该区别对待，需要在理论和实践中进一步探索。

（三）文化资源保护机制

文化资源保护是文化资源产权保护体系构建的出发点和最终归宿。文化资源保护机制的确立，必须大力改善文化资源的生存环境，切实解决产业开发与文化资源保护的矛盾，实现文化资源的有效保护、传承和发展。

一是保护文化资源的可持续性。20 世纪 90 年代，“文化搭台，经济唱戏”风靡全国，文化沦为经济发展的“垫脚台”。近年来，“不能再用文化搭台经济唱戏”[①] 的呼声渐起，以经济反哺文化繁荣，构建“文化强国（省、市）”的口号渐成主流。必须切实加强全民的文化资源保护意识，加大文化资源保护力度，有效防止和制止对文化资源的干扰和破坏，自觉保护各类文化资源，同时不断优化文化资源开发的统筹配置，实现文化资源开发的可持续运营。

二是保护文化资源的本真性。在文化资源的保护与开发过程中，为迎合某些消费者的审美情趣，对文化遗迹的“拆旧建新”、对传统文化的“恶搞”时有发生。尤其是西方发达国家肆意利用发展中国家的文化资源转化为文化产品，不仅作为文化资源所属国的发展中国家很难分享文化资源的开发效益，而且在开发过程中极易对原有文化资源的本真性造成扭曲，文化资源的传统样貌和自我身份认定存在磨损和消失的危险。“美国文化产品大量地输入到经济相对落后的文化群体中去所造成的文化破坏有可能大于自由国际市场所带来的利益。”[②] 必须有效构建文化资源的保护机制，最大限度地保持文化资源的原有记忆，最大程度地维护文化资源的原有风貌。

中国要在未来的国际文化战略竞争中获得文化战略竞争优势，就必须

---

① 文静、任明超：《冯骥才：不要再用文化搭台经济唱戏了》，《中国青年报》2009 年 3 月 5 日，第 7 版。

② Eireann Brooks：*Cultural Imperialism VS Cultural Protectionism：Hollywood's Response to UNESCO Efforts to Promote Cultural Diversity* [J] .5 J. Int'l Bus. & L. 112. Spring. 2006.

在文化制度设计和文化制度理论上进行战略性创新，建立起国际文化市场规则的中国标准。① 在文化资源的产权保护方面，中国必须突破西方话语霸权，发出自己的声音，积极参与国际规则的制定和完善，不断进行文化资源产权保护的理论创新和制度创新，努力构建文化资源的产权保护体系。需要特别指出的是，文化资源产权保护的目的，并不在于构筑文化壁垒，实行狭隘的文化保护主义，而是要通过文化资源的产权保护，明晰文化资源产权的权责归属、利益分配问题，激发文化资源所属国对文化资源的身份认同和自觉保护意识，改变当前文化资源的“基因窃取”和管制弱化的状态。通过文化资源与文化资本，文化资源与科学技术的结合，有效提高文化资源的开发利用水平，大力促进文化资源的保护与开发的良性互动，最终实现文化资源的全球共享。

第三节　文化资源开发利用的原则与标准

加快推进文化产业的崛起，关键是要充分发挥文化资源的优势，核心是要在文化资源的深度开发上下工夫。在开发利用文化资源的过程中，必须遵循一定的原则和标准，在创造经济价值和社会价值的同时，也使文化资源因为开发利用而得到有效的保护。

一、文化资源开发利用的内涵及意义

（一）文化资源开发利用的内涵

文化资源的开发是指为发挥、提高和改善文化资源的利用率，并使文化生产顺利进行所实施的一系列技术经济活动。这种技术经济活动的实质，就是尽可能地发现和利用各种文化资源，通过人类劳动的加工，使其成为具有更高文化价值的文化产品。

文化资源的开发，就其内容来说，可分为外延的开发和内涵的开发。所谓外延开发，是指采用各种有效的手段，以增加文化资源数量为主来实现对文化资源的充分利用。例如，根据各地不同的发展历史和文化传统，充分发掘各具特色的文化资源，使文化资源在数量上得到有效扩展，从而推动文化事业的发展。我国有着悠久的历史和文化传统，各地区都有各自

① 胡惠林：《构建和谐世界与中国文化产业发展战略》，《社会科学》，2008（6），176页。

的特色，因而增加文化资源数量的开发，有着巨大的潜力。同时，随着科学技术的进步和社会实践活动的日益丰富，进一步开发新的文化资源，增加文化资源数量，也有广阔的前景。当然，外延的开发往往会受到各种条件的限制，尤其是就某一地区来说，其传统文化的特点以及发展状况，会明显地制约和影响其文化资源数量的开发。[①]

所谓内涵开发，是指采用一些创新的手段，对现有的各种文化资源进行新的发掘，或者进行调节组织，以提高对文化资源的利用深度和利用效益。例如，针对某一项文化资源，运用现代科学技术手段进行开发，使其具有新的、更加丰富的表现形式和表现内容，在提高利用效益的同时，创造出新的文化内容，从而使该项文化资源获得进一步发展。内涵开发旨在提高现有文化资源的利用效率和创造新的内容，而不受资源数量的客观限制，因而这种开发方法更具有积极意义。从某种意义上说，内涵的开发是无止境的。无论物质文化资源，还是精神文化资源，我们都必须注重内涵的开发，使得文化资源的开发和利用不断向更高层次以及更深程度发展。

（二）文化资源开发利用的意义

充分、有效地开发利用人类创造的文化资源，对人类社会发展和人类文明积累的功效是不可估量的。对文化资源的开发利用，具有以下重大意义：

1. 开发利用文化资源有利于文化产业的可持续发展

文化产业的特殊性在于它始终附着在文化的开发利用和文化创造的过程之中，文化的延续性和承接性是文化产业发展的基本动力。开发利用文化资源，是不同国家和地区发展文化产业、促进经济文化发展的重要途径，也是增强其文化竞争力、解放和发展文化生产力的重要支点。

2. 开发利用文化资源有利于促进物质文明和精神文明建设

开发文化资源，发展文化产业，可以成为一个地区新的经济增长点。近几年来我国文化产业发展的实践已经证明，文化产业不仅是创造先进文化的物质基础，也是国民经济一个重要的产业部门。从消费的角度看，文化产品是利润剧增的消费热点。据 2005 年 9 月国家权威部门对十大城市的调查，社会和居民的文化购买力快速增长，文化产品消费增长超过其他物质产品消费 1 个百分点，特别是教育、培训、旅游、通信、信息、娱乐等精神消费增长速度惊人。文化资源在文化建设和精神文明建设中的作用

① 程恩富：《文化经济学》，42 页，北京，中国经济出版社，1993。

也十分明显，近年来，不少地区挖掘民族传统文化资源，举办各种文化艺术节，既丰富了人民群众的文化生活，也促进了这些地区的精神文明建设。正是因为利用文化资源发展文化产业可以推进两个文明建设，所以，目前我国各级地方政府正在紧锣密鼓地发展文化产业，充分挖掘地方文化资源，以迅速提升区域经济的文化竞争力。例如山西、云南等省份，都从过去注重第一、第二产业生产，开始转向大规模发展旅游观光、休闲娱乐、电影电视等现代文化产业，取得了令人瞩目的成绩。

3. 开发利用文化资源有利于加强文化建设

文化资源开发的意义在于化繁就简，拨冗钩沉，把传统文化的精髓、要义以现代人可接受的方式呈现出来，供人们学习、掌握，为人类造福。在此意义上，文化资源开发也是文化建设的重要方面。开发文化资源实质上就是发掘、宣传、阐释文化资源，需要把文化的精髓、要义通过一定的载体、一定的形式体现出来，例如，把文化的内涵分解、制作成若干组合信息传达出去，把人类创造的理论、学说制作成文化产品提供给人们，根据时代的发展和人们的需求提供多种多样、丰富多彩的精神食粮，根据时代的要求重建社会价值体系、重树人们的理想、信仰、信念、信心、重塑民族精神等等。而这些都需要通过加强文化建设来完成。因此，开发文化资源必须高度重视文化建设，没有长期、持久的文化建设，开发文化资源也是不可能持续的。[①] 文化是人类所有物质和精神创造的总和，是人类生产和生活的全部价值和意义之所在，而作为市场开发利用的文化资源，仅仅是文化整体价值和功能的一小部分。可以想见，挖掘文化资源、开展文化建设任重而道远。

二、文化资源开发利用的原则

文化资源开发的指导思想和基本目的，是尽可能使现有的文化资源得到充分利用，使潜在的文化资源得到充分发掘，以更好地满足人们日益增长的文化需要。如何使各种文化资源的开发和利用更好地体现上述基本思想和基本要求，使文化资源的开发具有理想的社会效益和经济效益，是文化资源开发中必须解决的基本问题。[②] 为了达到所设想的目标，必须遵循

---

① 吴圣刚：《文化：发微与阐释——一种当下语境的研究》，54页，北京，新华出版社，2007。

② 程恩富：《文化经济学》，40页，北京，中国经济出版社，1993。

以下原则：

（一）社会效益与经济效益兼顾原则

市场经济的客观规律要求考虑经济效益，而社会主义文化建设又要求把社会效益放在首位。经济效益和社会效益往往会产生矛盾，但两者是可以统一的。在文化资源开发过程中要处理好矛盾，力求使社会效益和经济效益统一起来，使每一项文化资源的开发和利用都能够取得较好的社会效益和经济效益。①

开发适销对路的产品，有效地占领和扩大市场，力争获得可观的经济效益无疑是一切商品生产和销售的出发点和归宿，也是文化资源开发的经济目标。没有经济效益，开发者无法维持再生产，文化产品的转化必将难以为继，但文化产品毕竟有自己的特殊性，具有宣传、教育、认知等方面的社会功能，有鲜明的意识形态属性。因而，在文化资源开发上存在一个社会效益要求，文化产品应是健康向上的，融知识性、娱乐性与思想性于一体的。片面“对经济效益的追求，必然会导致文化艺术产品的低级化、庸俗化，乃至高尚文化艺术和人文科学理论研究的消亡”。②

（二）可行性原则

文化资源的开发是一项综合性建设，必须对其可行性进行全面考察，要通过摸底调查、梳理、分析、论证，了解我们有多少文化资源，哪些是特有的、具有开发价值的、能取得良好的经济效益和社会效益的，哪些是共有但布局合理、有一定的经济效益和社会效益的，哪些是没有开发价值或者意义不大的，哪些是应该重点开发的，哪些是配套的、属于常规开发的，哪些是国家纳入开发的，哪些又是省纳入开发的，等等。也就是说，文化资源的开发必须遵循可行性原则，主要包括两个方面：其一是从经济角度考察其可行性。经济上的可行性原则，就是要求在开发投资上量力而行、开发投入后经济效益显著。文化资源的开发活动是一项经济活动，既要规划开发的规模和资金的来源，更要考虑到开发投入后的经济效益如何，从对各种经济指标的比较中来确定某项文化资源的开发是否合理与可行，包括根据开发规模所需资金的落实、对开发投产以后经济效益的预测

① 王永章：《文化产业社会效益与经济效益的关系》，载王育济、齐勇锋、侯样祥、韩英主编：《中国文化产业学术年鉴 2003—2007 年卷（上册）》，118—119 页，北京，文化艺术出版社，2009。

② 来仪：《西部少数民族文化资源开发走向市场》，105 页，北京，民族出版社，2007。

等。其二是从开发方案角度考察其可行性。开发方案的可行性原则，就是要求文化资源开发过程中的各个方面都必须切实可行。这主要包括文化资源开发的组织、实施计划是否可行，开发的目标是否符合实际需要，开发的产品是否具有广泛的适应性和需求对象，开发的结果会产生哪些社会效应，对满足人们的文化生活需要将起到什么作用等。①

（三）除莠保良原则

从事文化生产活动是为了满足人们的文化生活需求，而文化生活的需求主要是精神方面的。文化产品对人们精神的生活会产生难以估量的影响。一部好的作品，能给人以奋发向上的激励、深刻的教育、有益的启示和高雅的娱乐，而一部消极的、情调低下的作品则可以使人堕落，甚至走上犯罪的道路。因此，在进行文化资源开发的过程中应时刻重视除莠保良的原则。尤其是在当前，随着市场经济的发展和对外开放力度的加大，有些人为了牟取暴利，刻意去迎合社会上一些低级庸俗的腐朽思想，铤而走险地生产一些格调低下、内容不健康的作品，对社会产生了严重的精神污染。此外，随着我国对外文化交流的进一步发展，大量外国文化涌入，客观上有利于吸收世界文化的精华，丰富人们的文化生活；但在引入外国文化的过程中，不可避免地会带来一些腐朽的东西，使得我们的文化市场良莠并存。因此，我们在文化资源的开发过程中，必须扶正压邪，发挥其积极的引导作用，抑制其消极的影响。

（四）整体性原则

消费者现实的和潜在的文化需求构成文化产业的市场，故文化资源的产业开发首先要科学评估文化资源，评估其社会文化价值、科技价值、工艺价值、社会伦理和宗教价值、艺术价值以及市场经济价值等。其次，要把文化资源的产业开发纳入社会经济发展规划，赋予法律和政策的保障，充分发挥它在社会经济发展中的应有作用。再次，要把文化资源的产业开发同国际政治、经济、技术、文化交流结合起来，使之成为中国优秀传统文化走向世界的有效途径。最后要定位文化市场消费需求，根据文化偏好和社会阶层之间的对应关系来界定文化产品的受众。②

（五）适度性原则

---

① 聂华林、李莹华：《中国西部农村文化建设概论》，131 页，北京，中国社会科学出版社，2007。

② 吕庆华：《文化资源的产业开发》，97 页，太原，山西教育出版社，2004。

所谓适度性原则，即要以科学发展观为指导，合理有序地开发与保护文化资源，确立资源有效利用的良性循环发展模式，确保资源开发的后续力和人与文化生态环境的协调。针对不同的文化资源进行科学的选择性开发：其一，对于那些实物化的、具有实用功能的文化资源，比如少数民族服装及其佩物、装饰品等，可以进行模仿性生产，同时在质地、色彩、图案等方面进行艺术创新，满足人们个性化、多样化的需求。其二，对于那些具有教育功能和观赏价值的文化资源，在开发过程中必须进行价值判断，尊重这类资源所蕴含的精神财富，开发其符合时代要求的内容。

（六）创新性原则

创新是文化创造的延续，今天的文化是历史文化的丰富和发展，因而，用创新的眼光、态度和方法对待历史文化，是保护与开发历史文化的必然要求。创意产业作为典型的“大脑经济”，已逐渐成为增强地区创新力和综合竞争力、推动产业结构优化升级的朝阳产业。在开发利用文化资源的过程中，必须以创新为引导，以创意推动文化资源向经营资源的转化。要对资源开发的观念、内容、形式进行创新，树立开发的利用观、持续观、科学观，增加开发的文化元素、民族要素、时代因素，实现开发的产业化、科技化、社会化。

（七）目标性原则

在文化资源开发和利用规划中，尤其是在进行区域文化资源开发发展战略总体设计之前，必须确定文化资源开发发展的总体目标。选择文化资源开发的目标时有三点需要注意：第一，文化特点不同，文化资源开发的目标也不同。第二，对同一文化资源的开发，目标选择也可以有多种方向，如娱乐性或教育性，专业性或群众性，面向全国或面向地区等。第三，文化资源开发的目标必须与市场需求相结合，也就是文化资源开发的目标市场必须明确，市场定位必须准确，否则就会影响到整个开发和利用的效益。文化资源开发的目标由开发者根据市场需求而制定，由政府通过政策法规、宏观战略来规范、引导，从而朝着健康、可持续的方向发展①。

（八）高效率原则

长期以来，很多国家尤其是发展中国家和落后国家及地区，对自然资源采取掠夺式、粗放式、高消耗、低效益的开发和利用，有的甚至到了竭

① 聂华林、李莹华：《中国西部农村文化建设概论》，129页，北京，中国社会科学出版社，2007。

泽而渔的地步，这不但使经济发展水平难以提高，而且一旦资源耗竭，对于整个区域经济将产生致命的影响。文化资源虽然有别于一般自然资源，可以重复开发和使用，并且能世代延续下去，但是文化资源也是一种十分脆弱的资源，如果开发不当，后果一是可能被外来文化同化，二是许多优秀的民族民间文化可能会逐渐消失，三是传统的民族民间文化可能会被歪曲、曲解。我国西部很多地区在过去很长一段时期，对文化资源采取粗放式低效率的开发和利用，文化资源既得不到很好的保护，也不能产生应有的社会效益和经济效益。要改变这种局面，就必须把握高效率原则，优化文化资源的统筹配置，使社会效益和经济效益最大化。

要提高文化资源的开发效率，有以下几点需要注意：第一，与其他资源的开发和利用相比，文化资源的开发和利用具有更大的复杂性和不确定性。在对文化资源进行开发之前，先要组织有关部门和专家进行研究论证，把握不同的文化资源的文化内涵和精神内核，依据各地区的不同情况以及各种文化资源的不同特点，采取不同的开发和利用策略，制定不同的开发和利用规划。第二，文化具有很强的民族性，在全球加速一体化的今天，越是民族性的东西越珍贵，同时也越脆弱，容易受到外来文化的同化。所以必须加大资金和科技投入，一方面避免对文化资源进行粗略的、浅层次的开发，开展高效率、集约式的开发和利用，另一方面保证在开发过程中有能力对文化资源进行有效的保护。第三，政府要从战略高度对文化资源的开发进行宏观指导，统一协调、管理或配合各地区文化资源的开发和利用，优化文化资源的配置。

（九）可持续性原则

文化资源是以往社会发展留下的足迹，是不可复制的，一旦破坏则无法复原，因此绝不能采取掠夺性的开发利用，而应有序地、科学合理地规划和开发利用，在保护好历史文化资源的前提下使其最大限度发挥出应有价值，并尽可能地延长文化资源寿命。在文化资源开发利用过程中，一定要强调文化资源的开发不应是一次性的，而是可重复开发和利用的，特别是对于一些历史文化遗产，尤其要把握开发的规模和速度。①

文化资源是前人留下的财富，因此，既应该允许当代人平等享受，还

① 沈殿忠：《论中国文化产业可持续发展的几个问题》，载王育济、齐勇锋、侯样祥、韩英主编：《中国文化产业学术年鉴 2003－2007 年卷（上册）》，282 页，北京，文化艺术出版社，2009。

应该保持代际间的公平分配与发展，反对为满足自身需要而损害或剥夺后人开发利用文化资源权利的做法，做到公平地分配有限的文化资源。这一公平性应充分体现在人与人之间、民族与民族之间、国家与国家之间。每个国家和每个地区的文化资源，因其历史、文化、经济发展水平的不同有很大的差异性，但都是世界文化资源的组成部分，是全人类的共同财富，是人类文明进步的标志。任何国家和民族，在保护本国本民族文化资源的同时，也要尊重他国或他民族的文化资源，肩负起保护人类文化资源的责任。只有这样，文化资源的开发和利用才能真正实现可持续发展。

三、文化资源开发利用的标准

在全球化大背景下的文化资源开发，不仅要继承传统文化资源，而且要融会贯通世界各国文化资源，简言之，必须面对古今文化的传承和扬弃、内外文化的冲撞和会通两大问题。文化资源的开发利用，必须坚持“古今中外”的理论视野，既要融入时代性，又要坚守民族性，做到“继承发扬优良传统而又充分体现时代精神、立足本国而又面向世界”。

（一）时代性标准

时代性标准的基本要求是，开发利用各种文化资源要着眼于解决当代中国及世界所面临的时代课题，时代课题也就是中国和世界现代化实践中不断出现的种种问题。所以，时代性标准是现代化要求的集中体现。文化资源的开发利用必须以我们当前正在进行的实践为根据，要立足于现在，“面向现代化、面向世界、面向未来”，“充分体现时代精神”，“立足于改革开放和现代化建设的实践，着眼于世界文化发展的前沿，发扬民族文化的优秀传统，汲取世界各民族的长处，在内容和形式上积极创新，不断增强中国特色社会主义文化的吸引力和感召力”①。只有这样，各种文化资源才能真正融入社会主义新文化，服务于中国特色社会主义建设的伟大实践。

现代化既是一种具有鲜明时代特征的观念，也是社会历史发展的必然趋势，它不是一种纯理性的预设，而是有着从传统变革而来的深刻的实践根据。社会现代化的过程，也就是以先进的物质资料生产方式为基础的、经济社会全面进步、精神文化不断发展、人的素质全面提高的进程，要求

① 江泽民：《全面建设小康社会，开创中国特色社会主义事业新局面》，北京，人民出版社，2002。

更新观念、解放思想，实现全民族观念的现代化。观念的现代化既包括对中国传统文化资源的改造更新，也包括对西方文化资源的批判吸收，实际上是一个古今文化交接、中西文化交融进而推陈出新的文化建设历程。①

观念现代化首先涉及的是古今关系问题。现代文化不能离开传统文化而滋生，传统文化中也蕴藏着有当代意义的文化资源，因而对传统文化资源的开发利用不仅是必要的，而且是可能的。不过应该注意的是，对传统文化的批判继承和改造利用，是基于现代化实践的需要，观念现代化的时代标准本质上仍然是实践标准。

观念现代化还必然涉及中外或中西关系问题。一方面，民族文化不是孤立的、封闭的系统，它由传统向现代的进化，必须以世界各族文化的横向交流为条件；另一方面，世界各族文化各有所长，特别是有的民族的文化蕴含着更多现代文明和时代精神。因此，应促进世界各族文化互动互补。在当代中国，观念的现代化无疑应充分利用世界各族文化的优秀资源，但也应当注意借鉴西方现代化进程中的历史教训和现实问题，以社会主义现代化为准绳有选择地吸收西方文明。毛泽东历来主张对于外国的或者西洋的东西，既不能一概排斥，也不能全盘吸收。他指出："近代文化，外国比我们高，要承认这一点"，但"中国的和外国的要有机结合，而不是套用外国的东西。"② 汲取西方文明，"除了现代科学技术和管理经验之外，还包括在西方人文社会科学中所蕴含的符合人类文明进步方向的普遍价值，如理性、科学、民主、法治、人权等，以及一些新的文化观念，如主体性观念、可持续发展观念、知识经济观念、社会均衡观念等"。③ 这都需要我们坚持时代性标准，学习借鉴西方的制度文明，批判地汲取西方思想文化资源。

（二）民族性标准

文化资源的开发利用，要立足于中国，要有中国风格、民族特色。因为开发利用文化资源的评价主体和检验文化资源的实践主体都是熔铸着本土文化特质的民族主体，当代中国人民作为评价主体和实践主体相统一的独立的民族主体，在世界现代化浪潮中，无论改造本土文化还是利用外来文化都必然而且必须彰显自己优秀的民族文化基因，由此产生了文化资源

---

① 徐纪律：《论文化资源开发利用的时代性和民族性标准》，《社会科学研究》，2004(3)，61—62页。

② 《毛泽东著作选读》（下册），751—752页，北京，人民出版社，1965。

③ 方克立：《经济全球化与中华文化走向》，《光明日报》2000年11月7日。

开发利用的民族性标准。只有坚持民族性标准才能保证文化资源和文化产业具有中国风格、中国特色，才能真正在世界多元民族文化之林中显示中国社会主义新文化的特征和优势。民族性标准的基本含义是：立足于中华民族的伟大复兴，着眼于民族精神的弘扬和培育，发扬民族文化的优秀传统，汲取西方国家现代化历程中的经验教训，开发利用本民族自己的文化优势，来推动中国社会主义现代化建设。

民族历来是社会实践的主体和社会文化的载体，直到今天的现代国家，也仍然是民族国家。毛泽东在论述新民主主义文化时明确指出："中国文化应有自己的形式，这就是民族形式。""这种新民主主义的文化是民族的。它是反对帝国主义压迫，主张中华民族的尊严和独立的。它是我们这个民族的，带有我们民族的特性。"[①] 今天的中国特色社会主义文化"渊源于中华民族五千年文明史"，强调民族性特征以及弘扬和培育民族精神的重要地位。因而，坚持文化资源开发利用的民族性标准是建设中国特色社会主义文化的基本要求。[②]

当今世界各国联系之紧密，几乎达到了"牵一发而动全身"的一体化程度，但并非是"单一化"或"趋同化"。一体化和多样化是相互依存、相互包容的，现代化使各国趋向一体的同时，也滋生着差异和分化。"世界大同"的社会理想虽在中国早已有之，但这种"同一"终究要以民族为载体、借助民族的形式而显示出各自的特色和相互的差异。即使是经济全球化，也仍然有民族经济的空间，而在政治和文化领域，民族性特征则更为明显。政治、文化不像物质生产、科学技术、经济运行那样"无国界"，其制约因素有更为复杂的人文特征，在民族的历史演化进程中长期积淀而铸就的民族习俗、民族心理、民族精神以及道德、艺术、宗教、哲学等悠久的民族文化传统，既有自己的优势，也有自己的劣势，都有其长期存在的理由，它们在本民族政治、文化的现代化进程中，比全球化的"趋同"更具自我的生命力和影响力。多样性的文化具有极大的调整、适应和变异的潜力，正如美国人类学家博克所说："这种多样性的价值不仅在于它们丰富了我们的社会生活，还在于为社会的更新和适应性变化提供了资源。"[③] 由此看来，由民族特色彰显的政治、文化多样性不仅是眼见的事

---

① 《毛泽东选集》第2卷（第二版），第667页，北京，人民出版社，1991。

② 徐纪律：《论文化资源开发利用的时代性和民族性标准》，《社会科学研究》，2004(3)，62页。

③ 钟年：《生物多样性和文化多样性》，《中国教育报》2001年1月10日，第3版。

实，而且是未来世界政治、文化存在的条件；坚持民族性标准开发利用本民族文化资源不仅是基于世界文化的多元趋势，更是取决于中华民族优秀传统文化本身具有的不可轻视的现代价值。

第四节　文化资源开发利用的实践

一个国家和地区拥有文化资源的状况以及开发利用文化资源的能力，不仅一般地决定了其文化产业发展的基本结构和规模程度，而且直接影响了其文化竞争力。因此，大力开发和利用文化资源，把文化资源变为文化产业，以促进社会经济发展，成了国际竞争中必须关注的重大问题。

一、文化资源开发利用的一般方式

文化资源开发利用的一般方式可以分为以下两种：一种是单项开发，一种是多项综合开发。

单项文化资源的开发，是指对单项文化资源的利用现状进行比较分析后，找出更有利于其发挥作用的途径和方法，使之发挥更大的经济和社会效益。多项文化资源的综合开发，是指通过各个文化生产部门之间的合作和协调，系统考察各种文化资源的利用现状，采取各种行之有效的措施，以提高文化资源综合利用的效益，除了对文化资源的配置、布局的调整以外，还包括文化生产的协调、文化设施的规划、文化事业的管理以及人员的培训等。单项文化资源的开发与多项文化资源的综合开发是相互联系、相辅相成的，综合开发离不开单项开发，单项开发则是为综合开发作铺垫。对于文化资源的开发和利用，应根据客观情况与现有能力，作出全面规划，遵循一定的原则。

二、文化资源开发利用的规划

文化资源的开发和利用是一项综合性的工作，应根据对各种文化资源的特性、功能、用途和供求关系的系统分析和评价，结合我国文化事业发展方针政策的要求，研究制定开发的统一规划和具体方案。文化资源的规划和开发一般应经过以下几个步骤和阶段：

1. 准备阶段

包括资料准备、组织准备、资金落实、需求预测等工作。资料准备是对开发的文化资源进行资料的搜集、分析、研究，为整个开发工作提供各种根据。组织准备是对开发工作进行组织落实，建立所需的各种机构和人员配备。资金落实是通过各种渠道和途径，安排开发所需的资金和设备。①

在准备阶段尤其要重视对人们的文化需求进行科学预测，包括定性预测和定量预测。文化资源开发的最终目的是要创造出更多的文化产品和提供更丰富的文化消费来满足人们的文化需要，提高人们的文化生活水平和文化素质。因而，对人们文化需要的发展和变化趋势进行科学的预测，就成为文化资源开发的重要一环。对文化需求的预测，首先是对各种资料进行分析、总结，在此基础上找出某些规律性，然后根据社会、政治、经济的发展状况和人们生活水平，推测人们的文化需求发展趋势是什么。做好了对文化需求的预测，也就使文化资源的开发有了科学的依据。

2. 评估阶段

对所搜集的各种文化资源的资料进行评估，作出是否具有开发价值的结论，包括定量评估和定性评估两个方面。定量评估，主要是对开发的各项经济指标和相关的各项数量指标等进行分析和比较，既可以从纵向角度进行历史的比较，又可以从横向角度进行国内和国际的比较，从中得出开发的经济效益和利用状况的一些基本指标。定性评估，主要是对文化资源开发的目标、性质、原则等作出正确与否的基本评价，对是否符合文化事业发展方针作出明确的判断，从而使文化资源的开发具有明确的方向和目标。②

3. 可行性研究阶段

对文化资源开发的可行性进行研究，包括以下几个方面：（1）经济上的可行性研究，即开发的投资是否能够获得、开发以后是否能够获得经济效益；（2）组织上的可行性研究，即开发所必需的人员组织、机构组织是否能够按要求落实；（3）社会经济环境方面的可行性研究，即文化资源的开发是否能与当时当地的社会经济环境相适应。可行性研究可为开发的最终决策提供科学依据。③

4. 组织实施阶段

对文化资源开发利用规划的组织实施，是指依据所制定的具体开发方案来实施文化资源开发利用工作，完成开发方案中所规定的各项内容。

---

① 程恩富：《文化经济学》，44 页，北京，中国经济出版社，1993。

② 程恩富：《文化经济学》，44—45 页，北京，中国经济出版社，1993。

③ 程恩富：《文化经济学》，45 页，北京，中国经济出版社，1993。

5. 检查验收阶段

这是依据开发方案中的各项要求来检查验收开发工作是否符合要求和标准，在作出客观评价后，最后决定整个开发工作是否通过。

在开发利用文化资源的规划过程中，尤其要注重创意和策划。凡是畅销的文化产品都是具有丰富原创意义的产品，也都是精心策划出来的产品。在这方面西方文化产业发达国家的做法尤其值得我们借鉴。①

应该注意的是，各个国家和地区的文化资源丰富程度不同、文化资源类型也不同，必须因地制宜，制定适合于本国本地区的文化资源开发规划方案。规划也有长期规划和短期规划之分，要根据自身的开发条件和开发能力，分阶段实施，避免不顾条件，盲目硬上。否则，不切实际的文化资源开发规划不仅达不到预期目的，还会给当地造成不可估量的经济或文化损失。

三、文化资源开发利用中存在的问题和原因

当前，全国各省区市都在按照中央大力发展文化产业的战略决策，探索具有自身特色的文化产业发展之路，依托于自身的文化资源，以文化资源开发为先导，着力建设地方特色文化产业。然而，各地在探索过程中，不同程度地存在一些问题，影响了文化资源保护与开发的成效。②

（一）文化资源开发利用中存在的问题

1. 开发利用不够

一是文化资源开发利用水平和层次较低，如大量建造一些仿古建筑、街区、微缩景观、主题公园等；二是市场化程度不高，很多文化资源开发没有与市场接轨，不能做到适销对路，导致文化资源的利用率较低；三是产业化水平不高，在文化资源开发上，没有按照文化产业的方式去进行经营和管理，没有形成相应的产业链，使得文化资源的附加值难以实现；四是文化资源浪费严重，几千年的历史积聚了丰富的文化资源，很多并没有被开发利用，而是作为一种文献资料被保存在图书馆和档案馆里，没有转化为现实资源；五是文化异质现象突出，片面强调文化资源的招商引资功能和文化娱乐功能，忽视其社会教育功能和文化发展功能。

---

① 王国华：《文化产业发展散论》，76页，珠海，珠海出版社，2007。

② 何频：《现代区域经济发展中的文化生产力》，41页，成都，西南财经大学出版社，2008。

2. 散乱开发

表现在文化资源开发主体及资本投入、开发项目及主题、产品定位及功能三个方面。各级行政区划、各类系统部门、各种投资主体都成了文化资源的开发主体，造成在文化资源的开发利用过程中，行政区划代替文化区划、资源管理者变成资源拥有者、资源开发投资左右资源开发目标等问题。有些地方做了文化资源开发规划却无实际运作，有些地方根本没有规划。

3. 盲目开发

在文化产业发展热潮的鼓舞之下，有的地区丧失了应有的清醒，恨不得在一夜之间把一切与文化沾边的东西都弄成能够立足市场的拳头产品，于是就不惜人力、财力，忙于做一些不切实际的规划，盲目上一些很难看到市场前景的项目。其结果是得不偿失，不但造成了人力、物力、财力的浪费，而且在很大程度上对文化资源造成了破坏，更为严重的是大大挫伤了人们发展文化产业的积极性。① 在文化资源开发中，我们一定要清醒地认识到，并不是所有的文化资源都可开发为文化产品或文化服务。比如，部分宗教文化、一些概念性的地域文化以及部分历史名人等，它们所承载的更多是一种形象价值、宣传价值、教化价值，难以也不宜转化为具体的包含经济价值的文化产品。在进行开发之前一定要认真分析资源是否具备产业化开发的价值，杜绝盲目开发；对于那些不宜开发又有重要历史价值的文化资源，更多的是要加大保护，而不是勉为其难地去开发。

4. 粗放开发

具体表现为在产品资源开发上成本高、效益低，在产业资源利用上投入大、产出小，在环境资源保护上有法不依的现象。这是在各地尤其是欠发达地区文化资源开发过程中最普遍、最突出的一个问题。广大欠发达地区无疑是我国文化资源的富矿，多姿多彩的区域、民族文化资源更是令人艳羡。但多数欠发达地区发展现代文化产业的条件和基础尚不够坚实，目前只能走资源依赖型的老路。在缺乏现代化生产技术和手段、创意能力不足的条件下，生产出来的文化产品多属附加值较低的初级产品，必然要浪费、埋没一些市场潜质极高的文化资源，并且还很有可能失去再度开发的机会。此外，在产品资源开发上还存在粗制滥造、环境资源维护上存在粗

① 构建和谐社会的理论与实践编写组：《构建和谐社会的理论与实践》，119 页，合肥，安徽大学出版社，2006。

枝大叶等问题，导致欠发达地区文化产业的总体实力难有实质性的提升。因此，对一些市场价值较高的文化资源，宁可等机会和条件成熟时再加以开发，也决不能贪图一时的蝇头小利而急于求成、粗放开发。①

5. 掠夺式开发

在文化产业发展中，普遍存在着文化资源开发的短视行为，对文化资源造成了不同程度的破坏。如许多古迹、文物被改头换面、重新包装，失去了古迹文物的原貌；许多民间舞蹈、仪式、风俗习惯被庸俗化、简单化，失去了原有的神韵；在部分地方，一些古迹、民居和建筑在开发名义下遭到严重破坏，有些甚至是毁灭性的破坏。这是开发过程中必须从根源上加以杜绝的。没有保护的掠夺式开发，无异于竭泽而渔，最终必然会导致资源的枯竭。

6. 无序开发

这主要表现为开发中的重复开发、缺乏统一规划、相互攀比、竞上项目等现象。同一个人物被各地炒来炒去；节庆活动名目过多，缺乏目的性；旅游项目大同小异，各地一哄而起，竞相争建民族村、民族园，既没有突出民族特色，也没有反映各民族在统一多民族国家中的地位；对民风民俗，过多地强调奇特性、落后性；在文物遗址的考古发掘上喜好轰动效应，不顾人力、物力和保管保护能力的限制，无约束、无节制地大量开发，造成文物古迹的风化、腐蚀；大量赝品充斥市场，降低了文化市场的品位；大量新建筑群的出现破坏了原有的历史氛围；等等。这些现象都说明了文化资源的开发利用一定要纳入法制化的轨道，否则，将造成大量的人力、财力的浪费和对文化资源的破坏。

（二）文化资源开发利用存在问题的原因

1. 开发意识的薄弱性

我国的许多地区都是民族文化的聚宝盆，是文化资源的富矿、金矿，这是发展文化产业的一个优势。但文化资源优势并不会天然地转变为产业优势和市场竞争力，这个转化过程需要创意的支撑、现代生产技术的支撑。如果我们忽视文化资源的非独占性，一味强调资源优势，而不采取积极有效的方式加以整合和开发，这种优势就极容易被别人利用，为别人的异地开发提供机会和条件，从而造成资源的流失，最终使优势变成劣势。

---

① 何频：《现代区域经济发展中的文化生产力》，43页，成都，西南财经大学出版社，2008。

2. 开发目标的短视性

在经济利益的驱动下，历史文化资源的开发过程中仍然存在着过度人工化、商业化的现象，盲目开发一些缺乏市场前景的项目，不仅造成了人力、物力和财力的浪费，而且造成了对文化资源的破坏，导致某些文化资源被无节制地过度开发、错位开发。

3. 开发理念的陈旧性

在文化资源的开发利用过程中，未能将保护历史文化资源的观念置于首位，尚未从追求数量和速度的粗放型发展方式转变到集数量和质量、效益为一体的规模化集约型发展上来，导致文化资源开发与保护的分离。

四、进一步开发利用文化资源的举措

对文化资源的开发利用，必须从现实的文化资源条件和开发的经济效益出发，要遵守市场经济规则，重视现代科学技术在文化领域中的普及与应用，使文化生产的手段、文化艺术的表现形式和传播方式得到改观和进步。

1. 要深刻认识开发和保护的辩证关系

对待文化资源，保护是基础，开发是目的，二者相辅相成，不能割裂。开发意味着保护，保护是为了更好地开发。在实践中，必须坚持开发与保护并重。我国文化资源非常丰富，其中许多是国家级乃至世界级的。这些资源，就目前的技术条件，要很好地全部进行开发还存在一定难度。且有些文化资源（如历史文化遗产等）是不可再生性资源，一旦破坏将永远丧失。因此，大力发展文化产业，必须高度重视文化资源的保护问题，积极采取保护方略，维护文化资源的多样性和资源环境的生态性，以实现资源的可持续开发，资源保护归根到底是为了更好的发挥其功能和效益。因此，要确立科学开发的观念，即开发首先要尊重文化发展规律，不破坏文化资源，使文化资源能够以文化产品的形式获得更大范围内的传播，引起更多人的重视，从而为文化资源的保护创造更为良好的社会氛围；其次要把握好开发的度，正确处理保护与开发的关系，做到在保护中开发，在开发中保护，形成保护与开发并举、以保护为重的良好局面；最后，把部分开发收益应用到资源的保护上，强调“谁开发、谁受益、谁保护”的原则。

2. 对文化资源进行科学梳理和归类

准确把握各类文化资源的特性，是合理开发文化资源的前提。对自然文化资源和社会文化资源进行分类评估，区别对待，制定不同的开发利用规划。同时，要用市场的眼光、经济的眼光来审视文化资源，认真分析哪些资源具备产业化开发的价值，其可持续发展空间有多大，产品市场半径和容量有多大，并且据此确定开发投入力度和发展规模；哪些资源本身并不具备产业化开发的价值，其价值仅在于维系一个地区的文化形象，对于这样的文化资源，更多的是要加强保护。

3. 科学地利用两种文化资源

一个民族、一个国家在一个时期所创造的文化资源总是有限的，为此就必须科学合理地利用国内与国外、现代与传统文化资源，充分发挥整个人类创造的一切优秀文化资源的最大效能，为我们今天的发展服务。

一是合理利用国内与国外资源。我们中华民族的文化源远流长，博大精深，凝聚着全民族的智慧。一方面，我们的民族文化一以贯之，蔚为一体；另一方面，许多古老的元典思想，即使在现代仍然熠熠生辉，夺目照人，仍然是我们今天汲取的精神源泉。① 因此，我们应充分重视民族优秀文化传统的价值，让其为今人服务。同时，树立本土资源、外来资源均可为我所用的意识。尤其随着世界各国文化交融的加速，文化产业的全球化竞争要求参与其中的文化企业能在全球范围内开拓市场，在全球范围内实现资源的优化组合，提高资源配置的国际化程度。世界各国、各民族在历史发展中都创造了自己独特的民族文化，各国都需要互相学习、取长补短，共同促进人类的发展。特别是近代以来，我们在科学技术和国力等方面与西方发达国家存在较大的差距，更需要积极向西方学习先进的技术和优秀的文化。利用其他国家、其他民族的文化资源应规避三点：一是看不到其他民族的文化的优秀成分，二是全盘接受，三是不考虑本国国情和民族特点，生搬硬套，最终使引进的文化资源得不到有效利用。②

二是传统文化与现代文化。开发利用文化资源的过程中，在处理好本土资源与外来资源关系的同时，要注重传统文化与现代文化的结合。传统文化所积累的人类文明成果奠定了现代化的物质和精神基础。传统文化又是每个民族和国家历史的象征，其独特性和内聚力是该民族立身于世界民族之林的资本。现代经济的发展只能解决我们生存的基本问题，但如何才

---

① 吴圣刚：《文化：发微与阐释——一种当下语境的研究》，53页，北京，新华出版社，2007。

② 吴圣刚：《文化：发微与阐释——一种当下语境的研究》，55页，北京，新华出版社，2007。

能生存得更好，更有价值，使自我价值得到更宽阔的拓展，并从中发展出一种新的人文精神，是需要在原有人文资源的基础上，通过文化和艺术的再发展来解决的。①

4. 文化资源开发要因地制宜，与时俱进

由于地理环境、区位、民族和经济发展状况以及文化传统等诸多方面的差异，各地区文化资源的类型和特点都会有所不同，很难简单模仿和套用固定统一的开发模式。因此，要对文化资源进行分类评估，根据特定区域的具体情况、资源要素禀赋特点以及经济现状和市场消费特点来决定开发的方式和开发的途径，探索不同的开发利用模式。资源的产品化、价值化是一个逐步推进的过程，要允许各地根据实际情况进行探索，最后寻找到最适合自身资源类型和特点的开发利用途径。

文化资源也是动态发展的，这就决定了我们在进行开发时要把握住其发展变化的规律，要与时俱进，积极促进文化的发展。这就要求我们在开发利用文化资源时要有创新的意识，不能墨守成规，要善于把文化资源开发与文化资源创新有机结合起来；同时还要有开放的目光、开放的心态，扩大文化资源的容量和活力，提高文化资源的利用率。

5. 制订相关政策法规，建立有效的协调机制

很多地方在进行开发时，对经济、社会、文化、生态的协调发展认识不充分，特别是一些贫困地区为生计所迫，急功近利，不注意开发行为的规范性，对文化生态造成破坏。文化资源破坏的根本原因在于缺乏法制规束和有章不循，要根据文化资源开发行为的发展变化，健全和完善文化资源保护的专门性法律法规，根据法律规范严明执法和严格监管，依法保护文化资源及其生态环境，依法打击破坏文化资源的犯罪活动，用法律手段约束和规范文化资源开发行为，使文化资源开发逐步走上法制化轨道。此外，开发文化资源、发展文化产业是一种集多种要素于一体的综合行为，为有效避免文化资源开发的雷同及低层次的同质化竞争，必须建立健全有效的协调机制，包括政府管理部门与开发者的协调、民族文化的传承和民间技艺的培训与面向民众的宣传推广的协调、保护投入与开发收入的协调、长远目标和短期目标的协调、外来投资收益与当地社区利益的协调、

① 来仪：《西部少数民族文化资源开发走向市场》，110页，北京，民族出版社，2007。

区域之间特别是行政区划间的协调等等。[①] 制定相关政策法规，确保所有参与者在文化资源的开发和利用中能够有法可依，这是文化资源开发和利用工作规范化的必由之路。

6. 科学技术支持

进行相关科学技术的研究和开发，是文化资源实现可持续开发和利用的必要条件。发达国家的经验表明，文化资源的开发和利用效率与科技手段的进步和创新能力成正比。文化资源要成为创造巨大经济价值的文化商品或服务必须借助高科技手段。以美国影视业为例，任何对影视产业的创制与传播可能产生影响的科技成果几乎都会同步运用于电影、电视制作之中。当然，需要注意的是，运用高科技只是对文化资源进行开发和利用的一种手段，在文化资源的开发和利用中，要避免媚俗趋势，创造真正既有经济价值又有社会价值的产品。

7. 重视人才的培养

文化资源开发属于创意开发，归根到底要靠具有经营管理能力和文化创造力的开拓型人才去完成。文化产品和服务，与社会各领域关联度极高，很多时候，文化产品的制造往往是由于某个天才人物的灵感发现，或者一个绝妙的创意而诞生的[②]；许多成功的文化产品，都是专门人才的独特个性和奇异的创造精神转化而来。没有专门的人才，我们也无法发掘和界定哪些是优秀的文化资源，哪些是历史糟粕；没有专门的人才，我们也就无法判定社会需求的趋势和文化产品的传播方向；没有专门的人才也就无从开始文化资源的整合并进行跨文化交流。文化产业有别于工业经济时代的最根本特点就是个性化、不确定化以及关联化。可见，引进、培养与借助专门文化产业人才，是开发与利用好文化资源的关键条件，具有开发、经营文化资源能力人才的培养，是文化资源可持续开发的保障。因此，高素质文化人才成为各国文化产业集团竞相争夺的对象，文化人力资源储备力量的厚薄成为关乎一个文化产业集团成败的关键因素。美国之所以能够在文化产业领域称霸，一个非常重要的原因就是从世界各国搜罗了大量优秀文化人才，而且美国对文化管理学的研究和文化管理人才的培训也一直处于领先地位，全美有 30 所大学开办了艺术管理专业，培养本科

---

① 何频：《现代区域经济发展中的文化生产力》，45 页，成都，西南财经大学出版社，2008。

② 王国华：《文化产业发展散论》，5 页，珠海，珠海出版社，2007。

生、硕士生和博士生等大量高质量的文化管理人才，大大提高了其文化产业管理水平。[①]

8. 学习发达国家经验

学习发达国家在文化资源开发中的先进经验，是文化资源可持续开发的重要条件。发达国家在文化资源的开发和利用上，已经有了一套很成熟的经验，如美国的以开放心态发现文化资源和用市场方法开发文化资源的做法值得借鉴。文化资源数量的多少，取决于我们的心态是否开放。如美国自身文化资源量的确有限，但它不仅把从古希腊开始的整个欧洲文明作为自己的文化源泉，也积极汲取东方文化的养分，迪斯尼公司以“花木兰”为题材制作的动画片赢得巨额的全球票房。我国文化产业刚刚起步，以一种开放的心态，学习发达国家在文化资源开发和利用中业已成功的经验，特别是学习他们利用市场力量来运作文化资源的经验。不仅可以避免重复他们走过的弯路，还能大大提高我们文化资源开发和利用的效率。

① 唐月民：《论文化资源的开发和利用》，《齐鲁艺苑》，2005（4），84页。

WENHUA CHANYE

第五章 文化资源的产业化

文化资源是发展文化产业的基础和重要源泉。原中共中央政治局委员、中国社会科学院院长李铁映指出："中华民族有着五千年悠久的历史和灿烂的文化，有着多民族创造、兼融和共构一个伟大文化共同体的辉煌。其文化累积之丰厚、文化形态之多样和文化哲学之深刻，是世界上其他国家少有的。这是一笔怎么估价也不过分的宝贵的文化资源，是我们得天独厚的优势。对于中国新兴的文化产业来说，启动并整合、包装这些文化资源，就有可能形成具有中国特色的文化产业，并在全球市场的激烈竞争中占有可观的优势。"① 深度开发和利用丰富的文化资源，不断推动文化资源的产业化，既是中国特色文化产业发展的必然要求，也是提升我国文化软实力的重要举措。

第一节 文化资源产业化的理论分析

文化资源虽然具有巨大的开发潜力，但是文化资源优势不能天然地转化为产业优势和市场竞争力，文化资源与文化产业之间有一个必要的转换环节——文化资源的产业化。

一、文化资源产业化的内涵

文化资源是人类创造和积累的宝贵财富，是人类从事文化产品生产和文化服务的资料源泉。文化资源可以像自然资源一样，通过人类的生产加工，被赋予具体的产品属性和更高的附加值。文化资源的产业化是文化产

① 李铁映：《创建有中国特色文化产业之路》，载王育济、齐勇锋、侯样祥、韩英主编：《中国文化产业学术年鉴 2003－2007 年卷（上册）》，3 页，北京，文化艺术出版社，2009。

品规模化生产的必然结果。

文化资源产业化是指将文化资源作为一种经济发展要素，与其他经济发展要素充分结合，进而催生文化创意、休闲旅游、网络游戏等文化经济现象和产业形态的经济活动。文化资源的产业化既是从文化资源到文化产业的动态化的转化过程，又是文化资源转化为文化产业运行的结果。一方面，文化资源产业化作为过程，首先要以文化资源为基本经济发展要素，通过挖掘、整合、创新等途径形成文化产品，然后进入市场，成为文化商品，参与到商品流通、交换、分配等基本环节中，遵循市场经济规律和文化产业标准，进而形成现代文化生产和运行方式；另一方面，文化资源产业化运行的结果，必然会导致文化生产规模化，以及文化产业和文化产业群的兴起和形成。①

二、文化资源产业化的意义

中国是文化资源大国，却是文化产业小国。在世界经济、政治、文化日益交融的背景下，大力提升文化资源的产业化水平，推动文化资源优势转化为文化产业优势，实现文化资源向文化资本的转化，是建设社会主义文化强国的战略选择。

第一，文化资源产业化，有利于解放和发展文化生产力。伴随着文化资源产业化而来的是文化产品的商品化，文化产品生产者的智力成果通过有偿交换的方式得以出让，文化资源的价值在产业化条件下得以实现，这不但提高了文化生产者的积极性和创造性，也在更大程度上满足了人的文化需求，实现了文化自身的价值。发展社会主义先进文化和文化生产，既需要丰富的文化资源作为内容和形式，更需要将这些文化资源转变为现实的文化产品和文化服务。文化资源在向文化资本转化的过程中，融入文化生产者、文化管理者、文化经营者、文化消费者的创造性劳动和智慧性成果，广泛而深刻地体现出文化生产力的巨大创造性和生命力。

第二，文化资源产业化，有利于文化产业的可持续发展。文化产业是全新的产业形态，也是文化资源的积累方式与再造方式。通过文化资源的产业化，积极发挥市场导向和政府引导的互动作用，最大限度地实现文化资源的优化配置和有效整合，有效挖掘文化资源所具有的资本属性，盘活文化资源存量并扩大文化资源增量。推动文化资源的产业化，既是对传统

① 严荔：《论文化资源产业化开发》，《现代管理科学》，2010（5），85页。

文化历史价值、知识价值的再发现，也是基于对传统文化的现代诠释，通过重新梳理、总结和运作，从而产生新的价值，再造文化资源，实现文化资源的可持续发展，进而推动文化产业的可持续发展。

第三，文化资源产业化，有利于提高人的精神文化素养。通过文化资源的产业化，文化产品从个别走向一般，从精英文化转变为大众文化，从奢侈品转变为普通的消费品。这使大众能够更多地消费文化产品，实现自身的享受需求和发展需求。通过文化资源的产业化运作，文化产品日益丰富起来，从而为人们学习、欣赏和接受精神文化产品创造条件。大众在消化、吸收精神食粮的过程中，个人的认知水平和审美感悟能力得到提升，道德情操也受到陶冶，从而促进人的全面发展。

第四，文化资源产业化，有利于增强我国文化产业的国际竞争力。一个国家的综合国力，既包括由经济、科技、军事实力等表现出来的“硬实力”，也包括由文化、意识形态吸引力体现出来的“软实力”。与快速提升的硬实力相比，我国的文化软实力建设还相对滞后，并已成为制约我国进一步发展的瓶颈。有效开发和充分利用文化资源，对发挥中国文化的本土优势，振兴中国文化产业，参与全球竞争乃至提升我国文化软实力都具有重要的现实意义。大力提升文化资源的产业化水平，提高文化产品附加值，打造具有中国特色的文化品牌，将大大有助于增强我国文化产业的国际竞争力。

第五，文化资源产业化，有利于文化资源的保护与传承。在经济全球化、世界市场一体化的格局下，大力提升文化资源的产业化水平，保持民族文化的多样性，保护珍贵的民族文化资源，增强民族文化传统的现代适应性，对于维护国家和民族的文化形态政治安全和文化资源经济安全具有重大意义。文化资源的产业化能有效解决文化传承与保护过程中的众多难题，对促进我国文化事业的快速发展和繁荣将起到强有力的支撑作用。

三、文化资源产业化的理论依据

文化资源是一种客观存在，文化资源优势并不能天然地转化为产业发展的优势，文化资源必须经过开发才能转化为现实的生产力。文化资源能够实现产业化是有其理论基础的，主要有文化生产力理论和文化资本理论。

（一）文化生产力理论

文化是人类活动的产物，文化的形成、发展、变化与人类社会的进步演化一样，是一个历史的过程。文化广泛地影响着人类的精神世界、物质世界以及自然界，渗透并作用于经济、政治、军事等活动中，影响人的个性和习惯。可以说，人类为了生存和发展而进行的改造自然界和自身社会的每一次实践，人类社会的每一点进步，都离不开文化的滋养和推动，文化在本质上也是一种生产力，是社会生产力的重要组成部分。

1. 精神生产力与科技生产力

生产力是马克思哲学和经济学的核心范畴，是马克思唯物史观的基石。马克思对生产力的一系列基本问题——生产力内涵、构成要素、划分标准、功能作用以及生产力的特性——客观实在性、组织系统性、历史继承性、要素的层次性、发展动态性和阶段性等都进行了开拓性研究。马克思主义经典作家在批判继承古典政治经济学“精神生产”理论的基础上，充分肯定了文化生产力的重要价值。马克思认为，精神生产是整个社会生产的一个组成部分，与物质生产同属于人的“生命活动”，是人的存在方式之一；“宗教、家庭、国家、法、道德、科学、艺术等等，都不过是生产的一些特殊的方式，并且受生产的普遍规律的支配”[①]。马克思在《哲学的贫困》一书中将“人类文明的果实”称为“已经获得的生产力”[②]；在《巴枯宁〈国家制度和无政府状态〉一书摘要》中明确地提出了“两种生产力”的概念，即物质方面的生产力和精神方面的生产力，并强调“精神生产力”是社会生产力的重要组成部分，认为物质生产力对精神生产力起决定作用，而精神生产力反过来又影响物质生产力的发展水平。

马克思还指出科学技术在生产力及其发展中的地位和作用，“资本是以生产力的一定的现有的历史发展为前提的——在这些生产力中也包括科学”[③]。马克思把科学技术看成是生产力的重要因素，把机器的使用作为科学技术应用于生产并转化为直接生产力的一个标志，“直接从科学中得出的对力学规律和化学规律的分析和应用，使机器能够完成以前工人完成的同样的劳动”[④]。物化的科学技术成为生产力，并具有了部分取代劳动力（工人）的作用和地位。此后，马克思主义重要理论家和实践家捷尔吉·卢卡奇在《关于社会存在的本体论》一书中指出，报纸、杂志、出版社、艺术品贸易等资本主义化、大工业化的生产，是“客观经济发展的一些趋

① 《马克思恩格斯全集》，第42卷，121页，北京，人民出版社，1979。
② 《马克思恩格斯选集》，第1卷，152页，北京，人民出版社，1972。
③ 《马克思恩格斯全集》，第46卷，211页，北京，人民出版社，1979。
④ 《马克思恩格斯全集》，第46卷，216—217页，北京，人民出版社，1979。

势，这些趋势从比较普遍的水平上表现出同一种日益增长的社会性”①。特里·洛威尔在《文化生产》一书中进一步指出，文化生产“采用的是资本主义商品生产的形式，并受价值规律的制约……随着资本渗入文化产业，文化产品变成了商品。由此，文化产品带上了所有资本主义商品生产共有的特点”②。

2. 文化生产力

与科学技术转化为生产力的过程类似，文化资源在文化生产的作用下形成文化生产力，进而“物化”到文化产品中，实现文化的物质性特征，进而对物质生产力产生重大的促进和变革作用。文化生产力的构成要素包括文化产品生产过程中的智力投入和物质投入、科学技术、生产管理、劳动组织等，涉及生产、流通、交换、消费等基本环节，贯穿市场经济运作的全部过程，具备社会生产力诸要素的基本特征。

当今世界，文化生产力已经成为综合国力的构成要素，并发挥着越来越重要的作用，有学者甚至认为未来世界的竞争是文化生产力的竞争。文化生产力成为21世纪的核心话题。那么什么是文化生产力呢？文化生产力是一种能力，是生产文化产品、提供文化服务的一种能力，这种能力也是动态发展和变化的。

一是文化生产力是社会生产力中日益成长的力量。文化生产力中文化要素（知识、技术、文化理念等）的增多，意味着经济增长方式的转变；文化产品生产和消费的增加，意味着人的精神需要的不断提升；人文价值取向渗透到经济发展之中，意味着人与社会、人与自然关系的全面改善；人文素质和科学素质相融合，意味着劳动者素质的全面发展；对文化资源的科学开发和利用，意味着人类资源观的重大进步。随着社会的发展，文化生产力必将成为社会生产力的主导力量。

二是人文精神在经济发展和社会生产中的作用日益突出。知识经济是建立在知识和信息的生产、分配和使用基础上的经济，其核心是突出知识、技术在经济增长中的价值。文化经济内在地包含了知识经济，并给经济系统注入了文化因素，这是对知识经济内涵的扩大和深化。文化生产力的构成既有科学、技术等智力因素，也有理想信念、价值观念、文化艺

---

① ［匈］捷尔吉·卢卡奇著，白锡堃、张西平、李秋零等译：《关于社会存在的本体论·下卷》，转引自李鹏程编：《卢卡奇文选》，334页，北京，人民出版社，2008。

② ［英］特里·洛威尔：《文化生产》，载陆扬、王毅选编：《大众文化研究》，121—129页，上海三联书店，2001。

术、娱乐休闲等人文因素，是科学精神与人文精神的有机统一。

三是文化生产力体现了多元文化不断融合的趋势。在文化生产力的发展过程中，文化作为重要的生产要素，必须强调它在整个市场上的独特性，强调不同文化间的差异性；同时，不同的文化也不断调整自己，以适应市场的需求。①

3. 文化生产力的价值

文化生产力是社会生产力的重要组成部分，并对政治、经济、文化、社会、生态产生重要的影响。其价值主要体现在：

其一，文化生产已成为经济生活的重要组成部分。随着传播媒介的高速发展和信息时代的来临，文化生产已日益成为复杂的现代化大生产的一部分。诸如电视、电影、出版、音像、文艺演出、工艺美术、体育比赛，乃至广告、信息、传播、娱乐等产业，均已出现庞大的产业集团，成为经济结构中的重要组成部分，甚至成为许多国家国民经济的支柱产业。

其二，文化生产力同时具有精神性和产业性。一方面，文化转化为意识形态的力量影响人类思维和行为，推动人和社会的全面发展；另一方面，文化生产具有和其他产业一样的经济性质、市场运作方式、产业管理规范及追求经济效益等特征，依循大工业标准化、模式化的生产方式，追求大批量的投入和产出。因此，既要关注文化生产的精神层面，将之作为形成民族文化心理的导向和整合社会关系的力量，又要关注文化生产的技术和工具，不断创新内容和革新传播手段，引导受众和创造消费需求。

（二）文化资本理论

资本及其形态的变化过程一直是经济学研究的核心范畴。经济学关注的资本是可以精确计算并量化分析的物质资本和人力资本，而对于难以量化但对经济运行又确有重大影响的因素，则往往采用“假设其他情况不变”的方式将其排除在模型之外。实际上文化也是一种资本，从社会学角度而言，文化因素与经济生活密不可分，它直接影响一个社会的经济效率。

1. 文化资本理论的提出

文化资本是一个已被广为接受的社会学概念。法国社会学家皮埃尔·布迪厄和让·克洛德·帕斯隆在《文化再制与社会再制》一书中试图用文化资本概念说明20世纪60年代法国的教育支出。布迪厄认为，社会是一

① 王天玺：《论文化生产力》，《红旗文摘》，2011（4）。

个积累的过程，资本是一种积累的劳动，引入完整的资本概念有助于理解社会的积累性。此后，在《资本的形式》一书中，布迪厄将资本划分为三种形态，即经济资本、文化资本和社会资本。经济资本是以财产权的形式被制度化的资本，可以立即并直接换成金钱；文化资本是以教育资格的形式被制度化的资本，在某些条件下能转换成经济资本；社会资本是由社会关系组成的，以各种高贵头衔的形式被制度化的资本，在一定条件下也可以转换成经济资本。①

2. 文化资本的形式

按照布迪厄的定义，文化资本泛指任何与文化及文化活动有关的有形或无形资产，具有与金钱及物质财富等经济资本相同的功能。布迪厄将文化资本分为三种形式：(1) 身体的形式，即以精神或肉体的形式存在的文化资本，通常是通过家庭环境及学校教育获得并成为个体精神与身体一部分的知识、教养、技能、品位及感性等文化形态。此类文化资本的积累极费时间和精力，且最终也只能体现于特定的个体身上，无法通过馈赠、买卖和交换的方式进行当下传承。(2) 客观的形式，即以文化产品的形式存在的文化资本，具体地说，就是书籍、绘画、古董、道具及机械等物质性文化财富。这是一种物化形态的文化资本，是可以直接传递的，人们通常以为只要有足够的金钱就可以立刻得到它们。但事实上，任何事物之所以成为文化资本，必然或多或少地具备一些身体形态文化资本的特征。以古董收藏为例，一名真正的古董收藏家除了拥有雄厚的经济实力之外，还必须同时具备丰富的收藏知识和较高的文化素养。通过文化资本所能获得的利润是与持有者所掌握的客观形态资本与身体形式资本的多少成正比的。(3) 制度的形式，即以一种人为假设且公众认可的形式存在的文化资本，通常是将行动者掌握的知识与技能以考试等方式予以承认，并通过授予合格者文凭和资格认定证书等方式将其制度化。这是一种将个人层面的身体形式文化资本转换成集体层面客观形式文化资本的方式，是一种介于身体形式文化资本和客观形式文化资本之间的中间形式。

文化产品是文化资本的客体化形式，文化产品包含的文化价值是由个体根据其内化的文化资本赋予的。"文化产品既可以表现出物质性的一面，

---

① 荣跃明：《文化产业：形态演变、产业基础和时代特征》，载王育济、齐勇锋、侯样祥、韩英主编：《中国文化产业学术年鉴 2003－2007 年卷（上册）》，37－38 页，北京，文化艺术出版社，2009。

也可以表现出符号性的一面。在物质性方面，文化产品预先假定了经济资本，而符号性方面，文化产品则预先假定了文化资本。”[①] 从文化到文化资本再到文化产品最后到经济资本，正是文化价值的挖掘和形成、增值的过程。从这个意义上讲，布迪厄的文化资本理论是文化资源产业化开发强有力的理论支撑。

3. 文化资本理论的发展

在布迪厄之后，许多学者对文化资本进行研究。美国社会科学家科尔曼认为，文化因素可以有效地转化成劳动、资本、自然这些物质资源、服务于人类的需求和欲望，因而可以成为文化资本或社会资本。文化资本即指文化因素成为一种能够创造价值的价值。贝尔克和福尔克认为，文化资本是人类利用和改造自然环境时的适应能力，主张将这个概念扩展到更广阔的领域。澳大利亚麦考里大学经济学教授戴维·思罗斯比认为，文化资本是继物质资本、人力资本、自然资本之后的第四种资本，“文化资本是以财富的形式具体表现出来的文化价值的积累。这种积累紧接着可能会引起物品和服务的不断流动，与此同时，形成了本身具有文化价值和经济价值的商品”，“财富以有形或无形的形式存在，有形的文化资本的积累存在于被赋予了文化意义（通常称为‘文化遗产’）的建筑、遗址、艺术品和诸如油画、雕塑及其他以私人物品形式而存在的人工制品之中……无形的文化资本包括一系列与既定人群相符的思想、实践、信念、传统和价值”。[②] 美国当代社会思想家弗兰西斯·福山提出“人的资本”的概念，强调社会信任的文化资本意蕴，信任可以资本化、商品化，并进入实际的流通。[③] 以上学者对文化资本的研究，推动了文化资本内涵的深化与外延的延伸，深化了各界对文化资本的理解，进一步促进了文化资本实践的拓展。

4. 文化资本理论的价值

文化资本理论将文化视为资本，视为不同个体、群体的竞争手段，体现文化的主动积极性，其价值主要体现在以下两个方面：

其一，引发了对文化及文化建设的关注。在经济全球化的大趋势下，企业、区域乃至国家之间的竞争必将深入到文化层次。美国学者亨廷顿在

---

① 吕庆华：《文化资源的产业开发》，56页，北京，经济日报出版社，2009。

② ［澳］戴维·思罗斯比：《什么是文化资本》，《新华文摘》，2004（10），118－119页。

③ 王巍、李青原：《品位资本》，201页，北京，中国时代经济出版社，2002。

冷战结束后就曾指出，21世纪的竞争将不再是经济和军事的竞争，而是文化的竞争。事实正是这样，在当今社会中，市场竞争已从产品之间转向文化之间，或者说越来越依托于文化的辐射力。如何运用文化资本提高附加值、增强竞争力就成了人们必须思考的战略问题。而要运用文化资本必先形成文化资本，要形成文化资本必须实现文化和资本的融合，使文化产业化、产业文化化，题中之义就是重视和加强文化建设，积极发展文化产业。

其二，将文化资本作为经济发展的新增长点。文化一旦成为资本，就会进入资本流通的各个阶段，实现文化资本的价值增值。当前，文化产业在国民经济和社会生活中的地位正在迅速上升，已成为许多国家的重要支柱产业和新的经济增长点。美国的音像产业是仅次于航空、航天的第二大出口产业，占了40％的国际市场份额；英国文化产业规模已达170亿美元，与其汽车工业相当，而日本娱乐业的产值早已超过汽车工业。文化因素的渗透，引发产品的革新，提升产品的附加值；文化资本的产业化运作，大大促进了社会生产力的发展。

四、文化资源产业化的基本原则

资源是实现资本转化的前提和基础，而资本则是资源实现其转化的结果。在市场经济条件下，只有通过市场的作用，资源才能实现资本转化，才能实现自身价值和增值。在文化资源的产业化过程中，必须遵循以下原则：

（一）坚持科学发展观

我们在利用文化资源发展文化产业时，要以科学的态度，用科学的方法，对文化资源进行整理和研究，将传统文化与建设社会主义先进文化紧密结合起来，要大力弘扬先进文化，支持健康有益文化，改造落后文化，坚决抵制腐朽文化。以往对传统文化资源的开发，大多注重物态层面而忽视其思想文化的现代价值，如儒家文化中关于个人修养和人际交往的学说，对维护祖国统一、民族团结、社会安定、加强国际华人交往，以及建设社会主义和谐社会都具有积极的意义。因此，在对传统文化资源进行产业化开发时，应以科学发展观为指导，进一步挖掘其有利于社会进步、有利于当代道德建设的内容。对于西方文化等外来文化，同样应坚持科学发展观，取其精华，去其糟粕，使之服务于社会主义文化建设。

（二）经济效益与社会效益相统一

文化资源产业化的目的是通过文化资源的物态转换实现资源本身的升值，使文化资源在经济发展过程中实现功能与作用的最大化。然而，文化资源扮演的不仅是经济角色，还兼具文化传承、民众教化、形象塑造等社会功能。文化资源经过产业化开发所生产出来的文化产品是一种渗透着社会意识形态、道德素质和价值理念的特殊产品，它不但具有一般商品所具有的使用价值，还具有独特的思想价值、知识价值、审美价值。[①] 因此，在文化资源的产业化过程中，必须努力寻找经济效益和社会效益的最佳结合点，实现两者的统一。如果只讲社会效益，文化产业的发展不可能持久；如果只讲经济效益，就会背离先进文化的前进方向，文化产业自身也要受到损害。文化资源产业化的特殊性要求在任何时候都要把社会效益摆在第一位，反对一味将传统文化商业化、低俗化的倾向；要在保证社会效益的前提下，实现经济效益最大化。要将这一原则落实在文化产品和服务的质量中，以广大消费者接不接受、欢不欢迎、喜不喜欢为标准来检验两个效益的统一。

（三）坚持可持续发展

可持续发展是人类社会走向21世纪文明的共同道路，是社会、经济、资源、环境和人口实现协调发展的必然选择。1987年，世界环境与发展委员会在《我们共同的未来》报告中第一次阐述了可持续发展的概念；1992年，联合国环境与发展大会发表了《里约热内卢宣言》，标志着“可持续发展”理念得到了世界范围的认可；我国积极践行可持续发展理念，把可持续发展战略纳入我国经济和社会发展的长远规划，中共十五大更是将可持续发展战略确定为我国现代化建设中必须实施的战略。从可持续发展的角度来看，文化资源具有消耗性与非消耗性、可再生性与不可再生性辩证统一的特征。如作为旅游资源的自然生态景观，以及品牌、民俗风情等非物质资源，都可以反复利用，具有非消耗性的特征。然而，开发中如果忽视文化积累和文化资源的保护、再造，也会导致文化资源的消耗或破坏。因为文化的延续和传承是文化产业发展的基本动力，文化产业可持续发展的要求，决定了文化资源的产业化必须尊重和保护人类的精神遗产，对人类精神文化的延续作出贡献。因此，在文化产业中，文化资源可持续发展观的树立，具有尤为突出的重要性。

具体来说，坚持文化资源产业化的可持续发展，应做到以下两点：

1. 科学、有效地保护文化资源

---

① 姚伟钧：《从文化资源到文化产业——历史文化资源的保护与开发》，17页，武汉，华中师范大学出版社，2012。

科学、有效地保护文化资源是文化资源产业化可持续发展的必然要求。首先应对我国文化资源进行科学的梳理与归类，准确地把握各类文化资源的特性，站在文化资源产业化开发的高度来考察文化资源，建立一整套完善的国家标准的文化资源评价体系。其次，加强制度化保护，健全和完善分级分类保护制度，建立一套有规制标准和规范约束的完整保护体系。第三，强化多样化保护方式，完善保护规划和保护措施，实行重点保护、专项工程保护，强调科学保护。第四，实行法制化保护，将文化资源的保护纳入法制化管理轨道。

2. 文化资源的保护与开发并举

对文化资源科学有效的保护，必须在开发中才能得以实现。文化资源的保护与开发实际上是同一个过程的两个方面。所谓保护，实际上是开发性地保护，是动态地、创造性地保护；所谓开发，实际上是保护性地开发，是具有可持续发展潜力的开发。对于文化资源而言，保护与开发应该是互相补充、互相促进、互相强化的关系。为有效协调产业开发与文化资源保护的矛盾冲突，实现文化资源产业化开发的可持续发展，必须遵循保留原则与效率原则。只有妥善加以保护，使文化资源不被毁坏、失传、湮灭，才有可能进行产业开发；只有通过合理地产业开发，发挥文化资源的社会效益和经济效益，形成良性循环，才有可能实施有效保护。效率原则也叫内涵式开发原则，讲求文化资源产业化开发的深度和高度，强调消费精神需求的满足和人生意义的体验。内涵式发展使文化资源的产业开发更加高效，也是遏制过度开发的必要条件。

（四）文化资源整合与优化相结合

从文化资源的区域分布来看，不同地区具有不同的文化资源禀赋，每个地区的文化资源都具有自身的特色；从文化资源的内部构成来看，不同属性的文化资源存在着不兼容性，甚至存在矛盾和冲突。要消除这些障碍，充分发挥文化资源的整体优势，实现文化资源的融合，就需要对各区域文化资源以及各种文化资源要素进行整合与优化。在文化资源产业化过程中，既要突出文化资源的整体性，又要兼顾对区域文化资源个性化的塑造和培育，将不同文化内容、文化形式的最优面组合为一体，使文化资源的价值实现最优化。①

① 姚伟钧：《从文化资源到文化产业——历史文化资源的保护与开发》，18页，武汉，华中师范大学出版社，2012。

(五）文化传承与文化创新相结合

传统文化是中华民族精神生命和群体人格得以发育、生长的根源，也是这种精神生命和群体人格绵延不断地发展演变的资源。多方面、多层次地展开对文化资源价值的再发现，梳理其中的资本属性，推动文化资源向文化资本转化，是传承我国优秀的民族传统文化、使传统文化适应现代文明建设的必然选择。文化资源转化为文化资本的环节和途径，其中的关键是创新。要深度挖掘并提炼文化资源的内涵，注重对文化资源体验性、参与性、互动性的开发，实现文化资源的永续利用、持续开发与循环发展。[①]

（六）寻求文化资源与市场新的结合点

在文化资源市场化的过程中，要通过产业化手段以及合理的商业运作和包装，使文化资源产生巨大的经济价值，同时提高文化本身的吸引力。我们不能只是被动地等待市场机会，而是要积极影响市场，引导市场建立起向文化资源靠拢的价值取向。过去我们对文化的理解比较褊狭，认为“四书”、“五经”等传统经典才是文化，读书人才是文化人，普通百姓商贾的生活则被排斥在文化之外。文化高高在上，脱离了人们的生活，这一定程度上造成了我们认识中的文化与市场、产业分离。文化产业的最大亮点就是将以前只为某一个阶层所垄断的“文化”普及于一般民众，尤其是当代文化产业通过电视、光盘和互联网等现代传媒，更是消除了所谓高雅文化与通俗文化的界限，从整体上提升了大众的文化品位。[②]

五、文化资源产业化的战略选择

要使丰富多样的文化资源充分发挥功能、效用，促进文化资源向文化资本的转化，实现文化资源潜力向文化产业实力的过渡，最终达成文化资源优势向文化产业优势的有力转换，首先必须明确文化资源产业化的战略选择。根据文化资源的固有特点及产业化道路的一般规律，结合我国政府对文化产业的引导政策，我们认为中国文化资源产业化道路应坚持以下基本战略：产业集群战略、市场化战略、文化创新战略、人才战略和国际化战略。

（一）产业集群战略

经济全球化的今天，市场竞争已从企业发展战略向产业集群战略演

① 姚伟钧：《从文化资源到文化产业——历史文化资源的保护与开发》，18页，武汉，华中师范大学出版社，2012。

② 王志东：《2008年山东省文化产业发展报告》，234－235页，济南，山东人民出版社，2008。

化。产业集群通过协同效应显现出的竞争优势，日益受到关注，成为区域参与国际竞争的骨干力量。提高区域经济竞争力，路径有很多，但实施产业集群战略是至关重要的。整合规划是加强宏观调控、合理配置文化资源、促进文化产业发展、实施产业集群战略的前提。文化资源的整合规划就是将文化资源的产业化开发作为一个系统，使系统内各种文化资源通过联系、渗透、互补、重组等方式，组成合理的结构，实现整体优化、协调发展，发挥整体的最大功能。为此，需做到以下两个方面：

1. 合理布局文化产业空间

要打破行政区划的界限，从区域整体发展出发，围绕产业联动，集中发展产业集群，科学、合理地制定文化资源产业化规划。首先应当遵循文化资源和文化产业的运行规律，控制文化产业布局的主体行为，通过文化产业的合理布局实现空间经济效益目标和公平目标的有机统一，最大限度地克服文化资源产业化过程中的盲目性和趋同性问题，以及由此造成的重复建设、资源浪费和恶性竞争等现象。其次要注意实现文化生产力的集约发展，形成文化产业的综合竞争力和核心竞争力，实现对各种文化资源的优化配置与有效利用，形成对各种文化资源的吸纳能力和辐射能力，提高文化资源产业化开发的创新能力，节约文化资源的流通成本，实现文化资源产业化的健康发展。

文化资源产业化开发的集中，只有在一个适当的量度内才是有价值的，超过了一定的限度，产业生存空间过于狭窄，必然引发恶性的市场竞争，造成投资环境的破坏和文化资本的外流，进而导致整个产业发展的停滞和衰败。因此，在发达区域的文化资源开发完成产业结构的策略性调整，达到布局合理化的同时，应加快推动广大落后地区的文化资源开发和文化产业空间布局，在实现效率目标的同时实现文化产业布局的空间公平。①

2. 推动文化产业集群建设

文化产业集群是集中于一定区域内、处于相同文化资源链、具有分工合作关系的文化企业和相关的各种机构、组织等，通过纵横交错的网络关系紧密联系在一起的空间集聚体。文化产业集群有利于形成品牌效应，对文化产业分工的深化和核心竞争力的形成，文化资源的共享与区域优势互补，以及专业性文化产品市场的培育，都具有十分重要的意义。文化产业

---

① 姚伟钧、任晓飞：《论中国文化资源产业化发展方略》，《湖北大学学报（哲学社会科学版）》，2010（4），89页。

集群的区位选择，既要重点考虑区域文化资源的禀赋、特点，又要围绕不同的文化要素储备进行科学规划、合理布局，形成特色突出的文化产业集群。因此，需要发挥政府宏观调控的作用，为文化产业集群的初始形成提供政策上的指导和扶持。①

在文化产业集群建设中，要加强重点文化产业带的建设。重点文化产业带应积极发展具有鲜明地域和民族特色的文化产业群，推进科学技术在文化领域的应用，加快文化产业优化升级步伐，加入国际文化产业分工体系，不断提高中国文化产业的国际化水平。文化产业集群建设，还应加快文化产业园区和基地建设，促进各种文化资源的合理配置和产业分工，形成若干出版发行、印刷复制、影视制作和文化产品批销等产业中心，建设一批大型影视制作、动漫、音像电子和演艺等产业示范基地，使之成为文化创意产业的孵化器。

（二）市场化战略

文化资源为文化产业提供了资源供给和资源保障，文化资源必须经过产业化开发和市场化运作才能更好地发挥其功能与作用，转化为文化资本和文化产品。产业化和市场化对文化资源的属性和功能的实现具有关键性作用，文化资源的产业化应该遵循市场化开发的战略。

1. 以市场化为基础配置文化资源

文化资源的市场化开发战略，首先应该建立和逐步完善以市场化配置方式为基础的多重文化资源配置方式，充分发挥市场配置资源的基础性作用，形成统一、开放、竞争、有序的文化市场体系。依靠市场配置资源的方式，可以有力促进文化资源配置的合理化和高效化，加快资源存量的调整和资源增量的实现。要推进文化资源的产业化和市场化的进程及水平，就必须把握好文化资源供给与文化产业发展、资源条件与市场需要、资源转化与产品效益的关系，提高市场开发能力和市场开发效应。

国有文化事业单位应将经营性资产剥离出来，逐步放开、推入市场，改变其部分文化资源闲置和浪费的情况，提高国有文化资源的使用效率。国有文化企业单位则要通过改制、参股、上市和产权改革，盘活和激活国有文化资产，通过市场化的投入产出机制和供给需求机制，强化文化资源的转化和利用效率。对市场前景可观的国有文化企事业单位，应采取国有

① 姚伟钧、任晓飞：《论中国文化资源产业化发展方略》，《湖北大学学报（哲学社会科学版）》，2010（4），89页。

文化资产授权经营方式，实行国有文化资产经营出资人制度，进行市场化运作。如组建国有文化资产经营管理公司，建立以市场为主体的国有文化资产经营和监管新机制，确保国有文化资产的保值、增值。

在建立以市场化配置方式为基础的多重文化资源配置方式的过程中，政府作为公共性文化资源的保护主体，在宏观调控和公共服务的基础上，应进一步降低市场准入门槛，在政策允许范围内向市场开放文化资源，并通过政策引导和项目引导，促进文化资源的优化配置，加快文化资源向文化资本的有效转化。①

2. 着力培育文化市场主体

在市场经济条件下，文化企业是进行文化资源开发、发展文化产业的主体，是构建文化产业有机体的基础细胞。着力塑造文化市场主体，提高国有文化企业竞争力，形成以公有制为主体、多种所有制共同发展的文化产业格局，是推动我国文化资源产业化发展的重要手段。② 大型文化企业集团作为市场主体的重要构成，对文化资源市场化道路的实现具有带头作用，集团化整合可汇聚文化资源，是加快文化资源转化和提高资源利用效率的必由之路。集团化整合可以使区域性、部门性资源得以有效重组和优化整合，全方位地带动和激活存量资源。要积极发展跨地区、跨行业、跨所有制的集团式经营，以资产为纽带，按照专业分工和规模经营的要求，组建大型文化产业集团。

文化市场主体的培育，还需要建立有特色的文化资源整合机制。一是树立用品牌整合资源的理念，建立打造知名文化品牌的有效机制；二是树立用项目整合资源的理念，建立文化产业重大项目开放的招商机制。此外，还可根据区域文化经济特点及文化资源的拥有量和产业链效应，进一步加强文化产业的基地化建设，充分利用文化资源的空间化聚集和产业化整合，实现基地内外文化资源的流通交换、优化整合和优势扩张。③

---

① 何频：《现代区域经济发展中的文化生产力》，46 页，成都，西南财经大学出版社，2012。

② 高占祥：《坚持文化市场的社会主义方向》，载于王育济、齐勇锋、侯样祥、韩英主编：《中国文化产业学术年鉴 1979—2002 年卷（上册）》，52—55 页，济南，山东大学出版社，2009。

③ 何频：《现代区域经济发展中的文化生产力》，47 页，成都，西南财经大学出版社，2012。

3. 构建和谐文化市场环境

发展文化产业是社会主义市场经济条件下满足人民多样化精神文化需求的重要途径，对于全面建设小康社会意义重大。当下我国文化产业领域的社会关系和利益主体日趋多元化，民办文化机构、国际资本进入文化领域，市场化的文化产品创作、生产、流通和消费日趋繁荣，文化日益与其他产业融合，构建和谐的文化市场环境成为以市场化战略推动文化资源产业化的必然要求。规范文化市场，应特别重视文化立法工作。党的十七届六中全会提出要“加快文化立法，制定和完善公共文化服务保障、文化产业振兴、文化市场管理等方面法律法规，提高文化建设法制化水平”。适应社会主义市场经济发展要求的文化立法，有利于促进和引导文化事业和文化产业的健康有序发展，有利于保障公民的文化权利，满足人民群众日益增长的精神文化需求，有利于建设公平、公开、既有竞争又有秩序的文化市场。

4. 建立多元的文化投融资机制

文化资源的市场化开发需要建立多元的投融资机制，多渠道地吸收社会资本和外国资本，提高文化投资效益。应当鼓励和吸引国内外各种非公有资本进入文化投资领域，以独资、合资、参股、联合、合作及特许经营等方式，参与文化基础设施建设、文化产业项目开发和文化产品的生产经营。积极利用资本市场，通过企业投资、私人投资、股票投资等多种形式，促进资本市场的强力投资和资本汇聚。鼓励金融资本主动介入，使文化企业顺利地从金融市场融资，解决资金短缺问题。引导建立各种类型的基金会，通过基金投资方式鼓励社会资本投入；鼓励和支持组建各种类型的文化发展公司，以广泛吸引和利用更多的社会资本。此外，实施“外源内用”方略，善于把握文化资源配置的国际化趋向，有效吸收和利用国际文化资源和国际资本，也是建立多元的文化投融资机制，加快文化资源市场化的重要措施。

（三）文化创新战略

创新推动战略是以产品的创新以及产品生命周期的缩短为导向，积极主动地在经营战略、工艺、技术、产品、组织等方面不断进行创新，从而在激烈竞争中保持独特优势的战略。创新能够充分挖掘利用文化资源，创新是文化产业实现可持续发展的灵魂，是文化产业发展的动力源泉和必由之路。

1. 以文化理念创新为先导

文化理念的创新是引领整个社会前进的强大力量，也是文化创新的重要内容。文化理念的创新必须先于文化实践，带动文化实践的发展。在新的时代背景下，传统的文化理念不断受到冲击与颠覆，不断与现代文化理念博弈、交融和中和，文化理念本身始终处于动态发展和不断更新的过程之中。①

以理念创新来推动我国文化资源产业化进程，就必须颠覆束缚当代文化发展的落后理念，将文化理念从狭隘的意识形态属性和宣传教育功能中解放出来，突出文化的产业属性和消费娱乐功能，加强对文化资源产业化开发和市场化运作的认识，逐步确立文化资源可以创造财富的理念，不断丰富我国的文化积淀，使文化资源和文化创意转化为更多财富。

2. 以文化体制创新为支撑

文化体制的创新是为了进一步释放文化发展的活力，消除原有计划性文化体制的弊端，建立适应社会主义市场经济发展的新型文化管理体制，推动文化资源产业化进程。改革开放以来，我国文化赖以生存和发展的经济基础、体制环境和社会条件都发生了深刻变化，文化体制创新的重要意义日益凸显。

创新文化体制，就是要改革与社会主义市场经济不相适应的文化制度、文化体制和文化资源再分配机制。文化体制创新要以切实维护和保障公民文化权利为核心，最大限度地解放文化生产力，克服文化生产力发展与人民群众日益增长的精神文化需求不相适应的矛盾，促进文化资源的产业转化。

3. 以科技创新为动力

现代信息技术、数字网络和多媒体传播的兴起，使文化资源的数字化系统开发成为可能。以科技创新开发利用文化资源，用高新科技来改造和武装文化资源的产业开发和资本转化，已成为当代文化产业发展的一大趋势。

文化产业的科技创新主要体现在以下几个方面：一是对文化资源的数字化处理。运用现代科技对传统文化资源进行数字化处理，是将文化资源转化为文化资本的一个重要环节，也是将传统文化资源开发为经济资源的有力手段，可以促进资本增量的扩大和产品档次的升级。二是文化传播方式和手段的创新。以数字化、网络化为代表的现代信息技术，推动了传播

---

① 姚伟钧：《从文化资源到文化产业——历史文化资源的保护与开发》，31页，武汉，华中师范大学出版社，2012。

方式和传播手段的巨大变革。数字卫星电视、IPTV、移动电视、手机电视迅猛发展，电子商务、电子政务方兴未艾，互联网已成为覆盖广泛、快捷高效、影响巨大、发展势头强劲的大众传媒，深刻影响着人们的生产方式、生活方式、思维方式和思想观念。要加强对互联网的建设、运用和管理，充分运用网络技术拓展文化传播渠道，丰富文化传播手段，提高文化传播效率和文化传播能力。三是推动文化业态更新。大力开发科技含量高、知识含量高、附加值高的文化产品，如电子书、手机报刊、网络出版物等新兴业态，努力提高文化资源转化和文化产品开发中的科技含量和科技水平。

（四）人才战略

在文化资源产业化进程中，人才是决定文化资源向文化资本转化、文化资源产业化开发和文化产品与创意策划的关键性资源。能否拥有充足的高素质文化产业人才，能否构建科学合理的文化产业人才培养机制，将决定一个国家文化产业发展的水平和速度。目前，我国文化产业人才的开发和供给还存在种种问题，人才素质不高、专业性不强、人才结构不合理等成为我国文化产业亟待突破的瓶颈。在“十二五”时期，围绕建设文化强国的战略目标，应针对文化产业发展的重点门类，不断完善相关人才培养、选拔、引进、使用、激励等管理机制，打造一支规模宏大、结构合理、素质优良、富有开拓精神和创新能力的文化产业人才队伍。

1. 明确文化产业人才的核心地位

文化产业人才是文化产业的第一资源。没有文化人才，就没有文化竞争力。实施文化人才强国战略，培养和造就大批专业文化人才，同时提高全民文化素质，优化文化生态系统，激发文化创造力，建设文化人才强国，是提高文化竞争力的战略需要。当前，文化产业人才短缺已经成为制约我国文化产业发展的关键因素。我国文化产业从业人员知识结构和能力结构单一的现象较为突出，管理人员或缺乏经济和管理常识，或缺乏文化艺术的鉴赏修养和对文化消费趋势的判断能力；另外，随着信息技术、网络技术的发展，数字动画、网络游戏等文化产业新业态应运而生，但新兴文化产业人才匮乏已成为严重制约新兴文化产业持续发展的瓶颈。

为此，应当确立人才优先发展的战略路径，做到人才资源优先开发、人才结构优先调整、人才投资优先保证、人才制度优先创新，坚持高端引领、统筹推进的文化产业人才队伍建设思路，突出培养文化创意人才、文化技能人才、文化营销人才、文化管理人才、文化研究人才。

2. 加强高校文化产业学科建设

文化产业是人才、技术、创意、智慧密集型的产业，文化产业的发展不仅需要大量的基础性人才，也需要大批高级领军人才、高级创意人才、策划人才、管理人才、经营人才。然而，大部分高校的文化产业学科或刚刚起步，或师资短缺，文化产业管理学科归属不清、学科架构不明、课程体系不够成熟，致使所培养的人才知识结构单一，知识面窄，动手能力差，无法与市场对接，难以适应文化产业发展的实际需求。

应充分发挥高等学校在建设先进文化、培养文化人才中的重要作用，明确文化产业学科归属，组织全国专家对文化产业学科范围、研究对象、基本概念、理论体系进行探讨，建立合理的文化产业学科架构；积极借鉴国外文化产业的教学体系和中国文化产业的具体实践，研究文化产业的课程体系，加强文化产业管理学课程和教材建设；加强文化产业学科的整合效应，发挥文化产业的跨学科优势，实现传统与现代的融合、创意与市场的融合、科技与文化的融合；鼓励有条件的高等学校整合相关学科资源，集中开展文化事业、文化产业重大理论和现实问题研究，为文化资源的产业化建设服务。①

3. 规范文化产业人才的管理和使用

长期以来，我国文化单位实行事业单位管理方式，在人员编制、机构设置、干部职工管理方式上一直沿用行政机关的做法，严重阻碍了文化市场的发展和文化产业从业人员的正常流动。文化产业的发展要求建立市场化的人才流动平台和社会化的人力资源服务体系，建立现代人力资源管理体系和机制，创新和完善原有的人事管理体制，并提供相关的激励政策，促进人才的合理流动，以更为有效地选拔人才，同时激发文化人才的积极性、创造性，取得最好的社会效益与经济效益。具体可以从以下三个方面着手：

一是创新文化系统的人事管理体制。突破传统的人事管理方式，从过去着重抓微观管理、直接管理、事务管理，逐步转变为着重抓宏观管理、间接管理、政策管理和协调服务的现代人才资源开发管理方式。二是采纳多种吸引文化人才的方式。创建产业平台，提高薪酬水平，鼓励具有自主

---

① 王育济：《培养文化产业管理的合格人才》，载王育济、齐勇锋、侯样祥、韩英主编：《中国文化产业学术年鉴 2003—2007 年卷（上册）》，269—271 页，北京，文化艺术出版社，2009。

知识产权的文化人才创办文化企业，或以文化品牌、创作和科研成果等生产要素占有企业股份、参与利润分配，使其价值得到充分体现，并成立专门资助、培养文化产业人才的基金会。三是引导文化产业人才的合理流动。搭建文化人才流动的公共平台，采取调入、借用、聘请、兼职等多种形式，按计划、有重点引进各类急需的文化人才。尤其是对于稀缺专业的顶尖人才，或是具有丰富的国际文化产业工作经验、熟悉国际文化产业趋势和潮流的前端人才，可以考虑开辟引进高层次文化人才的“绿色通道”，在人才的使用、职务晋升、职称评定、工资分配、社会保障、住房、配偶安置、子女入学与就业等方面提供适当的倾斜政策，为其提供良好的政策环境和舒适、便利、安全、优美的生活环境以及易于文化人才交流的人文生态环境。

（五）国际化战略

随着科技的发展和经济全球化趋势的加强，当今世界已经进入了一个国际文化战略竞争的时代，一些全球性的文化产业集团正在寻求从“规模优势”向“范围优势”的转化。文化产业领域出现了跨国文化企业，文化产品的生产、制作和消费也出现了跨地区、跨国界的合作。面对全球化的文化产业分工格局，我国应积极加强文化产业国际化研究，确立文化资源产业化的国际化发展战略，以最适合的方式参与国际文化产业分工体系中，提升中国文化产业在国际市场上的竞争力。

1. 制定“走出去”的战略目标

应把我国文化产业发展战略这一命题放到世界文化产业分工体系中来考察，建构与现代世界文化产业分工体系相适应的文化产业发展与分工体系。从最初的文化交流，到现在的文化贸易，释放出活力的中国文化产业，正迈开步伐“走出去”，登上国际文化舞台，叩开更为广阔的市场空间，开启中国文化产业国际化的新时代。在此情形下，必须制定积极的对外文化发展战略和政策，不断丰富文化“走出去”战略的内涵，显著提升中华民族的文化软实力。

但是，文化产品和文化服务的“走出去”，只是整个文化产业“走出去”战略中的一个重要组成部分。面对国际文化战略竞争的时代，我国要想在未来的国际竞争中真正获得文化战略优势，必须在文化制度设计上进行战略性创新，这才是文化产业“走出去”战略的核心与根本。既要参与国际文化产业分工体系的建构，还要进行制度输出。我国拥有参与国际文化产业竞争的资源优势和市场优势，但在许多方面还没有形成让其他国家认可的国际标准，在文化产业的知识产权制度和市场准入制度等方面还没有取得创造性成果。因此，应组织力量对涉及国家文化战略竞争性的问题进行全面、系统研究，确立文化产业的中国标准，在更高的制度层面上获取文化产业竞争的战略优势。

2. 发挥国际比较优势

英国古典经济学家大卫·李嘉图在《政治经济学及赋税原理》一书中提出了比较优势理论，指出在两个国家两种产品的模型里，分工的依据不再是绝对优势，而是比较优势（相对优势）。即使一国在两种产品的生产上都具有绝对优势，另一国在两种产品的生产上都具有劣势，但只要存在优势和劣势的程度不同，则该国在优势重、另一国在劣势轻的商品上就具有比较优势；如果该国"两利取重"，另一国"两害取轻"，利用这种比较优势进行专业化生产同样具有合理性，同样会实现社会总财富的增加。比较优势理论要求在对产业开发综合比较优势的认识和评价的基础上，分析和评估区域的产业开发综合比较优势，找出因地制宜、适合本地特点的产业开发方法和模式，通过比较优势在更大区域范围内确立文化产业的发展优势和竞争优势。

文化产业是一个复杂的系统工程，发展文化产业需要许多资源条件，不是所有的国家和地区都适合发展任何形态的文化产业，也不是任何一种文化产业形态都适合参与国际文化产业分工体系的建构。只有那些影响当前国际文化秩序的文化产业，才构成当下国际文化产业分工的重要内容，才具有文化产业发展的国际战略价值。这就要求我们把着眼点放在全球，寻找和利用自身的国际比较优势，开发研制具有本土化、民族特色的产品，以寻求产业链的高端位置。中国文化博大精深，为我们在国际上成功营销自己的创意产品提供了资源基础，提供了文化产业国际化发展的可能性。把中国的优秀创意产品推广到国外去，不仅能够满足国外消费者的精神需求，推动文化产业额的大幅增长，对于传播我国的精神文化内涵、进而提升国家综合实力也有重大意义。

3. 完善文化产业的制度安排

文化资源的价值物化与产业转化依赖于一个公平公正的市场环境。在一个充分市场化的环境中，文化产业的各种要素都可以无障碍地快捷流通、快速集结。因此，要建立健全完备的文化立法秩序，形成完整的文化法制内容；要适度放宽文化产业市场准入和文化产品审查制度；积极培育和鼓励具有独立法人地位的文化企业集团和国际文化产业投资主体，有选择地在文化产业核心环节参与国际文化产业分工，形成国家文化软实力的战略支持，全方位多渠道展开对外文化交流和文化贸易活动；广泛借鉴国际化的成熟模式，提升国际书展、国际文化产业博览交易会等国际文化产品贸易平台的对外交流水平，使对外文化贸易取得实质性的突破；建立健全行业协会，组织国内文化产业机构与海外华人华侨创办的文化产业机构进行沟通，力争形成有效的合作机制；以国家财政支持的方式成立文化产品编译工作室，为文化产品提供高水平、高性价比的编译服务，降低文化产品出口的成本；通过设立文化产业出口奖励以及出口退税等方式鼓励文化产品和服务的出口。与此同时，在对资金投向的国家或地区的市场进行深入了解，并适应该国或地区的法律法规、风俗习惯、经营规则和竞争条件的基础上，加强对文化企业的境外投资，进行跨国文化公司的本土化经营，扶持中国文化企业扎根世界，推动中国文化产品和中国文化走向全球。

总之，实施以上五大战略，是有效推进文化资源转化和文化产品开发的必然选择。产业集群战略造就资源转化的基础条件，市场化开发战略在文化资源产业化中发挥关键作用，文化创新战略为文化资源产业化提供动力支撑，人才聚集战略是实现文化资源产业化的智力保证，国际化战略是提升参与国际文化产业竞争实力的有效途径。只有这样，才能为促进文化资源的有效转化、合理开发和综合利用提供战略性保障。

第二节　文化资源产业化的实践应用

大力提高文化资源的产业化水平，实现文化资源向文化资本的转化，是文化体制改革的内在要求，也是文化产业结构调整的必然趋势。文化资源向文化资本的有效转化，为文化事业的发展、文化产业的壮大，奠定坚实的物质文化基础，从而增强中国文化产业的全球竞争力。而且，高水平的文化资源产业化，还能为进一步解放和发展生产力开辟新的道路。那么，如何才能实现文化资源的产业化？有哪些国际经验可资借鉴？我国文化资源产业化的现状如何？存在哪些问题？如何应对？这些都是本节所要讨论的问题。

一、文化资源产业化的国际经验

发达国家在完成工业化和城市化之后，纷纷把目光投向文化产业，制定并实施了一系列文化产业发展战略和政策，作为推动产业结构优化和经济转型升级的重要举措。文化产业发达的国家和地区，在文化资源产业化的市场规律、投资主体、人才储备、市场拓展等方面积累了成功的经验，为我国发展文化产业提供了有益的借鉴。

（一）加大政策扶持力度

文化产业发达的国家高度重视对文化资源产业化的政策扶持，文化产业的高度发达与完备的文化政策体系以及相关的法律法规是密切相关的。以美国为例，美国政府和各地方政府十分注重对文化产业的管理和投入，通过法律法规和政策杠杆来鼓励各州、各企业集团以及全社会对文化艺术进行支持。[①] 在公益性文化产业方面，早在 1917 年，美国联邦税法就明文规定对非营利性文化团体和机构免征所得税，并减免资助者的税额。同时，美国政府还注重通过制定优惠政策，鼓励各州、各企业以及全社会对文化事业进行赞助和支持。1965 年，美国通过了《国家艺术及人文事业基金法》，创立了国家艺术基金会与国家人文基金会，保证国家每年拿出相当比例的资金投入文化艺术。1967 年成立“公共广播公司”，负责非商业广播电视的资助。1996 年，美国组建了国家博物馆图书馆学会，专门负责对博物馆、美术馆和图书馆文化项目进行资助。在商业性文化产业方面，美国政府在国家贸易政策中借助美国强大的经济实力和国际政治上的优势及其在国际组织中的影响力，利用国际贸易多边规则来推动美国文化产品进入国际文化市场，为占领国际文化市场提供外贸政策上的保护。在此情况下，外国文化产品要打入美国市场，只能采取直接投资的方法；同时贸易保护政策也限制进口，造成市场封闭，限制国际竞争国内化，在一定程度上促成了美国国内较高的利润回报率，从而吸引大量国际资本投资美国文化产业。此外，美国政府还积极为国内文化产业的发展创造了各种有利的条件，从资金、市场、就业政策、税收、监管等方面积极推动文化产业的发展。美国在政策扶持方面的成功经验值得我们借鉴。

（二）按照市场规律运营

在市场经济条件下，按照市场化规律运营是文化资源产业化成功的首要前提。发展文化产业，最重要的是营造、维护一个自由的市场环境，保证受众充分的选择机会，在此基础上最大限度地发挥市场的调节作用和资源配置功能，造就全面开放的、面向世界的跨国大集团，占领国际市场。

① 严荔：《四川文化资源产业化开发研究》，65—66 页，北京，经济科学出版社，2010。

例如，美国的文化政策模式秉承自由主义传统，以文化产品生产、销售的高度市场化和政府干预最小化为主旨，完全以市场经济的规律进行文化产品的生产、销售，形成和培育成熟的市场经济运作模式；英国在文化管理上建立了比较完整的从中央到地方的三级管理体制，但文化管理部门一般不直接管辖文化艺术团体和文化事业机构，英国文化政策遵循着国家作为“赞助人”[①] 的角色，实行“一臂之距”的文化资助模式；日本高度重视文化行业协会等中介组织的作用，由行业协会把关文化产品的审查。我们在文化资源产业化的过程中，必须积极打造市场主体，以资本为纽带，实施大产业布局，大项目带动，大资本运作，更好地介入文化资源的开发和利用，推动文化产业发展。文化产业的主体——文化企业，尤其是跨国文化企业，必须采取全球性的市场战略，从资金、技术、信息等要素的全球自由流动中受益，通过市场竞争机制，注重开拓文化产品的海外市场，投入巨资进行市场宣传，进而获取高额垄断利润，占据国际竞争的有利地位。

（三）投资主体多元化

投资主体多元化是文化资源产业化开发的重要保障。文化产业的发展除了国家的扶持以外，还要大力拓宽投资渠道，形成完善的投融资体制，实现投资主体多元化。发达国家政府不仅鼓励多元投资机制和多种经营方式，还在文化产业的发展过程中形成了比较完善的融资体制。美国文化艺术团体得到的社会资助主要来自公司财团、基金会和个人捐助等，其数额远远高于各级政府的援助。英国对企业投资文化产业实行“政府陪同资助”，即如果企业决定资助文化事业，政府将陪同企业资助同一项活动；政府特别鼓励“新投入”，即当企业第一次资助时，政府陪同资助比例可达1∶1。[②] 民间投资是日本文化产业发展壮大的主要融资来源，大型文化活动的举办多依赖于企业、公司的参与和资助。在日本，约有800家企业拥有自己的博物馆和美术馆，几乎所有的日本一流大型企业都以各种不同形式支持、参与文化活动，将此视为改善企业形象的重要举措。

（四）合理布局文化产业

文化具有较强的地域性，每个地区都有自己独特的文化资源和区域文化特色。优化文化产业布局，充分发挥区域文化资源优势是文化资源产业化的重要途径。世界各国高度重视文化产业的集聚建设，美国百老汇地区

① Peter Duelund: *The Nordic Culture Model*. Nordic: Cultural Institute, 2003, p. 20.

② 魏鹏举、周正兵：《文化产业投融资》，321页，长沙，湖南文艺出版社，2008。

有36家剧院，每年为其所在城市纽约带来43亿美元的收入，并提供3.6万个就业机会，成为与好莱坞齐名的美国文化标志。韩国自2001年至2010年的10年间，全国共建10多个文化产业园区，10个传统文化产业园区，1至2个综合文化产业园区，形成全国文化产业链，旨在优化资源组合，发展集约经营，形成规模优势，提升研发生产能力和文化产业的整体实力。此外，韩国积极建立文化产业主题城市，各个城市根据自身定位，通过申请，由相关政府部门提供支援，建立主题性的文化产业城，目前已在京畿道、釜山等省市进行了设计城、电影城、电视剧城的开发建设。通过合理布局各地文化产业，结合当地文化特色和文化资源优势，明确各地文化产业发展定位，走文化产业特色化差异化发展之路已成为国际文化产业的共识。合理布局文化产业，要求加强对区域文化产业发展的统筹规划和分类指导，把优化产业布局作为文化产业发展的重点任务，鼓励各地根据资源禀赋和功能定位，确立文化产业发展重点，发挥各自优势发展特色文化产业，形成区域文化产业的协调共生格局。

（五）加大科技投入和应用

数字技术、卫星技术、网络技术等深刻影响着文化产业的发展，为相关领域的文化产业提供了强大的技术支持。随着现代通信技术、数字印刷技术、网络技术的加速发展和电脑的普及，现代高新技术在文化产业中的运用越来越广泛，运用高新技术推动文化产业的发展，已成为国际文化产业发展的一种趋势。西方各国通过加大对科技的投入和应用，不断提升其文化产品及文化服务的科技含量来开发、转变和引导市场消费热点，增强自身的市场竞争力。例如，日本借助计算机技术，强化了“动漫王国”的地位，使动漫产业成为日本第三大产业；韩国把数字游戏业确定为国家战略产业，借助计算机网络技术，大力提升数字游戏产业；美国则凭借广播影视技术的发达，实现了文化产业的空前繁荣。在文化科技化的潮流中，加强文化科技的针对性和实效性，积极发挥文化与科技深度融合在多领域的引领作用，极大地提升了文化和文化产业的创新力、表现力和传播力。我们应学习发达国家的成功经验，加大科技投入和应用，掌握技术传播和产业升级的主动权和引导权，塑造我国民族文化产业的价值优势、形象优势、品牌优势和国际优势地位。

（六）重视人才储备和培养

高素质的文化产业人才是参与市场竞争的有力武器，是西方文化产业发达国家保持竞争优势的重要原因。为保持在全球市场的龙头老大地位，美国文化产业凭借其雄厚的资金和广阔的市场前景，每年从世界各地吸引大量优秀文化艺术人才，源源不断地给美国文化产业注入新鲜血液。仅1990—1991年，独联体各国就有10万文化界人士外流西方各国，移居美国的就有3万多人，其中著名人士达1500人。[①] 英国把创意人才作为发展创意产业的第一要务，不断加强正规教育体系和成人业余教育等领域中艺术教育的投入，形成了职业课程、本科课程和研究生课程的多层次教学体系。韩国也高度重视文化人才培养，积极利用高等院校培养专门文化人才，设置文化类专业，利用网络及其他教育机构加强专业培训，加强与国外的人才交流，文化人才成为韩国文化产业发展的助力器和主力军。新加坡通过强调新加坡"博采东西之长的国际化教学模式"和"大力强化对创意产业领域的教育投资"吸引年轻人到新加坡学习和从事创意产业工作，目前，新加坡已吸引来自120多个国家和地区的8万多名学生，为新加坡在艺术、信息、广告、设计、管理等文化产业领域积累了巨大的潜在力量。

二、文化资源产业化的主要途径

通过市场化配置、集团化整合、多元化投入、科技化提升等方式，最大限度地挖掘文化资源的文化价值和经济价值，大幅度提高文化资源的集中度和增值量，实现文化资源向文化资本的转换，是国际文化资源产业化的成功经验。从文化资源的形态和具体的产业化过程来看，文化资源可从产品化、商品化和资本化三个层面实现其产业化。

（一）文化资源的产品化途径

文化资源作为一种以原生态存在的、有待开发与利用的、有市场增值潜能的资源品类，同其他任何一种资源一样，要想实现其经济价值，必须经过劳动加工转化为可供消费的产品。

1. 文化资源产品化基本思路

从资源到产品的转化过程，既是一个物态转化过程，也是一个经济价值增值的过程。文化资源受其自身特性影响，其产品开发必须遵循以下两个基本思路：

一是依托文化资源载体进行市场化开发。文化资源的产品化，特别是非物质文化资源的产品开发，不同于自然资源，必须借助于产品化的表现载体或者说承载平台。例如，陕西黄陵"黄帝祭拜"、广西桂林的"印象

---

① 张士伦：《美韩文化产业的发展经验对我国的启示》，《集团经济研究》，2007(5)，313页。

刘三姐”、云南丽江的“纳西古乐”、重庆丰都的“鬼文化”、民族地区的歌舞与宗教文化等，这些著名的文化资源如果没有具体的表现载体，就很难走进市场，难以形成文化产品的品牌。不可否认，各地都有丰富多彩的文化资源，但很多是听着极好，看后失望。这里固然有资源本身的品位问题、市场发育程度等原因，但更重要的是产品化程度不高，文化资源缺乏有效的表现载体。

二是政府助力，多方推动。文化资源的产品化往往是投入大、开发周期长、资本回收周期长的投资活动，必须有政府的大力扶持和利益协调。因此，文化资源产品化的发展状况和未来前景如何，与政府在其中扮演何种角色息息相关。政府应助力文化资源的产品化，积极出台金融、财政、税收、人才等方面优惠政策，提供博物馆、音乐厅、美术馆、大剧院等公共服务设施，加大对自主知识产权的保护力度。同时，政府也应有所为，有所不为，政府不是也不应当是文化资源产品化的主体，也不是文化产业发展的主体，而仅仅是文化产业和文化企业的服务提供者。在政府助力之下，社会各界积极推动文化资源的产品化，实现文化产业的高度发展。

2. 文化资源产品化应注意的问题

文化资源的产品化包含了文化资源整合、文化产品形成的过程，也包含了相关利益的重组过程。在文化资源的产品化过程中，应该把握以下几个原则：

一是将文化资源的产品化纳入市场运作轨道。文化资源的产业化是以市场为基础、以专业分工为条件、以资本为动力，通过创意、复制将文化资源转变为文化产品并将文化产品传播给消费者，为消费者提供意义和快感以满足其审美、求知、群体认同等文化需求的过程。将文化资源的开发纳入市场运作的轨道，形成与市场机制相匹配的文化资源开发管理机制已成为欠发达地区文化资源开发的当务之急。

二是文化资源的产品化必须解决人力资源的制约问题。开发文化资源是智力投入最大的领域之一，诸如文化资源存量的调查、资源开发的规划与设计、开发项目管理、文化企业的经营管理、文化市场的拓展与产品营销等等，均离不开专业的文化人才与市场人才。在欠发达地区，能否提供文化资源开发所需要的人力资源，将直接关系到文化资源开发的整体水平。从地方文化资源的产品开发的实际需要出发，多渠道和有针对性地培养人才是成功开发文化资源的基本保证。

三是文化资源的产品化必须“神”、“形”兼备。文化自身独特的神韵，是文化资源的灵魂，也是文化产品的魅力所在，更是文化产品的卖点所在。文化资源的产品化是一个文化资源整合与加工、提炼与升值的过程，应通过对文化资源“神”与“形”的传承与提升，进一步展示文化资源的独特魅力。绝不能为了想当然的产品开发而开发，开发出了产品的“形”，却丢掉了资源的“神”，最后成为“文化垃圾”，既破坏了文化资源，也失去了文化产品的卖点。①

四是地方政府应当有所为有所不为。文化资源的产品开发，是市场条件下的资源产品转化过程，所开发产品能否为市场所接受，能否最终实现资源的经济价值，起决定作用的是市场，而不是政府，这就要求地方政府“有所作为，有所不为”。因此，政府必须从传统的既管文化又办文化的体制框架中走出来，从“运动员”或“裁判员”转到“场地维护员”上来，深化拓展社会力量参与文化产业发展的空间，不断激发全社会参与文化资源产品开发的活力，有效推动文化资源产品化的投资主体多元化和开发模式多样化。

（二）文化资源的商品化途径

文化资源的商品化是指在文化资源中发掘特定的使用价值，使之成为市场所需的文化商品。文化资源的商品化要求按照市场经济的运行规律，按照社会公众的消费偏好进行文化资源的商品开发。

1. 文化资源商品化的原则

一是供给与需求平衡原则。在市场经济条件下，文化商品与其他商品一样，不是供给决定需求，而是需求决定供给。在文化资源的商品化过程中，必须严格根据文化商品的市场需求，促成文化商品的有效供给。文化需求有普通文化需求与奢侈文化需求之分，文化资源的商品化必须考量普通消费者的价格承受，切忌人为地拔高门槛。此外，随着社会的进步，公共文化产品也日趋丰富，文化资源衍生的文化商品，必须规避与公共文化产品的重叠。在市场经济条件下，文化资源的商品化必须对文化资源进行多角度、宽领域、深层次的挖掘，找准文化资源开发的主打产品，打造相关的衍生产业，形成自己独具特色的产业链。

二是传统与现代对接原则。文化资源是兼具人文价值和经济价值的稀缺资源，是民族记忆和人类历史的重要载体，有其具体的历史条件、特定

① 刘吉发、陈怀平：《文化产业学导论》，153页，北京，首都经济贸易大学出版社，2010。

内涵和价值指向，与当代社会存在一定的距离。文化资源的商品化，必须实行文化资源的创造性开发和现代化转换，从时代背景和文化建设的目标出发，探寻和发掘传统文化资源的现代价值，通过全新的创意和技术包装，在内容和表现形式等方面进行现代化的转换，促成其价值内涵和审美偏好的再发现，使其在当代人内心深处产生强烈的共鸣，在历史的时空转换中实现与现代社会需要的对接。

三是集约化与规模化统一原则。集约化经营、规模化发展是现代市场经济的必然要求，集约化和规模化相统一已成为区域文化资源产业化发展的共选之路。[①] 实践证明，凡是按照市场法则集约经营、按照现代企业制度规模运作的文化企业，都具有较强的凝聚力和竞争力。因此，在文化资源商品化过程中应力戒对文化资源的粗放型无序开发，使文化资源产业化从“多、小、散、弱”的低水平运行向集约化、规模化的高质量运行转变，促使文化企业在市场竞争机制的作用下进行资产的重组和再重组，使集约化的集团企业越做越大、越做越强。

2. 文化资源商品化的模式

文化资源的商品化是由文化资源到文化商品的形态转变，由非物质文化资源到物质产品的物化转变，更是一种质的转变；既包含了文化资源的样态变化，还蕴涵着其价值的增值，是一个复杂的系统的过程。在市场经济条件下，实现文化资源商品化的具体途径主要有以下几种：

（1）文化资源的项目开发模式

文化资源的项目开发是指通过对文化资源的遴选、整合与重组，在科学规划的基础上，推出文化资源的品牌项目或经典特色项目进行市场化运作与经营，实现特色文化资源的资本转化和价值增值；是以文化资源为内容和依托，通过周密的市场调查和系统的分析，利用已经掌握的知识、信息和手段，结合文化资源项目的具体特点，合理而有效地布局相关内容和进程，实现文化资源的经济效益和社会效益的双赢，促进该国家或者地区文化产业发展的手段与过程。这种开发转化模式需做大量的前期项目规划论证工作，可以使诸多文化资源系统要素得到协调发展，有利于文化产品品牌形象的塑造。

（2）文化资源的单体开发模式

文化资源的单体开发是指对典型性个体特色文化资源的利用现状进行

---

① 陶捷：《地域文化资源产业化发展谫论》，《中州学刊》，2011（5），207页。

比较分析，找出更有利于其发挥作用的领域和途径，进行直接的开发和资本转化，具有简单易行、见效快、增值快、重点突出、特色鲜明等特点，特别适合于人文旅游景区、历史街区、古建遗址、文化传说、宗教礼仪、饮食习俗等个性特征突出、独立性较强的文化资源系统。这种模式的不足之处在于易受市场经济利益的驱动，容易造成文化资源产品开发过程中的“亲疏有别”，如果必要的宏观调控和干预不到位，极易出现“只要西瓜，不要芝麻”的现象，使得部分文化资源开发不能融入区域经济社会的协调发展。

(3) 文化资源的节庆开发模式

文化资源的节庆开发是指以地方节庆为载体，通过对民俗文化资源的挖掘和整合，实现对地域文化资源的产品开发的模式。这一模式便于文化资源系统的整合和群体覆盖效应的产生，极易获得良好的资源升值回报，还可年复一年地重复进行，因此，这一模式被各地政府广泛采用，例如山东潍坊的“风筝节”、曲阜的“国际孔子文化节”、深圳的“国际文化产业博览会”以及近年来许多地方举办的具有浓郁地方色彩的“文化艺术节”等。这些文化节庆活动不仅给地方政府带来了社会效益，提高了地方知名度，也为地方带来了巨大的经济效益，真正实现了文化资源商品化的双赢目标。

(4) 文化资源的运营商开发模式

文化资源的运营商开发是指通过委托或承包方式，由运营商来进行文化资源的产品开发。这种模式既适应了当前中国快速发展的地方经济和地方政府行政管理职能的转变，也有利于资源向产品转化的市场运作。当前，文化产业作为第三产业的重要组成部分，已经从事业模式转变为产业模式，这是一场意义深远的社会变革。在变革与发展的过程中，充分发挥地域文化资源的作用，引入运营商开发模式和必要的市场化运作，将文化资源存量通过产品化转化为产品存量、货币存量，对加快区域发展，尤其是地方文化资源丰富的地区和欠发达地区的发展，具有极其重要的现实意义。①

(三) 文化资源的资本化途径

文化资源的资本化是指文化资源的优化配置所形成的产业形态及文化

① 刘吉发、陈怀平：《文化产业学导论》，158页，北京，首都经济贸易大学出版社，2010。

产品和文化服务，最终以货币财富和精神慰藉等形式表现出来。

1. 文化资源资本转化的推动机制

文化资源是文化资本的基础和来源，文化资本又是文化资源产业化市场化的结果和价值体现，二者互为因果、共同推动文化生产力的发展。实现文化资源的高效利用和文化资本的加速转化，必须构建文化资源资本转化的推动机制。

一是激发文化资源的原生动力。文化资源的形成过程、构成要素千差万别，区域自然环境和人文环境的影响各异，不同区域的经济社会发展水平、市场发育程度、文化产业业态形式也不同，这使得文化资源呈现出很大的地域性、差异化。充分尊重文化个性和差异，因地制宜、因时制宜，激发文化资源的原生动力，有利于文化资源的资本转化，形成具有地域特色的文化品牌。

二是推动文化要素的聚集与文化资本的整合。不同文化资源禀赋不同，必然存在不兼容和矛盾，这成为文化资源开发和实现资本转化的不利因素。因此，有必要加强各类文化资源间的文化要素同类归集和同质整合，使文化资源的整体优势得以发挥。一个地区的文化资源各分支系统本就相互依存，是个性与共性的结合体，而文化资源及资源要素在投融资领域中的聚集，也为文化资源及要素的整合创造了条件。① 对一个具体的文化资源资本转化项目而言，对文化资源系统中的特色和重点必须进行先后排序，还要兼顾文化资源的整体性，进行必要的整合，从而实现资本转化的规模效应，实现文化资源的更大价值。

三是提高文化资源的再生能力。文化资源是一种复合体，在其构成要素中，既有器物和实物资源，又有非物质形态的资源，一般情况下，后者可以被重复使用和不断创新。比如一个历史典故，可被影视、戏剧、文学作品不断地赋予新意，以多种形式演绎，还可以衍生出实体的文化产品和出版物。应加强现代科技手段的运用，充分与新媒体技术结合，努力发掘出文化资源新的文化内涵，使之成为新的文化资源。同时，对稀缺、濒危和涉及民族原创、原生态的文化资源必须坚持保护性开发，实现在保证文化资源安全前提下的可持续发展。

2. 文化资源的资本转化方式

在文化生产的过程中，对文化资源的内涵进行深度挖掘，使其转化为

---

① 黄庆：《文化资源的资本化刍议》，《当代文坛》，2011（4），40页。

文化资本，即文化资源的资本化运营，是文化产业发展的重要内容。文化资源的资本转化可以通过以下几个方式：

一是深度开发促进文化资源向文化资本的转化。文化资源从市场出发，以深度开发的文化内容、文化创意等产品形式，不断满足文化消费市场多层次、多样性的需要，使文化成为具有社会价值和经济价值的特殊商品，从而实现向文化资本的转化。[①] 要充分发掘、整理和利用文化资源，总结和提炼文化精神，赋予文化资源以新的内涵，将文化资源以思想资源、智力资源的形式直接渗透、融入经济活动，以文化附加值的形式将思想和智力转变为经济价值，从而实现文化资源的资本转化，使文化资源潜力转化为文化产业实力、文化资源优势转化为文化产业优势。

二是转变机制促进文化资源向文化资本的转化。市场机制是文化产业发展的重要条件，而资源配置、资源整合是文化市场发展的基础。通过要素市场的培育，促进文化市场的全面发展，是推动文化资源转化为文化资本的关键所在。（1）转变投融资机制。主流意识形态产品以国家投入为主，其他文化产品采取国家、社会、个人多渠道投入机制，鼓励民间资本、国外资本投入文化产业。大力支持资金投入、资源投入、品牌投入、运营模式投入等新的文化生产投入方式，实现投融资渠道的多元化。（2）转变生产机制。遵循文化发展规律，适应文化资源多门类、多层次、多形式的特征，按照现代企业制度的要求，采取批量化、标准化、工业化的生产运营方式，以多角度、宽领域、深层次的开发打造文化产业链，实现文化产业结构的制度性变革，加速文化生产力的发展。（3）转变管理机制。按照文化行业特性实行管理，政企分开、政事分开，既注重文化产品内容上的性质与质量，又要鼓励文化产品的多样性、差别性，以满足人们日益增长的物质文化需求为管理目的。[②]

三是通过高新技术促进文化资源向文化资本的转化。近年来，现代传播媒介的高速发展，宽带技术、多媒体传播、数字化与互联网的兴起，对传统的经济与文化生产方式产生了巨大的冲击，给当代社会产业结构带来了革命性的影响。要加快文化资源向文化资本的转化，必须借助高新科技手段，引导文化产业与高新技术产业的合作，利用现代信息和数字技术作

① 姚伟钧：《从文化资源到文化产业——历史文化资源的保护与开发》，18页，武汉，华中师范大学出版社，2012。

② 贾青松：《论文化资源转变为文化资本的现实途径》，载《四川文化产业发展报告》，31页，北京，社会科学文献出版社，2006。

为平台，实施高科技、数字化工程，突破行业限制，改善合作关系，推动产业内和产业间的融合，提升技术水平和国际竞争力，用科学技术带动文化资源向文化资本的转换。

四是通过培育文化产业复合型人才推动文化资源向文化资本的转化。文化产业专业人才的匮乏，是制约我国文化产业发展的瓶颈，严重影响了文化资源向文化资本转化的持续性。造就大批文艺专业素质与市场经济素质兼备的复合型专业人才，已成为当务之急。应鼓励研究机构和高等学校参与文化产业人才的培养、培训工作，为文化产业可持续发展积蓄人力资本。还要建立与文化生产规律和市场经济规律相适应的人才培养选拔制度和奖励制度，培养和引进一批高层次的文化专业人才、文化管理人才和文化经营人才，造就一批引领时代潮流的文化名家、大师，形成一支结构合理、素质优良、实力雄厚的文化人才队伍。① 唯其如此，才能有效提升我国文化产业人才的现有格局，确保文化资源向文化资本的持续转化。

三、我国文化资源产业化的现状、问题及对策

在全球化背景下，文化产业作为一种朝阳产业日益受到人们的广泛关注，文化产业在国民经济中的地位和作用日益凸现，并被国家列入战略发展规划。目前我国文化产业结合自身优势，借鉴国外成功经验，总体发展势头是好的，但也存在不少问题，这些问题限制了文化资源产业化的进一步发展，亟待解决。

（一）我国文化资源产业化的现状

改革开放以来，我国以文化资源为基础，对文化资源的产业化进行了有效探索。近年来，我国文化产业发展迅速，文化产业规模不断扩大，文化产业增加值占 GDP 的比重稳步提升。数据显示，2004 年至 2008 年间，文化产业增加值的年平均现价增长速度达 22%，高于同期 GDP 的年平均现价增长速度 3.6 个百分点。2009 年，我国文化产业增加值达 8786 亿元，比 2008 年增长 22.61%，约占 GDP 比重的 2.5%。2010 年，我国文化产业增加值为 11052 亿元，比 2009 年增长 25.79%，约占 GDP 比重的 2.75%。2011 年，文化部正式发布了《“十二五”时期文化产业倍增计划》，提出“十二五”期间，文化部门管理的演艺、娱乐、动漫、游戏、

① 姚伟钧：《从文化资源到文化产业——历史文化资源的保护与开发》，20 页，武汉，华中师范大学出版社，2012。

文化旅游、艺术品、工艺美术、文化会展、创意设计、网络文化、数字文化服务等行业产业增加值年平均增长速度要高于20%，2015年比2010年至少翻一番的目标。

2004－2010年中国文化产业增加值

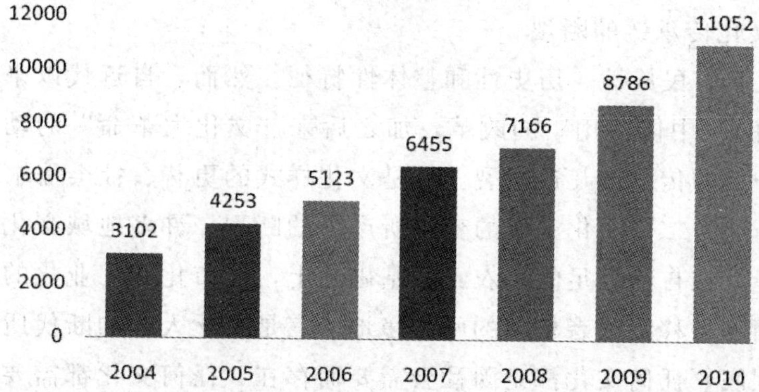

数据来源：据历年国家统计局发布的文化产业相关报告整理。(单位：亿元)

（二）我国文化资源产业化存在的问题和制约因素

改革开放以来，我国各地在促进文化资源的产业化方面，进行了积极探索和大胆实践，取得了明显的成绩。但是，在肯定成绩的同时，我们也要清醒地看到，文化产业的发展还存在不少问题，如文化资源的产业化水平不高、文化资源优势尚未转化为文化产业优势等问题，普遍困扰着各地文化产业的发展，尤为突出的是，文化产业发展还存在观念落后、文化传承断裂等方面的制约因素。①

1. 思想观念较为落后

在文化资源产业化过程中，存在思想观念落后于产业发展实际的情况。具体表现在四个方面：第一，对文化与经济的关系认识不清。如，习惯于把文化当作意识形态、上层建筑的一部分，强调文化的政治教化功能，忽视或刻意回避了文化的产业功能；对文化与经济的长远协调发展认识模糊，尚未意识到文化滞后对未来经济发展的严重制约，把文化与经济割裂开来。第二，对文化产业的经济实体性质认识不清。习惯于计划经济体制下由政府统一规划、统一领导和直接投入、直接经营的事业型模式，未将文化产业作为独立产业门类纳入国民经济发展总体规划。第三，对文化产品的特殊属性认识不清。往往把文化产品的意识形态属性和商品属性

① 许钢：《我国文化产业及其政策》，载王育济、齐勇锋、侯样祥、韩英主编：《中国文化产业学术年鉴1979－2002年卷（上册）》，56页，济南，山东大学出版社，2009。

对立起来，片面强调文化产品的社会效益，而忽视或放弃文化产品的经济效益。第四，文化资源的建设性破坏较为严重。在经济利益的驱动下，尤其是在中西部地区，不仅文化资源正在遭遇建设性破坏，民俗风情和文化传承也受到外来文化的冲击和侵蚀。

2. 文化传承链的断裂

文化具有民族性、历史性和整体性特征。然而，自近代以来，西方列强的侵侮、“中体西用”的改革，加之后来“文化大革命”的动乱，致使绵延数千年的传承链几近断裂。一是文化样式的更替、社会需求的变迁所导致的断裂。二是文化土壤的变化所产生的断裂。许多地域文化资源的累积，是建立在自给自足的小农经济基础之上，城市化和工业化的进程使这些资源面临被移栽或者枯萎的两难境地。三是文化人才的断代所造成的断裂。说到底，任何文化都是因社会需要而存在，任何文化都需要人才的传承而生存。当某种文化的社会需求锐减，传承者势必也随之锐减。

3. 管理体制较为落后

文化体制改革滞后于经济体制改革，制约了文化产业的发展。一是在政府与文化产业单位关系上，政企不分、管办不分。国有文化资产的所有者与经营者关系没有理清，所有权与经营权没有分离，经营责任不明确。二是在文化公益事业与文化产业的关系上，界限模糊，职责不清。大部分国有经营性文化单位还没有成为真正的市场主体，缺乏市场意识、竞争意识，尚未步入产业化经营轨道。公益性文化事业单位仍然是单纯的社会服务型事业单位，自身创收能力很低，完全依靠政府投入，在投入不足的情况下，出现了经费短缺、设施陈旧、功能萎缩等重重困难。三是在不同部门所辖文化产业单位之间的关系上，还没有打破行业垄断、条块分割、业务交错的局面，无法形成对文化产业资源的整合能力。

（三）我国文化资源产业化的对策分析

发达国家文化产业发展的实践历程表明，充分利用和开发各种文化资源，有效挖掘文化资源的价值，将现有的文化资源转换为文化产品，最大限度地实现文化资源的产业化，是发展文化产业的重要战略举措。[①] 综合我国文化资源产业化的现状，结合我国文化资源产业化开发的制约因素，目前可以提出的主要对策有：

---

① 张彩凤：《论我国文化资源的产业化开发》，《中共济南市委党校学报》，2005 (3)，77 页。

1. 深度挖掘文化资源的丰富内涵和积极因素

丰富的文化资源并不是某地文化产业发展的充分条件，与其说文化资源可以成为产业发展的优势，不如说有效整合文化资源的能力才是真正的产业优势。因此，必须增强有效整合文化资源的紧迫感和竞争意识，深度挖掘文化资源的丰富内涵和积极因素。以往的文化资源产业化，大多注重物态文化资源的产业开发，而忽视了精神文化资源的现代价值。实际上精神文化资源往往具有较强的稳定性和较大的产业魅力，应该深度挖掘文化资源的丰富内涵，高度关注精神文化的价值。在文化资源产业化过程中，还应采取“取其精华，去其糟粕”的态度，大力弘扬先进文化，支持健康有益文化，努力改造落后文化，坚决抵制腐朽文化，发挥文化资源中的有益因素，发挥其对维护祖国统一、民族团结、社会安定等的积极作用。

在得天独厚资源的基础上，通过产业结构调整，使国民经济的各个产业部门协调发展，是文化产业发展的理想状态。但是，由于受交通、地理、经济等条件的制约，在文化资源产业化的过程中必须因地制宜，坚持“有所为，有所不为”，合理布局、重点开发，避免所有产业一哄而上的急功近利行为。①

2. 科学认知文化资源的产业价值

我们生活在一个全面建设小康社会的时代，人们的消费需求正逐渐向高档次、多元化方向发展，文化产品和服务的消费支出逐步增大，我国正在兴起一种追求有文化品位而又经济实惠的文化消费的潮流。改革开放以来，好莱坞大片、日韩电视剧、电子游戏等文化产品已经成为我国大众文化消费的重要组成部分。跨国旅游日益兴旺、互联网文化强势发展等，都昭示着文化消费的全球化趋势日益显现。商场里琳琅满目的图书、音像制品、体育休闲用品等用于文化消费的商品随处可见，节日休闲消费、假日旅游、网络文化消费等不断增长，都表明了文化消费的巨大潜力。

在这样一个文化消费潮流勃兴的时代，文化资源的产业化开发显得尤为紧迫并极具发展空间。科学认知我国现有文化资源的产业价值，是我们开展文化资源产业化开发的必要前提。首先，要具有国际视野，要敏锐地洞察文化发展和消费的国际潮流和趋势，灵活地捕捉国际文化消费市场的多变信息，根据时尚潮流和市场需要来审视和认知我国文化资源的产业价

① 贵州省土家学研究会、贵州民族出版社编：《土家族研究》第5集，167页，贵阳，贵州民族出版社，2008。

值。其次，要对各类文化资源的产业价值进行系统调研、科学定位，全面把握文化资源的总体状况，对各地文化资源的未来发展进行科学筹划。第三，要对文化资源的产业价值进行分层次、分行业界定。文化产业行业众多，不同的行业需要不同的文化资源，对文化资源的价值界定要充分显示出行业差别，进行细化分类，才能更好地把握和发掘其产业价值。

3. 着力凸显区域文化资源的独特优势

在我国辽阔广大的土地上，可以说，每一个区域都拥有各种各样独特的文化资源。如何科学、合理地发掘这些文化资源，是各地发展文化产业过程中必须面对的课题。许多地方在这方面积累了成功经验，例如云南充分挖掘自身特有的文化资源优势，在文化产业界形成了独特的“云南现象”，丽江的“丽江金沙”，杨丽萍的“云南映象”，大理的“风花雪月”等[①]，成为云南独有的文化品牌，展示了云南民族文化的丰富性和多样性。各地必须在凸显区域文化资源的独特优势方面下功夫，努力打造区域文化资源的品牌效应。

在发挥区域文化资源优势的过程中，应注意几个问题：第一，对本区域的文化资源的特色、优势进行科学定位，切忌雷同和边缘化；第二，摸清家底，厘清文化资源谱系，做好文化资源开发的科学、合理规划；第三，本区域文化资源产业化也要有大视野、大角度，实施重大项目和重大品牌带动战略；第四，要立足高起点、高水平、高品质，打造区域文化产业的品牌产品。

4. 提高文化资源集约化经营水平

由于我国的文化产业刚刚起步，无论是文化产业的经营理念、策划运营能力，还是资源整合能力，都不够成熟和前端。面对丰富的文化资源，我们却无法制作出精美的文化产品，要改变这一状况，只有充分发挥我们的智慧力、创造力、想象力，尽快全面提升发掘、整合、开采文化资源的能力，把丰富多彩的文化资源打造成文化产业的饕餮大餐，实现文化资源的成功转化，同时，要提高文化资源的集约化经营水平，提高文化资源的利用率。

怎样提高文化资源集约化经营水平？首先，要强化市场理念。文化资源的产业化开发必须植入理性的市场观念，在保障文化产品和服务健康、

---

① 张彩凤：《论我国文化资源的产业化开发》，《中共济南市委党校学报》，2005(3)，78页。

积极的前提下要关注文化产品和服务的市场效益，使我国文化产业走上良性运转的轨道。其次，加强文化资源的创意研发。文化资源实现产业化开发的关键是处于文化产业链上游的、能被大众接受的创意，文化创意往往能令人耳目一新，具有不同凡响的震撼力。第三，树立大文化整合的理念。在进行文化资源整合时，一定要摈弃狭隘的文化观念，树立大文化的理念，按照“文化就是人们的生活方式”这一理念看问题，不断扩展文化资源的内涵与外延，使之成为文化产业发展的真正优势所在。

5. 坚持以保护为主的文化资源产业化开发

文化资源是一种稀缺资源，保留着许多历史记忆元素，具有不可修复性，具有珍贵的历史文化价值。为了文化资源的永续利用，造福子孙后代，必须对文化资源进行有效保护。“保护是硬道理”是对待文化资源的一种基本态度。文化资源的保护必须基于当地居民的自觉，“与当地民族真诚的持续的合作，使各民族增强对自己文化的信心，提高对其文化进行自我传习、保护和发展的能力”，“民族文化的保护必须是基于本民族自觉的内在的意愿，不是‘冻结’，更不能靠外在的强制力量来限制，发展也并非外来的开垦，而应该强调自动的演进”。①

要更好地保护文化资源，除了在认识上树立起明确的保护意识，还要制订如何进行保护的具体措施和办法。近年来，很多地区都在积极探索不同的形式和途径，如把文化资源的保护纳入到生态学视野中，以生态学的方式积极开展保护工作，建立“民族文化生态村”、“民族生态博物馆”、“民族文化传习所”等，为文化资源的保护提供了一种可供推广应用的模式。保护文化资源的各种方式和途径，应该纳入制度化和规范化的轨道，实现文化资源保护的常态化和法制化。

6. 合理适度地开展文化资源的产业化

文化资源的开发利用是为了更好地为当代社会发展服务，满足人们对文化的欣赏、体验、了解和传承等需要，是一项造福社会和子孙后代的伟大工程，意义深远。在文化资源开发中一定要避免过度开发和滥开发等行为。把文化资源当作拉动经济增长的“摇钱树”，只顾眼前经济利益，一切向钱看，以牺牲文化资源保护为代价的文化资源开发都是短视的行为。②

① 周文中等：《民族文化的自我传习、保护与发展》，载《云南民族音乐论·总序》，昆明，云南大学出版社，2000。

② 张胜冰：《文化资源与文化产业》，132页，长沙，湖南文艺出版社，2008。

“文化搭台，经济唱戏”并不是一种符合文化发展要求的合理的开发利用方式，而是只顾经济利益的商业开发行为，使得文化资源开发沦为捞取经济利益的手段。合理适度的文化资源产业化，应首先考虑文化资源的生态恢复与生态现状，要按生态要求而非经济需要来进行文化资源的产业化。只有这样的开发利用才能促使优秀的传统文化资源得到更好的发掘，才能促使传统文化的精华得到提炼、弘扬和发展。此外，在开发利用文化资源时，一定要保持文化资源本身的纯洁性和真实性，避免对文化资源的任意篡改、滥用和庸俗化，避免因曲解文化资源的文化内涵而对社会产生消极影响和负面效应。

7. 发挥市场在文化资源配置中的基础作用

充分发挥市场对文化资源配置的基础性作用，打破地区、部门、行业、所有制界限，对文化资源进行重新整合，提高集约化经营水平和产业集中度，支持文化企业跨地区、跨行业投资和经营，不断拓宽经营范围，调整经营结构，拓展发展空间。依托有实力的文化企业，以市场为导向，以资本和业务为纽带，通过联合、重组、兼并、上市等方式，整合优势资源，重点发展一批拥有自主知识产权和文化创新能力、主业突出、核心竞争力强的大型文化产业集团。[①] 要深化体制改革，使文化资源的配置由传统计划配置方式转向主要依靠市场配置和市场机制的方式，利用市场化手段实现文化资源的优化配置和有效整合。计划经济时代的计划配置方式和行政调配手段，容易造成文化资源配置的失衡和低效率，资源存量难以集成扩大。[②] 市场化配置方式可以有力促进文化资源配置的合理化和高效化，加快实现资源增量。

8. 加强文化资源的创意化和科技化开发

文化资源价值的实现和提升，需要通过产业化和市场化方式促使其转化为文化资本和文化产品，更要通过创意化和科技化手段实现有效开发和高效利用。创意化开发是推进文化资源转化和文化产业发展的深层动力，资源再生能力有限而文化创意无限，文化资源的创意开发对文化产业的发展具有根本性意义。应着重提升自主创新型开发能力，提高资源创意开发

---

① 张彩凤：《论我国文化资源的产业化开发》，《中共济南市委党校学报》，2005 (3)，79 页。

② 湖北省高等院校人文社会科学重点研究基地、三峡大学三峡文化与经济社会发展研究中心、湖北省三峡文化研究会等编：《三峡文化研究》第 8 辑，215 页，武汉，武汉出版社，2008。

和产业创新发展的水平，充分利用民族文化资源的鲜明特色和潜在优势，着眼于内容领域的深度挖掘和标新立异，创制品牌来整合和利用文化资源，开发高文化含量、高附加值的文化名品，扩大文化产品的市场占有率。[①] 创意性开发文化资源，还要求确立文化资源有效利用的良性循环发展模式，确保文化资源开发的潜在力和后续力。

同时，科学技术已经成为现代社会文化资源开发和文化产业发展的重要动力支撑，用高新科技来改造和武装文化资源的开发和转化，是当今文化产业发展的一大趋势。文化资源与科技的融合，不仅催生了很多新的文化业态，培育出新的文化消费群体，还推动文化产业向技术密集的方向发展，创造出新的文化服务方式。高新技术特别是信息技术为传统文化产业的改造与升级提供了难得条件，也为以信息技术为载体的创意设计、动漫游戏、数字内容等新兴文化产业提供了技术支撑，有力地推动文化企业实现跨越式发展。因此，通过实施文化科技提升计划，搭建现代文化产业科技创新和成果转化的公共服务平台，同时用现代技术升级传统文化产品和服务，努力提高文化产品的科技含量，是提升文化企业市场竞争力，实现文化产业跨越式发展的有效途径。

① 湖北省高等院校人文社会科学重点研究基地、三峡大学三峡文化与经济社会发展研究中心、湖北省三峡文化研究会等编：《三峡文化研究》第8辑，220页，武汉，武汉出版社，2008。

第六章　文化资源的整合与优化配置

文化资源是一个复杂而又庞大的系统，文化资源系统内的每一个要素之间既相互联系又相互制约。在文化资源产业化的过程中，要充分考虑地区之间的文化差异，运用市场手段对文化资源进行整合，依据文化资源的特质、种类和品位进行集聚和重组，组成一定的产业链和产业集群，探索具有区域特色的文化资源开发模式，从而因地制宜地发展文化产业，形成文化资源产业化的巨大发展空间。

第一节　文化资源的整合

我国文化资源产业化起步晚，各地文化产业发展过程中普遍存在的问题如文化资源利用率低、文化企业规模小、文化产品品牌少、文化园区集约程度低、文化产业竞争力弱等，制约着文化资源产业化的发展水平。加强文化资源的整合力度，提高文化资源产业化集约度，成为文化产业发展的当务之急。通过文化资源的整合，以具体文化项目的形式对文化资源进行“再造”，实现在不同时空领域中零散分布的资源的有效衔接，由部分、局部到整体的组合以及价值与效率的质变，可以有效避免同质化的低水平重复建设和恶性竞争，充分发挥文化资源产业化的辐射功能和带动作用。

一、文化资源整合的内涵和类型

在文化资源的产业化过程中，文化资源开发是起步，文化资源利用是展开，但文化资源从开发到利用，必须有中间环节，这个中间环节就是文化资源的整合。文化资源的整合就是在文化产业开发时将区域内的文化资源作为一个整体和系统，对系统内各种不同来源、不同层次、不同结构、不同内容的文化资源进行识别与选择、汲取与配置，使这些文化资源通过某种方式互相衔接和有机融合，最终形成资源共享和协同发展，从而实现文化资源效益的最大化和利用率的最优化。文化资源的整合，实质上是以工业化的方式进行文化产业的“产、供、销”，必须参考工业化生产的一般做法，但是不能照搬照抄工业园区做法，不能违背文化发展的规律或脱离经济社会实际搞“一大二空”的产业园区，必须尊重文化产业的客观规律，循序渐进，通过资源整合和集聚发展，以最少的投入取得最大的经济、社会效益，引导文化产业化健康持续发展。

文化资源整合必须树立“大文化”的资源观，建立综合性的文化资源管理协调机制，充分发挥市场调节文化资源配置的基础性作用，通过改组、联合、兼并、收购、租赁和承包经营等多种形式，实现跨区域、跨行业、跨部门的文化资源整合。根据整合对象和整合方式的不同，文化资源整合的具体类型和内涵也是不同的。

（一）区域文化资源整合和部门文化资源整合

按照文化资源整合内容的不同，文化资源整合可以分为区域文化资源的整合和部门文化资源的整合。

区域文化资源的整合，是指按照文化资源特质的相似性，打破文化资源的行政界线和地理界线，进行文化资源的空间整合。在传统计划体制下，从中央到地方各省、市、县都设立了各自的文化单位，各文化单位拥有相应的文化资源及其服务的区域和对象，在一定程度上限制了文化资源的空间整合。随着文化体制改革的不断深入，文化产业化潮流的形成，文化资源配置的区域性必然被打破。通过区域性的市场竞争和协作，各区域的文化资源在一定的联系和逻辑下整合为一个统一的文化单元，形成一个大区域的文化产业亮点。例如，山东济南的鹊山、华山和大明湖，尽管地理空间相距甚远，但古人以“鹊华烟雨”的理念“合标其胜”，构成了济南文化旅游空间上的“大景观”。

部门文化资源的整合，是指文化部门、宣传部门、金融部门等文化产业相关部门资源的整合。我国大部分文化资源主要归属于文化部门和宣传部门，前者包括演出、文博和群众文化等单位的资源，后者包括社会科学研究、广播电视和新闻出版等单位的资源。聚集在这些部门的文化资源，不仅在部门间呈分割利用状态，而且在部门内部的各单位间也大体如是，造成资源的低效率利用状态。[①] 例如，艺术团体与广播电视单位的分离，使得艺术单位不能充分利用广电媒体的优势进行宣传和推介，广播电视单位也丧失了稳定的内容来源和稳定的广告收入来源，无法形成艺术团体与广播电视单位文化资源的合作共赢局面。因此，实现部门间以及部门内部各单位间文化产业资源的整合，提高资源利用效率，是文化资源产业化发展的迫切要求。

（二）多种文化资源间的整合和文化资源与非文化资源的整合

按照文化资源整合类别的不同，文化资源整合可以分为多种文化资源之间的整合、文化资源与非文化资源的整合。

文化资源的内容是多方面的，既包括历史文化资源、民俗文化资源，也包括音像出版资源、网络文化资源等。多种文化资源之间的整合，既有某一方面文化资源的整合，也涉及多个方面文化资源的整合。不同文化资源的存在形态、传播途径、价值实现方式各不相同，影响力、渗透力及传播范围也各有差异，在文化资源整合的过程中，要格外注意这些不同和差异，促进文化资源之间的协调发展。

文化资源与非文化资源之间的整合，是指充分挖掘文化资源的文化价值，实现文化资源价值内涵与外延的拓展。例如，迪斯尼公司从最初的开发动画片起家，之后利用人们对动画片音乐的喜好，经营动画音乐的连锁店，之后再把人们引入主题乐园，20 世纪 60 年代又在乐园附近建造大型的迪斯尼宾馆，从而把文化资源整合到了商品零售业、宾馆业的发展当中。这种整合拓宽了文化资源的利用渠道，也为其他产业开辟了新的竞争手段和赢利途径，有利于国民经济整体的发展。[②] 在文化资源的产业化过程中，必须高度关注文化资源与其他资源的交流与整合，促进社会经济文化的协调发展。

二、文化资源整合的必要性

在文化资源的产业化运作中，对各种文化资源的整合，可以产生整体效应和比较优势，实现区域文化产业的高效发展。文化资源整合的重要性和必要性主要表现在以下几方面。

---

① 熊元斌、孙建超：《文化资源创新开发及其产业化路径》，载《中国文化创新报告(2010 版)》，211 页，北京，社会科学文献出版社，2009。

② 熊元斌、孙建超：《文化资源创新开发及其产业化路径》，载《中国文化创新报告(2010 版)》，212 页，北京，社会科学文献出版社，2009。

(一）文化资源整合是提高文化竞争力的必然要求

一切过去时代的文化资源，都可以在现代语境中重新阐释和创新开掘；任何文化资源要想成为生动、活跃的“资源”或“文化”，都必须与现代的精神生活需要相联系。在文化资源的现代转换过程中，文化资源的整合至关重要。当前，西方文化以全球化视野，通过现代化技术、商品化途径、市场化方式等赋予文化资源“无国界”的新形象。全球化的文化产业竞争比传统的商品竞争更为深刻、更为持久。文化资源成了一座无主的金矿，以中国文化资源为原材料的文化产品、以中国神话为原型的故事改编、以中国民间工艺为模版的艺术加工，风靡全球却非中国制造，形成了对中国文化产业的有力竞争和严峻挑战。

文化资源的开发，既涉及中华本土文化资源的开发，也涉及世界文化资源的开发。同样，文化资源的整合，既涉及中华文化资源内部元素的整合运用，也涉及中华文化资源和世界文化资源的整合。美国作为一个移民国家，以全球文化为渊源，以多元文化共生共存为准则，借助他国的文化资源进行文化产业的开拓与运营，取得了文化效益和经济效益的双丰收，美国提升本国文化竞争力的成功经验值得我国借鉴和学习。近年来我国的文化产业有较大起色，但是国际竞争力亟待提高。目前中国已是生产、储存、传播文化内容的器物工具和物态载体等文化硬件产品的第二大出口国，仅次于美国。但是，我们的广播、电视、电影、动漫、图书、视听艺术、表演艺术等文化软件（内容）产品却始终徘徊在世界文化贸易的边缘，无法构成与中国政治、经济大国相匹配的文化竞争力，不足以支撑“文化贸易大国”的地位。各种文化软件产品是世界了解中国的主要途径，是构成中国文化竞争力的直接来源，积极整合文化资源，发展中国特色的文化产业，是提高文化竞争力的不二法门。

(二）文化资源整合是发展特色文化产业的有效手段

我国文化资源内容丰富、潜能和价值巨大，具有分布区域广、种类形态多等特点。在以往的文化资源产业化过程中，各地基本上是各自为政，很少进行综合性、整体性、深度性的开发，加之各地对文化资源的重视程度不同，投入力度不一，各地文化资源的开发利用程度和效果悬殊较大。有鉴于此，应通过文化资源的整合，使那些分散、无序的文化资源转变成集中、有序的文化资源，聚合相关力量挖掘和发挥这些文化资源优势，促使这些特色文化资源得到充分利用，形成更多更好的文化材料，产生更大更强的文化能量。在文化资源的整合过程中，不同地区的相同文化资源因物以类聚而有机地组合起来，其优势和特色将会更加突出和明显，不同地区的不同文化资源则在整合下形成优势互补，发挥出整体作用，产生出整体效应。

近年来，文化资源整合的成功范例是湖南长沙。长沙作为湖南省省会、历史文化名城，旅游资源丰富，景区景点和人文古迹众多，但仅凭单个景区的体量和知名度，参照5A级景区的创建标准，无论哪一家景区单独申报都很难成功。而长沙市依据文化资源整合的理念，突破了自然空间的局限，将麓山景区、橘子洲景区、岳麓书院、新民学会四个不同区域的文化资源整合为一个“大景观”，构成了“山、水、洲、城”的文化品质，联合申报国家5A级景区。2011年9月，国家旅游局正式下文批复“岳麓山—橘子洲”为国家5A级景区，实现了长沙国家5A景区零的突破。从正式提出申报到入选，前后仅用了14个月的时间。可见，各地的文化资源一旦得到有效整合利用，就会产生强大的文化冲力和巨大的文化效应，形成独具特色的区域文化产业。

（三）文化资源整合是时代发展的大势所趋

自中共十五届五中全会第一次在中央正式文件中提出“文化产业”概念以来，“十一五”期间，近20个省市提出了建设“文化大省”或“文化立市”的战略目标，“十二五”期间，各省市几乎都制定了独立的文化产业规划，出现了文化产业发展大潮。随着文化体制改革步伐的加快，打破文化资源的行政化配置体制、调整和整合文化资源已是大势所趋。各地进行体制改革，开始突破按行政区划及行政级次配置文化资源的传统体制，经营性文化单位显露出强烈的扩张欲望。文化系统以外的国有资本投资文化产业的愿望十分强烈，并开始进入部分文化产业领域。非公有资本投资文化产业的积极性很高，已进入政策许可的领域，推动了文化资源的调整和整合。发展文化产业已经成为加快产业结构优化、经济发展方式转型、推进特色文化城市建设、促进区域可持续发展的重要手段。

我国文化资源和文化企业正在进入一个大规模调整、大范围整合的时期。文化与工农业、文化与科技、文化与资本的融合不断加快，行业界限越来越模糊，出现了内容和平台、硬件和软件的资源融合和边界淡化趋势。2009年，国务院通过了《文化产业振兴规划》，把推动跨地区、跨行业联合或重组，尽快壮大企业规模，提高集约化经营水平，促进文化领域资源整合和结构调整，作为当前振兴文化产业的重点任务之一。在这一大好形势下，文化产业各有关单位应当以开放的心态，积极参与文化资源的整合工作，在同骨干文化企业实行联合或重组的基础上谋求发展，借文化资源整合的良好机遇取得在文化市场中的竞争优势。

三、文化资源整合的原则

文化资源的分散性和封闭性已经严重地阻碍了我国文化产业的发展，尽快实现资源的整合是文化产业发展的迫切要求。在文化资源的整合过程中，必须坚持以下几点原则：

（一）合理性原则

在文化资源的整合之前，必须通过调查、统计、分类、评估，对文化资源现状有一个较为明晰的认识，切忌忽视文化资源本身的发展特点而生搬硬套或牵强嫁接。在对要整合的文化资源的现状有了较为明晰的认识后，根据文化产业发展的各项要求确定文化资源整合的程度，切忌贪多贪大不顾发展条件和目标的限制，以致文化资源整合无法有计划、可持续地进行。此外，文化资源的整合不是一蹴而就的，必须根据文化资源的现状制定分阶段的项目计划，或者在总项目计划下设定子项目计划，逐步推进文化资源整合项目的实施。

（二）合作性原则

文化资源在内容、形式、空间分布和历史传承上的相近相似性，以及文化资源跨越不同形式、行业和时空的分布状况，使得文化资源整合的合作与共享成为必要和可能。要摈弃各自为营的传统竞争观念，打破地区封锁，弱化地域概念，强化跨区合作、互利共赢的发展理念，实现多个相关区域和行业的优势资源整合。例如，对于黄河文化资源的整合，必须加强黄河流域的沟通与交流，加强黄河河务局、水利局、林业局、文化局、旅游局等相关部门的资源共享与合作，积极培育与维护“黄河文化圈”。

（三）可持续性原则

文化资源的整合要保证整合的可持续性和文化资源的可持续性。文化是不断发展的，文化资源整合的构想也是不断发展的。这就要求文化资源整合的项目策划要有前瞻性，能够既满足又引导人民大众不断发展的文化需求，为今后的发展和进一步提升预留接口，预留可供调整的资源和空间，从而能够较好地根据文化需求变化进行调整和延伸。在文化资源的整合过程中，必须关注文化资源及其环境的保护与合理利用，在对文化资源之间及与其他资源之间的整合中要注意文化资源自身的特性和与周边生态环境的相互协调。

（四）人性化原则

人性化是指文化资源的整合中要注意“人”在文化资源存在和构成中的作用，具体地说就是文化资源应具有的一种“人情味”、“精气神儿”。人是文化的创造者和经历者，是构成文化资源一个特殊的部分，“追求人性化是现代文化资源产业开发的新趋势”①。在文化资源的整合中，必须考虑到文化资源创造者和经历者的实际需要，尊重当地居民的生活和文化发展需要，尽量避免文化资源整合可能带来的消极影响及由此造成的当地居民情绪反弹。文化资源整合，既要着眼于文化资源本身的整合，也要注意维系和改善人与文化资源之间的联系，确保文化资源整合项目的可持续发展。

（五）协调性原则

文化资源的整合必须协调文化资源本真性与时代性的关系。文化资源的整合离不开传统文化的现代化开发这一命题，必须认真把握文化资源特性与现代化的共性，实现文化资源的本真性与时代性共享合作基础上的差异化、特色化和互补化，努力做到既保证文化资源的独特性，又保证历史传承的文化精神和时代要求相结合。文化资源的整合还必须协调不同开发程度的文化资源之间的整合。文化资源的整合可能会涉及已经开发和计划开发的文化资源，这就需要对这两种文化资源加以重新审视，使之与正在进行的文化资源整合要求相适应，对已经开发的文化资源进行相应改造和升级，对准备开发的文化资源进行相应的调整。

四、文化资源整合的维度

文化资源的整合必须在调查和分类的基础上，从文化内涵的角度对文化资源进行二次分类和梳理，以便于提取文化资源的文化主题。文化资源主题是对文化资源精神内涵的概括和提炼，为文化资源的整合提供了明确的方向和定位。围绕文化主题，可以跨越文化资源的类别、表现方式及其所依附的物质载体，对相关文化资源进行整合。具体而言，文化资源的整合可在线性整合与时空整合两个层面上展开。

（一）线性整合

文化资源的线性整合包括文化资源的跨类型整合和文化资源的跨行业整合。文化资源的跨类型整合建立在文化资源分类整理的基础上，根据一

---

① 吕庆华：《文化资源的产业开发》，103页，北京，经济日报出版社，2006。

定科学联系对地方文化风貌进行集中展示，能有效解决各种类型文化资源在开发上相互孤立的问题，使受众能够形成集中而深刻的印象，使主题文化的内容结构变得更为丰富合理。例如，黄河文化博大精深，涵盖文学艺术、科学技术、水利工程、天文地理、风俗习惯、礼仪制度、宗教信仰、音乐舞蹈、绘画工艺等各个方面。在黄河文化主题之下，可以有效整合各类黄河文化资源，共同服务于黄河文化的集中展示和有效开发。

文化资源的跨行业整合就是在同一文化主题下对多种行业类型的文化资源进行整合，以文化主题为核心、以文化资源为内容、以各种行业类型为方式进行多方向的线性延伸，加强各种行业之间的联系互动，达到良好的传播和营销效果，有助于文化品牌的形成与成长。例如，好莱坞的“造梦工厂”运用流水线的商业运作制造“国际口味”的电影商品，又在营销时应用与当地文化相适应的推广方式，同时注重延长电影产业链条，积极进行电影内容相关衍生产品的研发和经营，迪斯尼公司以电影内容为核心品牌的电影主题公园的年收入已经远远超过了其电影票房收入。总之，通过跨类型和跨行业的整合，文化资源主题明晰、内容丰富、结构合理，实现了产业链的扩展和延伸。

（二）时空整合

文化资源的时空整合包括文化资源的时间整合和文化资源的空间整合。文化资源的时间整合是指将文化产品的设计与各种文化活动、节庆活动或者文化机构结合，在时间上形成文化资源的内在联系。在文化资源整合的设计中，充分考虑文化产品与文化活动、文化机构的关联性，发挥各种文化、会展、节庆活动和文化机构在积聚人气和促进消费上的作用，依托其影响力扩大文化产品在市场中的知名度。例如，“长岛渔家乐”就是在发展海岛观光旅游的基础上，以传统的渔家生活习俗为基础，结合休闲渔业生产民俗，推出的极具海岛特色的渔家民俗旅游项目。长岛把“渔家乐”作为一个产品品牌进行了商标注册，以“公司＋农户”的形式组织批量生产和市场推销。如今，“长岛渔家乐”已成为山东省乃至中国北方地区有极高市场影响力的旅游品牌，经营业户发展到 1000 家以上，接待游客 100 万人次，业户年收入最高的达到 100 万元，形成了融观光、赏古、度假于一体的特色旅游模式。

文化资源的空间整合是指在文化资源整合设计中，实现文化资源在空间上的联系，又可分为天然整合和人为设计整合两种。天然整合是根据文化资源的地理分布状况以及相互之间的历史联系，鉴于相同文化主题的文化资源在地理分布上存在跨越行政区域的现象，积极打破行政划界造成的人为障碍，恢复文化资源的内在联结和文化主题的统一完整，从而实现跨区域的文化资源整合。人为设计整合是将分布较分散的文化资源串联整合而设计的系列产品或路线。可以设计一定的路线对文化产品进行空间上的串联，如城市文化圈、文化带、文化旅游路线等；也可以设计某一地理空间积聚不同的文化产品，形成特色文化区域，如民俗风情街、艺术品园区等。总之，通过文化资源的时空整合，为文化项目搭建平台，从而形成集聚效应。

五、文化资源整合的方法和举措

加强文化资源整合是促进我国文化资源转化和文化产品开发的必由之路。通过市场导向和政府引导的互动作用，最大限度地实现社会文化资源的优化配置和有效整合，盘活文化资源存量并扩大文化资源增量，是促进文化资源整合的重要方法和举措。

（一）文化资源整合的市场导向

市场导向理论发展于20世纪90年代初期，“以顾客为焦点”是市场导向的核心。文化资源整合形成的文化产品，必须通过市场来实现其价值，文化资源的产业化必须接受市场评判。以市场为导向进行文化资源整合，必须注意以下几点。

首先，以市场为导向的文化资源整合，必须坚持以市场为导向的价值观、市场导向的文化观和市场导向的行为观。市场导向是文化观和行为观的统一，市场导向的文化观是一种组织方式，以最有效率和效果的行动，为顾客创造优越价值，为企业取得优越绩效；市场导向的行为观是一种跨部门流程及活动，是通过持续的需求评估，创造并满足顾客的需求。在文化资源整合过程中，从文化产品的策划到文化产品的营销，从人员使用到体制机制，都按市场经济规律办事，千方百计获得更多市场份额，形成强大的市场竞争力。

其次，以市场为导向的文化资源整合，必须进一步解放思想，突破传统思维，以思想的大解放推动文化产业大发展。当前，制约文化资源产业化发展的问题固然有很多，其中既有体制的因素，又有机制的因素，既有政策的因素，也有环境的因素，但思想观念和认识上的因素还是主要的。在文化资源的整合过程中，一要破除等待观望的思想，树立抢占先机的观念；二要破除就文化论文化、文化部门非生产单位的思想，树立文化经济一体化的观念；三要破除单纯依靠政府投入和政策保护的思想，树立在市场竞争中谋生存、求发展的观念；四要破除各自为政、地域保护的思想，树立抢抓市场份额、扩大覆盖面的观念；五要破除文化资源单体开发的思想，树立文化资源整合的观念，实现文化资源的有效整合和高效利用。

第三，以市场为导向的文化资源整合，必须逐步建立政府导向、多元投入的文化产业投资体制。国内外文化资源整合的经验表明，单纯依靠政府投资难以形成文化资源的产业化运作，文化投资主体的多元化是文化资源产业化成功的重要条件。各地要立足区域文化资源优势，积极创设文化资源产业化项目，以文化资源的整合带动招商引资，同时放宽市场准入条件，积极引导民间资本和外资等社会资金投入文化产业，实现文化市场主体和投资主体的多元化。此外，要充分发挥财政资金的引导和带动作用，支持有市场发展前景的文化资源整合项目，支持关键技术的开发，促进文化产业链的形成，推动文化产业的跨越式发展。

第四，以市场为导向的文化资源整合，必须树立文化产业的精品意识，使得文化产品适应市场化要求，及时满足市场需要。文化精品反映着一个国家、一个民族的文化创新能力和创造水平，是国家、民族文化创造力的重要标志。以创新的精神推进文化精品创作生产，以文化精品适应文化市场的需要，是打造文化产业核心竞争力的关键。文化产业的精品包括群众自发的文化活动中培育的文化精品，从文化资源的传承中发掘的文化精品，以及从外来文化中引进的文化精品。文化精品的创作，既要立足中国又要面向全球，既要有浓郁的中国文化特色，又要有全球范围的国际意识、人类意识，既要满足中国人民的需要，又要设法满足世界人民的需要。①

（二）文化资源整合的政府引导

在文化资源的整合过程中，政府要充分发挥引导和推动作用。市场机制是实现文化资源整合的根本途径，完善的自由竞争市场机制是实现资源整合的最有效手段，但是，现实中垄断和信息不对称充斥市场经济的每一个时期和角落，当不完全竞争和不完全信息发展到一定程度，“看不见的手”对文化资源的整合就会失灵，这时就十分需要政府的推动和引导。但是，政府对文化资源整合的引导也有其缺陷，类似“拉郎配”的政府行为

① 蓝甲云等：《礼乐文明与和谐社会的构建》，《湖南大学学报（社会科学版）》，2007（1），104－109页。

会从根本上损害文化资源的整合，尤其是在传统体制下形成的各文化单位，附属于地方政府或所属部门，与之相关的地区利益、部门利益成为阻碍文化资源整合的重要原因。当前，一些地方政府不愿放弃对所属文化单位的控制权，致使部分已具备改制条件的文化单位仍未成为自主经营、自负盈亏的市场主体；一些主管部门的领导本位主义思想严重，百般阻挠所辖文化企业被其他企业兼并和重组。因此，在文化资源整合的政府推动中，必须打破地区和部门利益的阻碍，实现文化资源的自由流通和无障碍整合。具体而言，政府推进文化产业资源的整合可以采取以下几种方式：

一是继续推动文化体制改革。从2003年6月到2005年12月是文化体制改革的“开展试点、积极探索”阶段；从2005年12月到2009年8月是文化体制改革的“扩大试点、由点到面”阶段；从2009年8月至今是文化体制改革“加快推进、全面展开”阶段，将全面推开出版、发行、电影、文化市场管理等领域的改革。下一步，文化体制改革的重心是推动文化资源产权的变革。产权是产生市场激励和约束，控制和减少市场纠纷，维护和提高市场效率的手段。文化领域的产权改革要按政企、政事分开的原则积极推进文化事业单位的企业化改制或实行企业化经营，同时允许和鼓励民间资本和外资等多种所有制成分共同参与到文化产业发展中来。

二是积极推进文化资源整合的制度安排。文化资源整合的制度安排主要包括两方面：一是文化宏观管理体制。在市场经济条件下，文化宏观管理体制改革的目标是建立精简、统一的大文化管理体制，将涉及文化管理的各部门职能统一到专门的部门中，实现由多部门分管的资源配置到集约化的资源综合开发的转变。二是投资体制安排。从总体来看，我国文化产业的资金来源主要还是文化单位自身积累或政府拨款，渠道狭窄，主体单一，资本扩张能力有限，不利于文化资源的整合。因此，政府要允许非文化企业、非公有经济投资文化产业，发展文化产业基金组织、文化投资公司等多元投资主体，引导文化单位综合运用投资控股、金融信贷、上市融资等筹资手段，建立多渠道投资体系，保障文化资源整合资金的来源。①

三是积极推动文化资源整合的立法建设。文化法制的不健全和文化政策制定的随意性，是造成我国文化资源整合制度性缺陷的重要原因。发达国家在文化资源的整合方面已经确立了较为详尽和完备的法律体系，保证

---

① 麻挺松：《浅谈文化产业资源的市场整合与政府推进》，载《新世纪文化产业发展》，142页，南京，东南大学出版社，2002。

了市场整合的规范运作。我国在文化资源整合方面的法律建设还相当落后，文化资源领域的法律仅有《中华人民共和国著作权法》、《中华人民共和国文物保护法》、《中华人民共和国非物质文化遗产法》等三部，其余都是部门规章或条例，不少是“试行”或“暂行”。政府应积极调整文化立法的思路，尽快健全文化资源整合的相关法规，把文化建设和管理纳入法制化轨道，以立法的方式确认文化资源整合主体的地位、权利和义务，确立文化产业主体灵活多样的所有制形式，使国家发展和管理文化事业，推动文化产业，保护文化资源的行为具体化、法律化。①

四是制定相应政策积极引导文化资源整合的方向。文化产业由于资源消耗少、环境污染少、附加值高等特点，成为转变经济发展方式的理想选择。但是，由于信息不对称等原因，文化资源的市场整合行为不免有一定程度的短期性或盲目性，降低了资源整合效率。因此，政府应该制定相应政策积极引导文化资源整合的方向。例如，在推进党报资源整合方面，政府可以通过减免所得税、增值税先征后返等形式将报业税收的一部分予以返还，以此来充实用于整合的资金储备；可以将整合所需资金纳入国家银行的政策性贷款计划，并提供低息甚至免息贷款；或者实行主办银行制，由指定的银行对挂钩党报资源的整合活动进行定点金融指导与扶持，对整合发展计划的可行性进行指导、论证，以降低整合风险。

（三）以产业园区促进文化资源整合

文化产业园区的概念起源于德瑞克·韦恩的文化园区（cultural quarters）概念和 Hilary Anne Frost-Kumpf 的文化特区（cultural districts）概念。两个概念所关注的焦点都集中在文化产业的集群化研究上。在我国，由于各地文化产业发展程度和文化资源产业化水平的差异，文化产业园区也存在艺术园区、艺术产业园、创意产业园、文化产业园等形式。虽然在文化产业园区发展尚处雏形的情况下确定文化产业园区的定义尚显困难，但是目前文化产业园区的发展模式，基本上是以文化资源为依托，进行文化资源的整合，形成一系列文化资源产业化的地理集中区域，形成具有较强市场竞争力的集群空间。文化产业园区为文化资源的产业化提供强大的物质空间载体，在促进文化资源整合，营造文化创新环境，实现文化、科技、人才等要素的集聚上具有无可比拟的机制优势。

① 郑祥福：《文化批判与后现代马克思主义》，287 页，北京，中国社会科学出版社，2008。

文化产业园区有利于促进文化资源的战略整合。中华民族悠久的历史文化和特色鲜明的地域文化为文化产业园区的建设提供了丰富的资源。文化产业园区将市场化和产业化的机制引入到文化资源的传承与开掘中，极大地提高了文化资源的整合程度，提高了文化资源的利用率，实现了文化资源的高效配置，从而促成独具特色的文化资源在产业化过程中不断迸发出新的生命力。在文化资源整合过程中，文化产业园区的设立必须根据当地文化产业的发展战略和发展目标，依据文化资源的分布及其价值，确定文化产业园区的文化个性、文化风格和文化品位，同时必须协调不同产业园区之间的关联，避免产业园区间的同质竞争和恶性竞争。

文化产业园区有利于打造文化资源整合的品牌形象。打造文化产业的核心竞争力，必须打造文化产业的品牌，而文化产业品牌的打造，需要良好的文化生态环境。应完善地方产业配套体系，引导地区优势产业逐步向集群化方向发展，形成具有持续竞争力的文化产业园区。文化产业园区通过设置有效的企业集聚机制，提供完备的文化服务体系，构成以文化资源整合为主导的优势产业链条，有利于文化资源整合的“乘数效应”的形成，有利于打造极具影响力的区域特色文化品牌，形成“区位品牌”效应。

文化产业园区有利于形成文化资源整合的产业规模。文化产业园区集中整合了区域文化资源，为文化企业的兼并、收购、联合、重组创造了有利的条件，为组建跨地域、跨行业、跨媒介的文化产业集团提供了便利，为开创龙头企业带动、大中小型企业联合发展的格局开辟了路径。因此，建设文化产业园区对改善文化产业结构，形成产业规模效应意义重大。例如，美国的好莱坞电影区在国际电影市场的占有率达到了85%，伦敦西区的剧院数占伦敦剧院总数40%以上。文化产业园区相关企业通过分工与合作而结成稠密的区域网络组织，共同面对快速变化的外部市场环境和技术条件，可以形成文化资源整合的规模优势，进一步促进文化资源的规模效应。

文化产业园区有利于形成文化资源整合的集聚效应。文化产业园区的一个重要功能是产业集群或产业丛集。文化产业园区通过专业化的分工与便利性的交易，将文化资源有效整合，形成一种有效的生产组织方式。文化资源的整合和集聚，促成了文化企业间的合作与交流，继而形成了文化资源产业化的高效分工和协作；借助于产业园区内的基础设施，文化企业减少分散布局导致的额外投入，降低企业之间采购、运输和库存等费用，借助相对集中的网络信息进行文化产品的高效传播；文化产业园区还激发了各企业之间的技术学习和技术创新，提升了文化资源产业化的水平，进一步深化集群内文化企业的分工和协作。

（四）文化资源与其他资源整合的有效手段

文化资源整合是以优化、分享、合作、共赢为宗旨，从地域、主题、价值等方面进行体系性组合和配置，把一定范围内处于离散和相对独立状态的文化资源，在多价值平台上进行统一，以实现文化资源的互补和利益共享。在开放的市场经济环境下，立足于文化资源基础，整合各种可用的产业资源，是提升文化产业发展水平的有效手段。具体而言，可以从以下几个方面实行文化资源的整合：

1. 文化与资本的融合

资本是文化资源中最具活力和流动性的重要资源，是推动文化产业发展的最大动力。文化资源的整合，必须加大资本投入力度，建立多元化的投融资机制以吸收国内社会资本和国外资本，提高资本汇聚能力和文化投资效益。要鼓励和吸引国内各种非公有资本包括民间资本进入文化投资领域，以独资、合资、参股、联营、合作及特许经营等方式，积极参与文化基础设施建设、文化产业项目的开发和文化产品的生产经营。积极推进多元化的投融资活动，以改变文化投资过分依赖政府投入、投资主体和投资渠道单一化倾向，吸引企业投资、私人投资、股票投资等多种形式，促进资本市场的强力投资和资本汇聚，为文化产业发展提供有力资本支撑和资金保障。还可通过政府推动、社会参与、市场运作和规范管理方式，举办高层次文化产业博览会和大型文化节庆活动等，借以吸引和汇聚社会资本。

文化与资本的结合，就是文化资源的价值以货币形式参与资本融通，具体表现为以下两种方式：一是资本把文化引入企业，使企业人与文化人结合，创造一种双方共同感兴趣并长期追求的事业。企业联合学术界、文化界人士建立有关研究机构并开展一系列活动，就是一种尝试。文化人直接参与企业事务并与企业人进行交流和碰撞，不仅可以提升企业员工的文化素养，发现并解决企业运作过程中产生的各种文化问题，也可以丰富企业的文化底蕴，提升企业的文化品位，强化企业的社会关怀和文化关怀。二是通过资本和文化的融合，提供具有丰富、独特文化内涵的产品或服务。在知识经济时代，把文化融入产品和服务是提高产品附加值的有效方式，这种方式实现了资本与文化的内在结合，应成为企业追求的更高境界。

2. 文化与科技的融合

科技作为先进生产力，代表着文化产业的未来发展方向。文化和文化产业的科技含量和科技进步，在一定程度上决定着文化和文化产业的国际竞争力。科技创新是文化发展的重要引擎，“在新一轮文化改革发展大潮中，谁掌握了科技创新的主动权，谁就掌握了文化发展的关键生产力和战略生产力。推进文化与科技融合发展，能够有力提升文化产业竞争力，倍增文化产业创造力。”① 在全球信息化的时代背景下，现代科技作为重要的基础性、战略性资源，其有效开发和充分利用已成为现代文化产业发展的主要推动力之一。钱学森指出：“往往是科学技术的发展给文艺的表达提供了前所未有的可能，而这种可能又往往不是自觉地为文艺工作者所利用，常常倒是其他人偶然发现了这种可能性，从而开拓文艺的新形式，新领域。这种蒙昧，在一百五十年前也许是不可避免的，但现在我们已经懂得了辩证唯物主义，而且应用它能研究科学技术和文学艺术之间的这种相互作用的规律。”② 在新的历史时期，技术变革不断引发文化产业的革新与业态更迭，发展文化产业必须高度关注信息技术和数字技术的飞速发展和普及应用，为实现文化资源的数字化提供技术手段和载体工具。

科技与文化融合，是文化产业发展的重要基础和推动力。其表现一是发展具有高技术、高附加值特征的新兴文化产业。现代科技在文化生产、服务、营销、管理等环节的广泛运用，催生了网络游戏、动漫等新兴文化业态。高科技手段的运用，丰富了文化创意的表现手段，加速了文化创意的产业转化，改进了文化产品的生产加工方式，拓展了文化内容的传播渠道和传播范围，极大改善了文化消费的体验效果。二是新媒体技术的出现促使新旧媒体融合创造出新的产业类型与盈利模式。在文化产业中占有重要份额的报纸、广播、电视三大媒体产业通过与新媒体融合，产生了手机报纸、网络广播、IPTV、数字电视等新的产业业态。

3. 文化与旅游的融合

旅游是文化生活的重要内容，发展旅游可以满足广大人民群众不断增长的文化需求。文化旅游在全球所有旅游活动中占 40%，欧洲有超过 50%的旅游活动都是由文化遗产和文化旅游拉动，美国有 30%的国内游客

① 《打造文化腾飞的科技引擎》，《安徽日报》2012 年 5 月 21 日 B1 版。

② 钱学森：《科学技术现代化一定要带动文学艺术现代化》，《艺术科技》，1990 (2)。

在选择旅游目的地时，是被当地的某种艺术文化所吸引的。文化孕育着各类旅游资源，人文旅游资源的开发与鉴赏需要进行文化的解读。文化与旅游的融合不仅是对产业革命的深度阐发，也必将推动产业革命的不断深化。

文化与旅游的融合，催生了一批文化旅游新业态。文化演艺、民风民俗、民间艺术、创意设计、休闲娱乐、博物馆、纪念馆等，都成为旅游活动的重要聚集点；丰富多彩的文化因子成为旅游消费的重要内容，推动了旅游业的分化，催生了红色旅游、民俗旅游、休闲旅游、会展旅游、工业遗产游、生态农业游等旅游新业态，共同构成一个新兴产业门类——文化旅游业。文化是地方特色的标志，挖掘地方文化优势成为旅游业发展创造特色和差异的现实选择。文化与旅游的融合，改造提升了传统旅游产品，赋予了传统旅游产业以新的活力，推动了传统旅游产业的高端化发展。

此外，文化与媒体的结合也是文化资源整合的重要形式。如我国广电部门实行制播分开，广电主管部门出让播放时段取得收益，国有媒体承担公共服务的任务之外，使节目时段成为商品，使制作方努力提高制作质量，迎合大众的口味，争取更高收视率，打造自己的文化品牌。[①] 总之，文化的表现形式多种多样，文化要与其他载体结合才能表现自身，因此，要以多种形式促进文化资源整合、进行多方面资源的整合。

第二节　优化文化资源配置

文化资源是文化产业发展的核心资源和稀缺资源，文化资源的产业化是文化产业崛起及可持续发展的关键。文化资源的优化配置是联结文化资源保护与利用的桥梁，是整合历史文化资源、民俗文化资源、智力文化资源的纽带。加强文化资源的优化配置，能够充分发挥文化资源的效能，使其与其他资源有效结合，产生最大的社会效益和经济效益。

一、文化资源配置综述

文化资源的优化配置是加快发展文化产业的重要举措。探讨文化资源配置的内涵，厘清优化文化资源配置的原则，剖析文化资源配置的方式，

---

① 刘君里主编：《广州市文化产业发展研究课题报告集》，174页，广州，广州出版社，2007。

是文化资源优化配置的基础性工作。

（一）文化资源配置的含义

与人们日益增长的需求相比，资源表现出相对的稀缺性，这就要求人们对有限的资源进行合理配置，以便用最少的资源耗费生产出最适用的商品和劳务，获取最佳的效益。可以说，人类社会的生产过程，就是运用资源、实现资源配置的过程。

文化资源的稀缺性不仅表现在物质方面，也表现在精神方面和人力资源方面。在一定的条件下，人们对文化资源的开发和利用总是有限的，一方面受到人们认识水平的限制，另一方面受到文化生产能力的限制。[①] 因此，人们在文化活动过程中就面临着如何让稀缺的资源得到充分、有效和合理利用的问题，即如何把稀缺的文化资源合理地分配到不同的文化生产中去，使各种文化消费需求得到最大限度的满足。文化资源的优化配置就是有效地将文化资源配置于不同的生产者，使他们对这些资源进行开发和利用，生产出最多最好的文化产品和服务，最大限度地满足人们的文化需求。

（二）文化资源配置的作用和意义

文化资源的优化配置以合理配置为基础，以经济和文化的可持续发展，以及整个社会经济的协调发展为前提。由于文化资源的稀缺性，投入到某种产品生产的文化资源的增加必然会导致投入到其他产品生产的这种资源的减少，因此，人们被迫在多种可以相互替代的文化资源使用方式中，选择最优方式，以达到文化资源利用的最高效率和消费者、企业及社会利益的最大满足。文化资源配置所要解决的问题，可以概括为以下两个方面：

一是文化资源的需求问题，即解决生产什么、生产多少、为谁生产的问题。按照马斯洛的需求层次理论，可以将人的需求划分为三个阶段：第一阶段是生存需要，主要集中于对吃、穿、住、行等基本物质资料消费的需求；第二阶段是享受需要，在满足生活需要的基础上对文化生活的需求将迅速增加，在整个生活消费中人们会把更多的时间、更多的支出用于文化生活的消费，如看电影、戏剧、书刊、欣赏艺术、文化娱乐和旅游活动等。第三阶段是发展和自我表现需要，人们对物质生活追求高质量，对文化生活的需求则成为整个生活需求的主要部分。

---

① 李沛新：《文化资本运营理论与实务》，37页，北京，中国经济出版社，2007。

人们的物质生活需求和文化生活需求之间有着相应的比例结构，明确我们生活需要所处的发展阶段，对于文化资源的合理配置有着十分重要的意义。因为只有在认识生活需求和文化生活需要发展阶段的基础上，才能进一步认识文化生活需求在整个生活需求中所占的比重，从而使文化资源的投入在总量上与文化需求相适应。随着人们生活水平的提高，文化生活需要在整个生活需要中所占的比重也将逐渐提高。因此，我们在进行文化资源配置的过程中，必须根据人们生活需要发展所处的阶段，从实际出发，使文化资源的配置在总体上与人们的文化需求相一致。

二是文化资源的开发问题，实质上是如何生产的问题。文化资源开发的直接成果是文化产品，文化产品一般是指那些传递思想、符号和生活方式的生活消费品，包括书籍、杂志、多媒体产品、软件、唱片、影片、录像、视听节目、工艺和时尚设计等。文化产品是为了满足人民大众对文化的需求而产生的，其不仅满足了个体对文化的追求，更重要的是满足了整个社会的追求，传达着社会主流文化价值体系的认同和标准，代表着整个社会文明的发展方向。解放文化生产力，促进文化产品的生产与传播，以满足人民日益增长的精神文化需求，是推动社会全面进步和人的全面发展的重要举措。文化产品的生产，既要满足人们对文化产品的数量需求，同时还要满足在当时社会经济条件下，人们对文化产品的质量要求，否则将会出现文化产品需求与供给脱节的情况。一种是因为文化产品的供给不足而不能满足人们的需求；一种是因需求不足而出现的文化产品供给过剩，而这种过剩一般主要是内部的、结构性的过剩，即一些质量、形式等不符合人们需求的文化产品出现过剩。这两种情况都存在着没有合理有效地利用文化资源的问题。

文化产品之有别于其他产品主要在于产品本身所具有的文化价值，文化价值的提升是文化产品价格高于其他同类产品的根源，文化本身的不可模仿性也为产品提供了竞争优势。[①] 文化价值主要表现为人的一种主观认识或深植于内心的文化传承，依赖于人们自身所处的文化背景，取决于消费者对文化产品文化内涵的认可。因此，文化产品的研发必须立足于文化资源，创新并发展出适合现代社会的文化价值。我国作为历史悠久的文明古国，有着丰富的文化资源与良好的文化消费氛围，更应挖掘文化资源的

① 王立凤、郑一萍：《基于经济学视野的文化产品与文化资源论》，《海南大学学报（人文社会科学版）》，2007（3），271页。

文化内涵，推动文化资源的产业化进程，培育有利于文化产品消费的文化氛围，抢占文化产业快速发展的先机。

（三）文化资源配置的原则

在文化资源的产业化过程中，文化资源是稀缺的，面对人们的各种文化需求，为使有限的文化资源得到合理的利用，实现文化资源配置的最优化，必须遵循一定的原则。

1. 文化资源配置必须与文化需求相一致

文化需求是连接生产和消费不可或缺的中心环节，是生产发展和进步的根本动力，也是消费活动产生和持续的动因。在文化经济时代，物质需求与文化需求相互交织、相互促进，物质需求包含文化的因素，文化需求包含物质的享受。发展文化产业是在市场经济条件下满足人民群众多元化、多样化、多层次精神文化需求的基本途径。国际经验表明，人均GDP在1000－3000美元是文化消费活跃、消费结构提升的阶段，人均GDP超过3000美元后文化消费会迅速增长。而中国的人均GDP已经在2009年超过了3000美元，中国正处于文化需求高速膨胀的阶段，中国的文化需求还有巨大的释放空间。在文化资源配置过程中，必须研究人们的文化需求在生活需求中的变化规律，把关注点聚焦在如何满足文化需求上，实现文化资源配置与文化需求相一致。

2. 文化资源配置必须与文化消费层次相一致

文化消费是用文化产品或服务来满足人们精神需求的一种消费，包括三个层面：休憩身心、调节精神的生存需求，如劳动号子、祭祀等；审美愉悦、丰富生活的享乐需求，如歌舞戏曲、游山玩水等；认识人生、扩大经验的发展需求，如知识学习、宗教信仰等。不同层面的文化消费所需要的文化产品和服务是不同的，其文化资源的配置也是不同的。在知识经济条件下，文化消费被赋予了新的内涵，呈现出主流化、高科技化、大众化、全球化等特征。社会生产的根本目的是满足人们日益增长的物质和文化需要，文化消费需求对社会的文化生产具有先导作用，文化生产必须满足不断变化的文化需求。因此，根据不断变化的文化消费需求，合理地开发和利用文化资源效能，是文化资源配置的题中应有之义。

3. 文化资源配置必须与文化生产要求相一致

文化需求是通过一定的途径来满足的，生产则是满足文化需求的最主要的途径。作为一种经济活动，文化生产的资源配置必须保证用有限的文化资源生产某种文化产品，所得到的收益不能低于它的机会成本，并在各种配置方案中选择最优的一种，实现资源利用率和经济效益的最大化。在完全竞争的市场经济条件下，文化资源可以不受限制地自由流动，生产者追求收益最大化的最终结果是收益平均化。[①] 在文化资源配置的过程中，必须坚持市场竞争的主导作用，并积极维护文化市场的公平与法制。

4. 文化资源配置必须与文化生产结构相协调

文化生产的结构是指文化产业系统各个组成部分之间的比例关系及构成方式，这种比例关系最初是由文化消费结构决定的。人们对文化产品的需求是多样的，而且是多层次的，要求文化生产也具备多样性和多层次性。文化生产过程的各个组成部分相互联系、相互依存，物质文化生产和精神文化生产，文化生产能力与文化设施等，都必须有合理的比例关系。要保证文化产品的供给，文化、资本、技术、人才等要素必须按一定比例和方式有效结合、合理配置，比例不协调就会导致文化资源的浪费。

（四）文化资源配置的方式

在社会化大生产条件下，文化资源的配置方式有单一计划调节、单一市场调节、计划调节与市场调节相结合三种方式。

所谓单一计划调节，是指计划部门根据社会需要和可能，以计划配额、行政命令来统管文化资源和分配文化资源。我国在计划经济体制下实行的是单一计划调节方式。在一定条件下，这种方式有可能从整体利益上协调经济发展，集中力量完成重点工程项目。但是，计划调节要能充分实现对文化资源的合理有效配置，前提是能够充分了解和掌握文化需求的情况及其变化，以及文化资源的状况与文化供给的能力，[②] 事实上，这是难以达到的。单一的计划调节往往造成计划与实际脱离、生产与销售脱节、供给与需求失衡等诸多弊端，文化资源的配额排斥选择，文化资源的统管取代竞争，文化市场处于消极被动的地位，出现文化资源闲置或浪费的现象。同时，一切服从计划，一切依赖计划，没有市场竞争，也不利于充分发挥生产者、经营者的积极性，使文化产品的生产结构、流通结构日益僵化。

所谓单一市场调节，是以完全竞争为前提条件的一种资源配置方式，文化资源的流向和配置完全由市场来支配。这种方式可以使文化企业与文

① 程恩富：《文化经济学》，38—39页，天津，南开大学出版社，2007。

② 胡惠林、李康化：《文化经济学》，126页，上海，上海文艺出版社，2006。

化市场发生直接关联，文化企业根据文化市场供求关系的变化状况，根据文化产品的价格信息，在市场竞争中实现文化资源的合理配置。在这种情况下，人们的文化需求、文化市场上的有效供求状况及由此决定的价值信号，是调节文化资源流向的唯一因素。为了追求收益的最大化，文化资源势必流向最有利可图的地方。但是，文化产品有其自身的特点，文化产品的生产不只是为经济效益，还会产生明显的社会效益。通过市场竞争保持文化生产与文化需求之间的均衡，有可能会导致文化效益与社会效益的不平衡。同时，在市场自发调节作用下，文化商品生产者为追求各自的利益，相互之间不可避免地会发生摩擦、冲突和矛盾，竞争过度造成文化资源的浪费和损失，导致文化生产力的破坏。① 此外，市场调节还存在一定的盲目性和滞后性，有可能产生文化总供给和文化总需求的失衡、文化产业结构不合理以及文化市场秩序混乱等现象。

所谓计划调节与市场调节相结合，是指根据各种文化产品在发展社会主义文化事业中的不同地位和作用，分别采取不同的调节方式，发挥计划调节与市场调节各自的优势，实现文化资源的有效配置。实践证明，单一市场调节和单一计划调节都不符合我国社会主义市场经济的性质和要求，文化资源的优化配置必须坚持计划调节与市场调节相结合的方式。具体而言，对于公共文化产品建设，实行较强的计划调节方式，由政府主导公共文化服务体系建设；对于大众性、娱乐性的文化产品，实行较强的市场调节方式，更好地满足各种形式的文化需求。文化资源的产业化开发，要求充分发挥市场调节和计划调节的功能优势，实现市场调节与计划调节的优势互补，实现文化资源合理、有效的配置。

二、有效配置文化资源

从某种意义上讲，文化产业的发展过程就是人们不断追求文化资源的优化配置，充分利用有限的文化资源，最大限度地满足自己生存和发展需要的历程。文化资源的优势要转化为文化产业的发展优势，其中的关键在于文化资源的有效配置。

（一）发挥市场在文化资源配置的基础性作用

党的十四大确立了在建立社会主义市场经济目标的同时，要使市场在

① 乐后圣：《21世纪黄金产业——文化产业经济浪潮》，146页，北京，中国社会出版社，2000。

资源配置中发挥基础性作用的战略思路；党的十六大报告指出，应在更大程度上发挥市场在资源配置中的基础性作用，健全统一、开放、竞争、有序的现代市场体系。这一精神对于文化生产领域，尤其是开放和日趋繁荣的文化市场，也有重要的指导意义。历经了20余年的改革开放，一批批健康向上的文化产品在市场经济的检验和磨砺中走向成熟，为广大群众所喜爱。因此，必须明确市场在文化资源配置中的基础性地位，生产符合市场需求的文化产品，实现社会效益和经济效益的双赢。

文化产品具有商品属性和意识形态属性双重特征，因此，文化市场的基础性作用也有其特殊性。充分发挥文化市场在合理配置资源中的基础性作用，既不能只追求经济效益而不顾社会效益，也不可能只强调社会效益而忽视经济效益，只有在把两个效益有机结合的前提下，扩大文化市场在资源配置上的作用，通过文化市场的资源配置释放更大的经济活力，才能直接推动文化事业和文化产业的健康发展。从广义的文化市场来讲，经济效益也是社会效益的一个方面，社会效益是矛盾的主要方面，直接决定和制约着经济效益。

市场在文化资源合理配置中发挥基础性作用，应能使有效的文化资源朝着社会效益与经济效益突出的生产环节倾斜，同时向文化生产部门迅速、准确地传递各类信息资源，促使文化生产部门不断调适、优胜劣汰和提高效益。发挥市场在文化资源配置中的基础性作用，可以从以下几点着手：

第一，均衡文化产品的供求。市场形成和发展的前提是生产和消费同时存在、相互需要。市场连接着从生产到消费的全过程，市场运动集中表现为商品供给与需求的矛盾的规律性运动。影响文化产品供求矛盾的主要因素有：(1) 文化产品价格的高低；(2) 消费者需求的差异；(3) 消费者收入的差异；(4) 消费者文化程度和年龄的差异；(5) 文化产品的成本；(6) 文化产业结构和规模；(7) 文化基础设施建设状况。文化市场中供需矛盾的自发作用，使文化产品的供求由不平衡趋向大体的平衡。

第二，加强文化资源的项目规划。项目规划是引导文化产业健康发展和进行宏观调控的依据。不同地区和城市要根据地区、城市的区位特点、功能定位，以及文化资源特色制订规划，同时尊重文化产业发展规划的指导、协调作用，防止因规划雷同而产生重复建设、资源浪费和恶性竞争。通过文化资源的项目规划，实现文化资源的优化配置，提高文化资源有效保护和合理利用程度。当前尤其应强调的，不是有没有制订文化资源项目规划的问题，而是规划定位准不准、有没有特色的问题。

第三，发挥文化品牌对文化资源的整合作用。文化品牌赋予文化产品以深刻而丰富的文化内涵，并通过各种强有力的传播途径促成消费者的高度认同，创造品牌信仰，形成强烈的品牌黏性。培育文化品牌，以品牌经营拉动产品链条，实现文化资源的深层次、多维度开发，衍生一系列文化产品和经营服务项目的开发，是促进生产要素的合理流动和优势聚拢，促进社会资源的整合和集聚，做大做强文化产业的重要手段。①

第四，为政府宏观配置文化资源提供依据。市场机制具有盲目性和滞后性等缺陷，政府要运用必要的宏观调控手段实现文化资源的合理配置和有效利用，减少市场的负面效应，维护文化市场秩序，并通过市场将文化生产经营者的局部利益协调整合为社会的整体文化利益。政府合理调控文化资源流向的基本参数依据是文化市场上的有效供求状况及由此产生的价格信号。政府根据文化市场提供的信息，运用经济的、法律的、行政的等各种手段，限制文化资源流向市场上过热、过剩的行业以及有害于社会和人民的生产经营活动，减少文化资源配置过程中的浪费和损失。②

（二）有效配置文化资源的实现途径

文化资源配置将有限的文化资源合理、有效地分配在各种文化生产部门，使之得到最充分的利用。在现阶段，要实现文化资源的优化配置，应从以下几个方面努力：

第一，改革文化管理体制。要加快文化体制改革，以全社会消费者的有效文化需求为导向，引导多种所有制结构投资于文化产业，发挥市场在配置文化资源中的基础性作用，政府根据文化事业的导向性、公益性和文化产业的消费娱乐性制定文化政策，进行文化资源配置的宏观调控，营造各种所有制文化企业的平等竞争环境。其中，文化的导向性和公益性也应考虑市场的有效文化需求，文化的消费娱乐性也要兼顾社会效益，在市场机制和政府宏观调控的共同作用下，实现文化资源的优化配置，确保文化事业和文化产业的持续、稳定发展。

第二，拓宽文化产业项目融资渠道。从文化产品流通领域着手，积极而谨慎地运作文化产业融资项目。流通领域涉及意识形态方面的内容相对

---

① 边人、陈昂、晓阳、桂玲、丽群：《寻找对策：整合和优化文化资源配置》，《广东艺术》，2003（3）。

② 胡惠林、李康化：《文化经济学》，127—128页，上海，上海文艺出版社，2006年。

较少，法制和法规比较完善，调控和管理也相对容易。图书报刊、音像制品、广播电视、电视导购和信息服务等行业都可以积极探索投融资的多样化形式，以频道时段、频率时段、文化品牌、土地、房产和资金等多种形式入股。取得经验后，逐步将多元融资形式延伸到文化制造、文化服务和文化基础设施建设领域。无论大型公共文化设施，还是各地区文化产业的技术装备都有待大规模更新，可以借鉴 BOT 方式（建设→经营→转让）吸引各类资本参与建设，[①] 形成社会力量积极参与文化资源优化配置，多元投资、多种经济充分并存的文化产业格局。

第三，积极培育大型文化企业集团。培育和扶持文化企业，尤其是大型文化企业集团的发展，是文化产业实现突破性发展的关键。集团化整合可汇聚文化资源，使区域性、部门性资源得到有效重组和优化整合，全方位地盘活和激活存量资源，多角度地扩大文化资源增量，是加快文化资源转化和提高资源利用效率的必由之路。要进一步加快文化企业的集团化建设步伐，积极发展跨地区、跨行业、跨所有制的集团式经营。要以资产为纽带，按照专业分工和规模经营的要求，组建大型文化产业集团。要树立大集团带大产业的理念，通过大集团大企业的整合，打破条块分割和行业封闭，延伸产业链条，促进文化产业的战略性结构调整和资产重组，提高产业集约化程度，有效带动文化产业的迅速扩张，培育若干个规模效益好、产业贡献率高的支柱产业，形成有核心竞争力、与国际市场接轨的文化产业体系。

第四，建立有特色的文化资源整合机制。一是树立文化资源整合的品牌理念，建立打造知名文化品牌的有效机制，通过文化品牌形成对区域文化资源的整合，通过区域文化资源的整合带动文化品牌的生成，实现文化品牌与资源整合的双向互动；二是树立文化资源整合的项目带动理念，建立文化产业重大项目开放的招商机制，通过文化资源产业化重大项目集聚文化资源，加快文化、景观、土地和资金等文化资源的线性整合和时空整合；三是根据区域文化经济的特点以及文化资源的特色和拥有量，加强文化产业的基地化建设和园区化建设，充分利用文化资源的空间化聚集和产业化整合，实现基地内外、园区内外文化资源的流通交换、优化整合和优势扩张，进一步拓展文化资源产业化的整体实力。

第五，以高新技术改造文化资源。现代科技是文化资源开发和文化产

① 童世骏等：《科学发展的社会工程导论》，156 页，上海，上海人民出版社，2007。

业发展的重要动力支撑。法兰克福学派代表人物阿多诺指出："无可置疑，技术构成了艺术，艺术凸现出这样一个事实：艺术是人的人工制品。……解释艺术，技术因素是关键一环。"① 用高新科技来改造和武装文化资源的开发和转化，是现今文化产业发展的一大趋势。现代信息技术、数字文化和多媒体传播的兴起，使文化资源转化和文化产品开发在科技装备、技术手段和载体形式上更趋现代化。对文化资源进行数字化的转化和开发，是将资源储备转化为产业资本和产品成果的有力手段和关键环节，可以促进资本增量的扩大和产品档次的升级。高度重视发展文化产业链的高端形态，充分运用最新数字技术来武装内容产业，掌握具有自主知识产权的核心技术和关键技术，对文化资源整合、转化和利用具有极大的制导、处理、提升的作用。②

（三）文化资源配置的国际化

文化资源配置的国际化是以文化生产的大规模分工协作和全球文化市场的开拓为基础的。随着经济全球化的进程，越来越多的文化产品也进入了全球化市场，以往一个城市、一个地区和一个国家内部的分工和协作，已经发展为一系列国家和地区之间的分工和协作。文化资源配置的国际化突出表现在以下两个方面：

一是文化资源转化为国际竞争力。中国具有世界上独一无二的丰富文化资源。在四大文明古国中，中国的文化传统是唯一没有中断的。但是，中国的大部分文化资源并不能直接变成国际文化市场上具有竞争力的产品，必须根据国际主流文化市场的需求，对其进行产业的再开发和文化的再创造，形成中国文化产业的国际竞争力。在这方面已有不少成功的范例，如中国的大型杂技武术综艺舞台剧《太极时空》，仅在德国就演出了149场，获得了良好的声誉，商演才进行到一半时就已收回了全部投资。《太极时空》立足中国的太极文化，把杂技、武术、舞蹈等具有中国特色的文化元素有机地融为一体，以舞台剧的方式展示了杂技中的跳板、排椅，武术中的拳术、剑术、棍术、刀剑对练等，在整体编排上较好地把握了动与静、张与弛、刚与柔之间的关系，制作精良，独具一格。而且，《太极时空》从一开始就瞄准国际市场，严格实行以销定产，从创意、结

---

① 阿多诺：《美学理论》，49页，成都，四川人民出版社，1998。

② 何频：《现代区域经济发展中的文化生产力》，48页，成都，西南财经大学出版社，2012。

构、编排乃至演员的选择、音响、舞美、服装等方面都以此为权衡，还特别注重整体包装的独创性，使整台剧目既神秘莫测又气势磅礴，对外国观众产生了极大的吸引力，也使自身获得了巨大的成功，为国内文化产业的国际化路线提供了宝贵的经验。

二是文化资源的全球配置。在文化经济全球化竞争时代，一个国家的文化生产所使用的文化资源，已不再局限于本国，而应当放眼于整个世界的文化资源。发达国家运用先进的技术资源、雄厚的经济实力、高超的协作手段对各民族的文化资源进行有效整合和优化配置，实现了文化产业的高度发展。当前文化资源的全球配置呈现这样一个规律，越是有强大辐射力的文化产业重镇，就越是善于组合世界的文化资源，为不同地区的人民提供大量的文化产品和文化服务。例如，好莱坞大片《泰坦尼克号》创造了全球累计进账突破 18 亿美元的奇迹，其拍摄是由 7 个国家的 30 多家公司协作完成的，其中特技制作外包给了有 16 家中小技术公司协助的 Digital Domain 公司，音乐制作包给了索尼公司等。可见，谁能够在世界范围内进行有效的文化资源配置和分工协作，谁就能有效地拓展全球市场，据全世界文化资源为已用。

我国拥有丰富的文化资源，然而由于缺乏运用市场机制来经营发展文化产业的观念和能力，丰厚的文化资源没有得到有效的整合利用，巨大的市场潜力尚未得到全面的开发激活。与此同时，发达国家在资金实力、科技水平、市场运作和资源配置等方面已经形成了一整套成熟高效的运作模式，在开发本国文化资源的同时，纷纷将目光投向了有着悠久历史文化的中国，利用中国的文化资源开发文化创意和文化产品。在文化资源的全球配置中，应积极研究总结西方文化资源配置的新特点，分析我国文化资源配置中存在的不足，借鉴西方经验来整合我国文化产业资源，提高我国文化资源的配置效率。事实上，我国已逐步开始了对文化资源进行国际配置的尝试。例如，上海和悉尼联手举办了 2000 年新年卫星双向传送音乐会。通过卫星传输，上海大剧院和悉尼剧院跨越了 7000 公里的半球，联手建立了一座空中桥梁。① 上海大剧院的文化资源与国际文化资源在相互交融中得到了有效的配置，天南地北的人们在同一时间内进行感情的交流和艺术的共享，中华民族文化在文化资源的全球流动中得到了世界性的尊重和

① 刘吉发、岳红记、陈怀平：《文化产业学》，92 页，北京，经济管理出版社，2005。

赞扬。诚如学者所言，这种现代意义上的文化资源全球配置，对于中国来说应该是多多益善。[1] 在充分挖掘整合我国文化资源的同时，也要积极整合利用全球的文化资源、创意资源、人力资源和资本资源，推动中国文化产业的跨越式发展。

---

① 花建等：《软权力之争：全球化视野中的文化竞争潮流》，117页，上海，上海社会科学院出版社，2001。

主要参考文献

一、专著

1.《马克思恩格斯全集》，北京，人民出版社，1979。

2.《毛泽东选集》，北京，人民出版社，1990。

3.《中国文化创新报告（2010 版）》，北京，社会科学文献出版社，2009。

4.《中国文化产业学术年鉴 1979－2002 年卷（上下册）》，济南，山东大学出版社，2009。

5.《中国文化产业学术年鉴 2003－2007 年卷（上中下册）》，北京，文化艺术出版社，2009。

6.《中国文化产业学术年鉴 2008 年卷（上下册）》，北京，文化艺术出版社，2009。

7. 鲍霁：《梁漱溟学术精华录》，北京，北京师范大学出版社，1988。

8. 蔡尚伟：《文化产业导论》，上海，复旦大学出版社，2006。

9. 曹凑贵：《生态学概论》，北京，高等教育出版社，2002。

10. 程恩富：《文化经济学》，北京，中国经济出版社，1993。

11. 戴琳：《民族民间传统文化产业的制度环境》，北京，中国社会科学出版社，2007。

12. 丹增：《文化产业发展论》，北京，人民出版社出版，2005。

13. 丁栋虹：《来自自由的繁荣：中国经济学的反思与重建》，上海，东方出版中心，2004。

14. 高曾伟、卢晓：《旅游资源学》（第四版），上海，上海交通大学出版社，2007。

15. 郭鉴：《吾地与吾民：地方文化产业研究》，杭州，浙江大学出版社，2008。

16. 何频：《现代区域经济发展中的文化生产力》，成都，西南财经大学出版社，2008。

17. 胡爱娟：《饮食文化与现代旅游》，杭州，浙江大学出版社，2009。

18. 胡惠林、李康化：《文化经济学》，上海，上海文艺出版社，2006。

19. 胡惠林：《文化产业概论》，昆明，云南大学出版社，2005。

20. 花建：《产业界面上的文化之舞》，上海，上海人民出版社，2002。

21. 江泽民：《全面建设小康社会，开创中国特色社会主义事业新局面》，北京，人民出版社，2002。

22. 蒋宝德、李鑫生：《中国地域文化》，济南，山东美术出版社，1997。

23. 蒋正华：《文化产业：21世纪的潜能产业》，贵阳，贵州人民出版社，2004。

24. 焦斌龙：《文化企业营销学概论》，太原，北岳文艺出版社，2009。

25. 居阅时、瞿明安：《中国象征文化》，上海，上海人民出版社，2001。

26. 来仪：《西部少数民族文化资源开发走向市场》，北京，民族出版社，2007。

27. 乐后圣：《21世纪黄金产业——文化产业经济浪潮》，北京，中国社会出版社，2000。

28. 李民：《中原文化与民族复兴》，郑州，河南人民出版社，2010。

29. 李沛新：《文化资本运营理论与实务》，北京，中国经济出版社，2007。

30. 李震：《重塑西部之魂》，北京，人民出版社，2003。

31. 林耀华：《民族学通论》，北京，中央民族大学出版社，2003。

32. 刘吉发、陈怀平：《文化产业学导论》，北京，首都经济贸易大学出版社，2010。

33. 刘吉发、岳红记、陈怀平：《文化产业学》，北京，经济管理出版社，2005。

34. 刘诗白：《现代财富论》，北京，生活·读书·新知三联书店，2005。

35. 刘守华：《文化学通论》，北京，高等教育出版社，1992年。

36. 刘养洁：《全球化背景下的世界地理研究》，北京，中国环境科学出版社，2007。

37. 吕庆华：《文化资源的产业开发》，北京，经济日报出版社，2006。

38. 罗能生：《全球化、国际贸易与文化互动》，北京，中国经济出版社，2006。

39. 马耀峰等：《旅游资源开发》，北京，科学出版社，2000。

40. 聂华林、李莹华：《中国西部农村文化建设概论》，北京，中国社会科学出版社，2007。

41. 欧阳友权：《文化产业通论》，长沙，湖南人民出版社，2006。

42. 潘殊闲：《地方文化研究辑刊第1辑》，成都，巴蜀书社，2008。

43. 庞朴：《文化概论及其他》，北京，中国和平出版社，1988。

44. 皮海峰：《和谐社会视域中的三峡区域经济社会发展研究》，成都，四川出版集团，2007。

45. 钱光培：《北京文化产业研究第二编》，北京，中国书店，2003。

46. 申维辰主编：《评价文化——文化资源评估与文化产业化评价研究》，太原，山西教育出版社，2004。

47. 沈山、安宇：《和谐社会的城市文化战略》，北京，中国社会科学出版社，2009。

48. 司马云杰：《文化社会学》，济南，山东人民出版社，1987。

49. 孙文昌、郭伟：《现代旅游学》，青岛，青岛出版社，1997。

50. 孙懿：《从萨满教到喇嘛教：蒙古族文化的演变》，北京，中央民族大学出版社，2002。

51. 童世骏等：《科学发展的社会工程导论》，上海，上海人民出版社，2007。

52. 汪蓝生、谢纯武：《2001－2002年中国文化产业发展报告》，北京，社会科学文献出版社，2002。

53. 王国华：《文化产业发展散论》，珠海，珠海出版社，2007。

54. 王天玺：《文化经济学》，昆明，云南人民出版社，2010。

55. 王巍、李青原：《品位资本》，北京，中国时代经济出版社，2002。

56. 王志东：《山东省文化产业发展报告》，济南，山东人民出版社，2008。

57. 王仲尧：《中国文化产业与管理》，北京，中国书店出版社，2006。

58. 王子平：《资源论》，石家庄，河北科技出版社，2001。

59. 吴圣刚：《文化：发微与阐释——一种当下语境的研究》，北京，新华出版社，2007。

60. 向勇、喻文益：《区域文化产业研究》，深圳，海天出版社，2007。

61. 谢本书：《历史文化资源研究》，昆明，云南教育出版社，1994。

62. 严荔：《四川文化资源产业化开发研究》，北京，经济科学出版社，2010。

63. 严永和：《论传统知识的知识产权保护》，北京，法律出版社，2006。

64. 姚伟钧等：《从文化资源到文化产业——历史文化资源的保护与开发》，武汉，华中师范大学出版社，2012。

65. 叶朗：《中国文化产业2004年度发展报告》，长沙，湖南人民出版社，2004。

66. 叶蒙荻、刘恩东：《中国文化产业发展的策略与路径》，杭州，杭州出版社，2007。

67. 尹绍亭：《民族文化生态村——当代中国应用人类学的开拓理论与方法》，昆明，云南大学出版社，2008。

68. 尹绍亭：《民族文化生态村云南试点报告》，昆明，云南民族出版社，2000。

69. 张岱年：《文化与哲学》，北京，教育科学出版社，1988。

70. 张胜冰：《文化资源与文化产业》，长沙，湖南文艺出版社，2008。

71. 张廷兴、艾思同：《山东文化资源的开发和利用》，北京，中国档案出版社，2004。

72. 张耘、王勇：《首都可持续发展战略资源研究》，北京，中国经济出版社，2007。

73. 郑祥福：《文化批判与后现代马克思主义》，北京，中国社会科学出版社，2008。

74. 中国科学技术协会、中国农业科学院编：《农村文化资源的开发与经营》，北京，科学普及出版社，2009。

75. 仲富兰：《中国民俗学导论》，杭州，浙江人民出版社，1990。

76. 周骏一、李益彬：《旅游资源与开发》，成都，西南财经大学出版社，2009。

77. 庄锡昌、顾晓鸣等：《多维视野中的文化理论》，杭州，浙江人民出版社，1987。

78. ［法］维多克·埃尔著，晓文译：《文化概念》，上海，上海人民出版社，1988。

79. ［美］莱斯利·怀特著，曹锦清等译：《文化科学——人和文明的研究》，杭州，浙江人民出版社，1988。

80. ［美］露丝·本尼迪克特著，王炜译：《文化模式》，北京，生活·读书·新知三联书店，1988。

81. ［英］雷蒙德·威廉斯著，刘建基译：《关键词——文化与社会的词汇》，北京，生活·读书·新知三联书店，2004。

82. ［英］爱德华·泰勒著，蔡江浓译：《原始文化》，杭州，浙江人民出版社，1988。

83. ［俄］马林诺夫斯基，费孝通等译：《文化论》，北京，中国民间文艺出版社，1987。

二、英文参考文献

1. Consolidated Analysis of the Legal Protection of Traditional Cultural Expressions，*a document prepared by the Secretariat for fifth session of the WIPO GRTIF Committee*. WIPO/GRTKF/IC/5/3.

2. Eireann Brooks. "*Cultural Imperialism VS Cultural Protectionism：Hollywood's Response to UNESCO Efforts to Promote Cultural Diversity*"［J］. 5 J. Int'l Bus. &L. 112. *Spring*. 2006.

3. European Community and Its Member States. "*Traditional Knowledge and Intellectual Property Rights*"［R］. *WIPO Document No. WIPO/GRTKF/IC/3/16*，2002.

4. Johanna Gibson. *Intellectual Property，International Trade and Protection of Traditional Knowledge*. ASHGATE，2005.

5. Raymond Williams. "*The Analysis of Culture*" *in John Storey*, ed.，*Cultural Theory and Popular Culture：A Reader*. Athens：The University of Georgia Press，1998.

6. Ronald H. Coase. "*The Problem of Social Cost*"［J］. *Journal of Law and Economics*，1960（3）.

7. Suchman M. C. "*Invention and Ritual：Notes on the Interrelation of Magic and Intellectual Property in Preliterate Societies*"［J］. *Columbia Law Review*，1989（6）.

8. United Nations 2010. *Creative Economy：A Feasible Development Option*.

三、报纸期刊

1. 宝音：《论蒙古族传统文化的开发与利用》，《内蒙古民族大学学报（社会科学版）》，2007（1）。

2. 鲍展斌：《历史文化遗产之功能和价值探讨》，《绍兴文理学院学报》，2002（3）。

3. 边人、陈昂、晓阳、桂玲、丽群：《寻找对策：整合和优化文化资源配置》，《广东艺术》，2003（3）。

4. 陈骅：《论文化资源价值的外部特征》，《三江学院学报》，2010（4）。

5. 戴宗品：《论民族文化资源的保护》，《创造》，2005（1）。

6. 韩小谦：《信息技术·文化·知识——浅谈信息技术文化》，《自然辩证法研究》，1999（7）。

7. 胡惠林：《构建和谐世界与中国文化产业发展战略》，《社会科学》，2008（6）。

8. 黄庆：《文化资源的资本化刍议》，《当代文坛》，2011（4）。

9. 景占魁：《论人文资源》，《晋阳学刊》，2002（1）。

10. 蓝甲云等：《礼乐文明与和谐社会的构建》，《湖南大学学报（社会科学版）》，2007（1）。

11. 李建国：《城市文化产业发展研究 》，《中共杭州市委党校学报》，2000（4）。

12. 李育华：《略论文化的经济属性》，《当代经济科学》，2005（2）。

13. 刘昂：《民俗文化资源产业开发刍议》，《齐鲁学刊》，2008（6）。

14. 彭华：《关于旅游地文化开发的探讨》，《旅游学刊》，1998（1）。

15. 钱紫华、闫小培、王爱民：《西方国家文化产业的就业特点》，《城市问题》，2007（ 9）。

16. 苏东海：《生态博物馆在中国的本土化》，《中国博物馆》，1999（3）。

17. 苏世杰：《理清区域文化资源 发展黑河文化产业》，《黑河学刊》，2004（1）。

18. 唐月民：《论文化资源的开发和利用》，《齐鲁艺苑》，2005（4）。

19. 陶捷：《地域文化资源产业化发展谫论》，《中州学刊》，2011（5）。

20. 滕晓萌：《中美知识产权对话新境界》，《中国发明与专利》，2005（11）。

21. 王光文：《内蒙古民俗文化资源的产业化开发》，《内蒙古大学艺术学院学报》，2005（4）。

22. 王立凤、郑一萍：《基于经济学视野的文化产品与文化资源论》，《海南大学学报（人文社会科学版）》，2007（3）。

23. 吴馨平：《无形文化遗产概念初探》，《中国博物馆》，2004（1）。

24. 徐万邦：《节日文化与民族意识》，《云南社会科学》，1994（2）。

25. 杨福泉：《论我国现代化进程中的少数民族文化保护》，《思想战线》，1998（5）。

26. 杨红英：《云南旅游开发与民族文化资源的保护》，《云南民族学院学报》，2001（3）。

27. 杨锐：《改进中国自然文化遗产管理状况的行动建议》，《中国园林》，2003（11）。

28. 游娜：《自然历史文化资源保护中存在的问题与对策》，《基建管理优化》，2004（3）。

29. 张彩凤：《论我国文化资源的产业化开发》，《中共济南市委党校学报》，2005（3）。

30. 周正刚：《论文化资源的可持续开发》，《求索》，2004（11）。

31. 方克立：《经济全球化与中华文化走向》，《光明日报》，2000 年 11 月 7 日。

32. 冯子标：《论文化的产业属性》，《山西日报》，2003 年 4 月 7 日。

33. 胡红：《发挥职能作用挖掘文化资源——乌当区政协做好文化资源整合工作》，《贵州政协报》，2004 年 12 月 14 日。

34. 曲昌荣、戴鹏：《传统文化该如何保卫“产权”》，《人民日报》，2006 年 12 月 15 日。

35. 宋长海、张婷：《关于人文旅游产品开发的思考》，《中国旅游报》，2006 年 6 月 19 日。

36. 许静、罗惠兰：《“红色文化热”的兴起及其价值功能》，《江西日报》，2008 年 10 月 13 日。

37. 文静、任明超：《冯骥才：不要再用文化搭台经济唱戏了》，《中国青年报》，2009 年 3 月 5 日。

38. 钟年：《生物多样性和文化多样性》，《中国教育报》，2001 年 1 月 10 日。

后　记

在知识经济时代，文化产业作为融文化与经济为一体的支柱型产业，逐渐成为世界各国国民经济发展的战略重点。我国拥有五千年的文明史，文化资源十分丰富，同时我国还是一个拥有13亿人口的大国，文化市场前景十分广阔。20世纪80年代以来，我国文化资源产业化实践迅速展开，文化产业成为决策者、创业者和研究者关注的焦点。近年来，学界关于文化资源保护与利用的研究文章并不少见，但是，从学科建设的高度系统研究文化资源的理论成果尚不多。编写《文化资源学》教材，系统研究文化资源学理论、构建文化资源学的学科体系，既是文化产业管理专业学科建设的重要任务，也是进一步发展文化产业的实践要求。

《文化资源学》是编者在学习文化资源、文化产业相关理论和参与编写《中国文化产业学术年鉴》及参与2006年首届山东（国际）文化产业博览会的筹备、宣传等活动的基础上，结合2004年至2012年间的教学实践，从最初的备课教案、自编讲义开始，经过多轮修改、不断完善而成。

《文化资源学》系“高等院校文化产业基础教材”系列之一。福建人民出版社赖炳伟先生审阅编写提纲后提出了宝贵的修改意见，山东大学历史文化学院赵兴胜教授对本书的编写提出了诸多建议。他们的宝贵意见与建议，使我备受启发，对于进一步完善思路、提高认识，有很大的帮助。硕士生骆敬、杨谦和施宇莉，博士生章军杰、孙锋为本书的资料搜集等做了许多工作，在此对他们表示感谢。

在编写过程中，参考了国内外学者的相关研究成果，感谢所有给本书写作以启发和借鉴的专家学者。本书得以面世，责任编辑黄须友、江叔维先生付出了大量的心血，感谢他们的辛勤劳动。由于理论功底和水平有限，本书存在诸多的缺点与不足，恳请读者批评指正。

牛淑萍

2012年6月